Claudia Hovermann

Besser als jeder Mann

Claudia Hovermann

Besser als jeder Mann

Wie **frau** *ihr Erfolgspotential ausbauen und nutzen kann*

Wirtschaftsverlag
Langen Müller / Herbig

Schutzumschlag: Atelier Bachmann & Seidel, Reischach
Schutzumschlagmotiv: Mauritius, Mittenwald; Fotograf: Kupka
Satz: Fotosatz Völkl, Puchheim
Druck: Jos. C. Huber KG, Dießen
Binden: R. Oldenbourg, München
Printed in Germany
ISBN 3-7844-7391-1

Inhalt

Einleitung

Was bedeutet Erfolgspotential?
Ganz einfach: In Ihnen schlummern möglicherweise oder gar wahrscheinlich Talente, deren Sie sich nicht bewußt sind und die es zu wecken gilt. Dieses Buch wird Ihnen helfen, sich Ihrer Talente bewußt zu werden, und Sie dabei unterstützen, Ihre individuelle Karriere bewußt zu lenken. Sie haben mehr Einfluß darauf, als Sie glauben!
Was aber heißt Karriere?
Das Wort stammt aus dem Lateinischen und bedeutet soviel wie Laufbahn, Rennbahn. Karriere zu machen, was auch immer sich dahinter verbergen mag, hat also mit Anstrengung zu tun – mit persönlichem Einsatz.
Allgemein wird mit dem Wort Karriere viel Negatives assoziiert. Nicht selten werden erfolgreiche Menschen als karrieregeil bezeichnet.
Noch extremer werden die Ansichten, wenn sogenannte Karrierefrauen in das gnadenlose Licht beispielsweise des erbarmungslosen nachbarschaftlichen Geschwätzes geraten. Frauen, die Karriere außerhalb der Mutterrolle machen, werden gelegentlich als Rabenmutter oder ähnlich charmant bezeichnet.
Goldie Hawn, amerikanische Schauspielerin, wurde einmal so zitiert: »Wenn eine Frau Erfolg hat, muß sie sich ständig dafür entschuldigen.« Sie führt das Scheitern ihrer ersten beiden Ehen darauf zurück, daß sie erfolgreicher war als ihre beiden Ehemänner.
Die Facetten der Karriere können sehr vielseitig sein – dieses Buch wird Ihnen zeigen, was Karriere alles bedeuten kann, wie Sie sie verwirklichen. Außerdem erhalten Sie konkrete Tips, wie Sie nicht nur dem Druck von außen Widerstand leisten, sondern auch wie Sie mit dem Druck umgehen, den Sie sich selbst aufbürden.
Insgesamt ist dieses Buch in drei wesentliche Themenblöcke aufgeteilt.
Im ersten Block, »Orientieren & Starten«, geht es um Ihre persönliche Bestandsaufnahme:

Was können Sie?
Was wollen Sie?
Was ist Ihnen wichtig?
Wo sind Ihre Stärken?
Wo liegen Ihre – verborgenen? – Talente?

Ist wirklich ein Buch nötig, um frau auf ihre besten Eigenschaften aufmerksam zu machen? Ja – weil eine innere Stimme es immer wieder schafft, daß Ihre Ideen und/oder Wünsche im Keim erstickt werden: »Kann ich nicht«, »Schaff' ich nicht«, so und ähnlich tönt es aus dem Inneren. Der Effekt: Alles bleibt beim alten! Nichts ändert sich. Und Ihre Wünsche bleiben Wünsche. Ihre Ideen werden nie in die Tat umgesetzt.

Ich werde Ihnen mit diesem Buch helfen, Ihren inneren Schweinehund zu überwinden, der sich ab und zu pessimistisch zu Wort meldet und sagt: »Das schaffe ich nicht«, »Das bekomme ich nie und nimmer hin«, »Wie soll ich bloß Beruf und Familie unter einen Hut bekommen?«, »Schließlich kann man nicht alles haben« usw. Tausendundein Argument fällt uns ein, um ein Projekt nicht in Angriff zu nehmen. Ich werde Sie dabei unterstützen, eine positivere innere Stimme zu entwickeln, die Ihnen hilft, Ihre Wünsche Wirklichkeit werden zu lassen.

Sie werden erkennen, wie wichtig es auch für Sie ist, für sich selbst zu definieren, was für Sie Erfolg und Karriere bedeuten. Vielleicht bedeutet für Sie Karriere, die Leitung einer Abteilung oder eines großen Unternehmens zu übernehmen. Für die andere ist es, sich mit einem kleinen Ein-Mann-, einem Ein-Frau-Betrieb selbständig zu machen oder auch das Metier zu wechseln, den Mut aufzubringen, etwas ganz anderes in Angriff zu nehmen. Für wieder andere Frauen bedeutet es ganz einfach, das zu tun, womit sie sich wohl fühlen.

Dieses Buch wird Ihnen bei Ihrer Definition von Erfolg und Karriere helfen. Und wird Sie dabei unterstützen, Ihre Ziele zu erreichen.

Im zweiten großen Block, »Durchhalten & Verbessern«, helfen Ihnen Praxistips, Ihr persönlich gewähltes Karriereziel zu verfolgen und bewußt zu unterstützen. Es werden Damen zu Wort kommen, die – wie man so schön sagt – es geschafft haben. Erfolgreiche Frauen verraten Ihnen ihre Erfolgsgeheimnisse. Und Sie werden erfahren, daß es möglich ist, ganz Frau zu sein und trotzdem Karriere zu machen.

Im Rahmen dieses Themenblocks werden wir uns auch damit beschäftigen, ob und inwiefern Sie an sich, an Ihrer Organisation, an Ihrer Persönlichkeit noch etwas feilen können, damit Sie sich auf Ihrem Weg nach oben nicht ungewollt selbst im Wege sind.
Da das Leben nicht nur sonnige Seiten zu bieten hat und hin und wieder kleine Rückschläge bereithält, erhalten Sie von mir außerdem Ratschläge und Hilfestellung für den Fall, daß Sie in eine berufliche Sackgasse geraten sind, bzw. Hinweise, wie Sie überhaupt erkennen, daß Sie sich in einer Sackgasse befinden.
Im dritten Block schließlich erfahren Sie, wie Sie erfolgreich bleiben und gewinnen. Denn was Sie sich auf der »Karriere-Rennbahn« erkämpft haben, sollten Sie auch genießen können. Ansonsten nutzt Ihnen der schönste Sieg nichts.
Die Idee für dieses Buch wurde aus persönlicher Erfahrung und aus Gesprächen mit vielen Frauen heraus geboren. Ich habe selbst erlebt, wie wichtig es ist, sich etwas zuzutrauen und sich immer wieder zu sagen: »Ich kann das, ich schaffe das.«
Daß man mit seinen Herausforderungen wächst, versuche ich heute zahlreichen Frauen in Seminaren zu vermitteln. Frauen, die mit ihrer persönlichen Situation nicht besonders zufrieden sind, aber nicht den Dreh bekommen, nicht den Mut finden, noch einmal etwas zu ändern, egal ob sie Mitte zwanzig, dreißig oder fünfzig sind.
(Fast) alles ist möglich. Und solange Sie nicht einen Versuch gestartet haben, werden Sie nie herausfinden, ob nicht doch hätte klappen können, wovon Sie schon so lange insgeheim träumen. Wollen Sie ein Leben lang einem Traum nachtrauern? Nein! Sie wollen Ihre Karriere beginnen!

Block I
Orientieren & Starten

Die persönliche Bestandsaufnahme

Wenn Sie schon einmal ein Zeitmanagementseminar besucht haben, dann wird Ihnen die Trainerin oder der Trainer höchstwahrscheinlich folgendes gesagt haben: Finden Sie zuerst heraus, wo Sie jetzt stehen, das heißt, finden Sie heraus, wo Sie die meiste Zeit verlieren. Und da setzen Sie an, an sich zu arbeiten, indem Sie zuerst den größten Zeitdieben zu Leibe rücken.
Eine ähnliche Vorgehensweise empfehle ich Ihnen: Bevor Sie Energie aufwenden, um Ziele zu erreichen, bevor Sie sich engagieren, bevor Sie sich auf den Erfolgsweg begeben, ist es unerläßlich, herauszufinden, wo Sie sich im Augenblick befinden.
Denn wenn Sie den Ausgangspunkt nicht kennen, wissen Sie nicht, in welche Richtung Sie sich bewegen können und sollten.
Finden Sie zuerst heraus, wo Ihre Potentiale stecken, wo Sie sich im Augenblick, im Hinblick auf Ihre Karriere, befinden. Finden Sie heraus, was Sie können, wo Ihre Stärken sind, worauf Sie aufbauen können. Wenn Sie dies erkannt haben, dann können Sie sich Ziele setzen, die Ihrer Persönlichkeit und Ihren Talenten entsprechen.

- Denken Sie manchmal darüber nach, wie zufrieden Sie mit Ihrem jetzigen Leben sind?
- Machen Sie sich manchmal Gedanken darüber, was Sie noch alles gern machen und erreichen würden?

Ich habe vor nicht allzu langer Zeit eine gute Freundin gefragt: »Doris, wie viele Tage in der Woche bist du zufrieden?« Ich wählte bewußt die eher vorsichtige Formulierung »zufrieden« und vermied das Wort »glücklich«, da dies viele Menschen für zu bedeutungsvoll halten.
Nach kurzem Zögern sagte meine Freundin ganz leise: »Zwei – vielleicht.«
Die Woche hat sieben Tage – sollte es nicht eines Ihrer wichtigsten Ziele sein, Ihr Leben so zu gestalten, daß Sie an allen sieben Tagen zumindest zufrieden sind? Denn dann fällt es Ihnen leichter, eine positive Grundeinstellung zu finden und zu sagen: »Ja, ich bin glücklich!«

Wie hätte Ihre Antwort auf die Frage, wie viele Tage in der Woche Sie zufrieden sind, gelautet? Wäre Ihre Antwort ähnlich traurig ausgefallen?
Stellen Sie sich diese Frage jetzt! Beantworten Sie diese Frage jetzt für sich!
Aufgabe:
Wie viele Tage in der Woche bin ich zufrieden? ...... Tage.
Fällt Ihre Antwort positiv aus? Sind Sie sieben Tage in der Woche zufrieden? Super! Perfekt! Das ist die richtige Voraussetzung, um das meiste aus Ihren Talenten herauszuholen.
Sie sind mindestens fünf Tage einer Woche zufrieden? Schön. Auch eine gute Basis, auf der Sie aufbauen können. Aber was ist mit den anderen Tagen? Warum können Sie nicht von sich behaupten, die ganze Woche zufrieden oder sogar glücklich zu sein? Das ist nicht möglich, sagen Sie? Warum nicht?
Oder lautet Ihre Antwort ähnlich traurig wie die meiner Freundin Doris? Sind Sie möglicherweise nur zwei oder drei Tage zufrieden?
Das ist zuwenig! Wie wollen Sie denn je den Zustand »glücklich« erreichen, wenn es nicht einmal zu einem bescheidenen »Zufrieden« reicht?
Bedenken Sie: Befinden Sie sich in dieser Situation, bedeutet dies Alarmstufe rot.
Sofort sind Initiative und Gegenmaßnahmen erforderlich, bevor die Situation so eingefahren und das Selbstbewußtsein so ruiniert ist, daß gar nichts mehr geht. Denn wenn Sie unzufrieden sind, dies werden Sie selbst schon festgestellt haben, ist es ganz einfach, noch unzufriedener zu werden. Die »Es ist alles so schrecklich«-Selbstmitleidsphase verdirbt Ihnen die Laune.
Nur leider macht frau sich selten bewußt, daß sie in diesem Gefühlsstrudel gefangen ist. Vielmehr gibt sie sich mit kurzfristigen »Sonnenstrahlen« zufrieden, die in Form eines »Danke« des Chefs oder des Partners daherkommen.
Kleine Komplimente oder Aufmunterungen helfen nur für kurze Zeit über Tiefs hinweg und täuschen eine Glückseligkeit vor, die nicht wirklich vorhanden ist.
Wenn Sie sich eine Verbesserung Ihres momentanen Empfindens wünschen, dann ist es an der Zeit, herauszufinden, was Sie wirklich möchten, was Sie glücklich macht.
Beginnen Sie heute, Ihr Leben bewußt zu leben und zu erkennen,

was es dazu bedarf. Denn jeder hat ein Recht darauf, glücklich zu sein. Geben Sie sich nicht mit weniger zufrieden!
Finden Sie heraus, in welcher Situation Sie sich im Augenblick befinden. Wie lauten Ihre Antworten auf diese Fragen:

Ihre persönliche Bestandsaufnahme

Es ist an der Zeit, etwas zu ändern – betrachten Sie Ihr Leben etwas genauer!

1. Ist Ihr Leben meist zufriedenstellend und ausgefüllt?
Ja ❑ Es geht so ❑ Nein ❑

2. Sind Sie mit Ihrer Arbeit, mit dem, was Sie tun, zufrieden?
Ja ❑ Es geht so ❑ Nein ❑

3. Ihnen fehlt etwas? Was ist es? Was vermissen Sie?

____
____
____
____
____

4. Entspricht das, was Sie tun, Ihren Talenten?
Ja ❑ Es geht so ❑ Nein ❑

Auswertung Ihrer persönlichen Bestandsaufnahme

Erste und zweite Frage: Sie haben auf beide Fragen mit Ja geantwortet? Herzlichen Glückwunsch! Alles in Ordnung.
Sie haben nicht mit Ja antworten können?
Dann haben Sie sich hoffentlich Zeit zur Beantwortung der dritten Frage genommen. Denn eine intensive Auseinandersetzung mit den Antworten hilft Ihnen, Ihren inneren Störfaktoren auf den Grund zu gehen und etwas dagegen zu unternehmen.
Falls Sie die dritte Frage nicht sorgfältig beantwortet haben, nehmen Sie sich jetzt bitte die Zeit dazu. Das Bewußtmachen von Entbehrungen ist unerläßlich, wenn Sie diesen Zustand verändern

möchten. Denn: Wenn Sie nicht wissen, was Ihnen fehlt, können Sie es sich auch nicht »besorgen«.
Machen Sie sich klar, daß Sie sich mit nichts abfinden müssen. Sie sind verantwortlich für sich und Ihr Leben. Und wenn Sie feststellen, daß Sie etwas entbehren, nehmen Sie es nicht als gegeben und unabänderbar hin, sondern ergreifen Sie die Initiative, wenn es Ihnen wichtig ist.
Das gleiche gilt für die vierte Frage. Sollten Sie »Nein« oder »Es geht so« angekreuzt haben, unternehmen Sie etwas. Seien Sie bereit, Ihre derzeitige Situation gründlich zu überdenken und einen neuen Weg zu beschreiten.
Auch meine Freundin hat sich nach unserem Gespräch diese Fragen gestellt. Und sie hat in ihrer Bestandsaufnahme festgestellt, daß es tatsächlich in ihrem Leben Dinge gibt, mit denen sie nicht zufrieden ist, die sie sich bisher nicht bewußt gemacht hat, die sie aber gern ändern möchte.
Wichtig ist, daß Sie sich nicht selbst blockieren. Wenn Sie spüren, daß Ihnen etwas anderes Spaß machen würde als das, was Sie bisher tun, sprechen Sie sich selbst Mut zu, Neues in Angriff zu nehmen. Verbannen Sie folgende Sätze, die nur demotivieren und blockieren, aus Ihrem Wortschatz. Richtig gut sind Sie aber erst dann, wenn Sie diese Sätze nicht einmal mehr denken:

- Dazu bin ich zu alt!
- Wie soll ich das alles unter einen Hut bekommen?
- Das schaffe ich nie!

Häufig spreche ich mit Damen, die zwar gern ihre derzeitige Stelle wechseln würden, es aber nicht tun. »Ich bin schon zu alt«, »Ich bekomme sowieso keinen neuen Job mehr«, lauten ihre Ausflüchte. Meine Antwort ist dann immer: »Woher wollen Sie das wissen, haben Sie sich schon einmal beworben?« Die Antwort darauf ist stets: »Bisher noch nicht.«
Also, sagen Sie nicht: »Das kann ich nicht«, wenn Sie es noch nicht versucht haben. Geben Sie sich selbst eine Chance.

Finden Sie so viele Details heraus wie möglich

Auf den nun folgenden Seiten erhalten Sie Erläuterungen zu Ihrem Selbsttest auf Seite 21, der die vorangegangene Bestandsaufnahme vertiefen soll.
Fragen Sie sich: Bin ich mit der Bezahlung meiner Arbeit zufrieden, entspricht sie meinen Leistungen?

Zufriedenheit im Job ist wichtig, aber machen wir uns nichts vor: Nur von Zufriedenheit können wir nicht leben – das entsprechende Gehalt spielt eine wichtige Rolle. Bedenken Sie jedoch auch, daß Zufriedenheit im Job weitaus wichtiger ist als fünfhundert Mark mehr auf dem Gehaltsscheck. Es wäre schade, wenn Sie einen Job aufgäben, mit dem Sie zufrieden sind, nur um ein paar hundert Mark netto mehr zu verdienen. Karriere ja – doch bitte nicht um jeden Preis!

Fragen Sie sich weiter:

- Was habe ich in der Vergangenheit getan, um nach vorn zu kommen, um meine Position zu stärken oder zu verändern?
- Habe ich mich weitergebildet?
- Habe ich darüber mit meinem Chef gesprochen?
- Oder habe ich alles klammheimlich gemacht, weil ich damit nicht angeben wollte?

Ich kenne viele Damen, die sich heimlich, ohne das Wissen ihres Chefs, fortbilden. Warum sagen und zeigen sie nicht, was Sie können? Hoffen Sie nicht darauf, daß Ihr Vorgesetzter es irgendwie bemerkt, sagen Sie ihm oder ihr, wie qualifiziert Sie sind.

Was haben Sie sonst getan, um Ihre Position zu stärken oder zu verändern?

Haben Sie Initiative gezeigt und sich auf Stellen beworben, die eine große Herausforderung darstellten?

Überlegen Sie, was Sie alles getan haben, um beruflich da zu stehen, wo Sie jetzt sind.

Überlegen Sie aber auch:

- Welche Gelegenheiten haben Sie sich durch die Lappen gehen lassen?
- Welche Chancen haben Sie verpaßt? Weil Sie gezögert haben, weil Ihnen der Mut fehlte. Warum haben bestimmte Dinge nicht geklappt?
- Warum hat einiges funktioniert und anderes nicht?

Lernen Sie aus Ihren Erfahrungen!

Fragen Sie sich: Wie zufrieden bin ich mit meinem Privatleben, mit meiner Familie oder mit meiner Partnerschaft? Stört mich etwas, wenn ja, was ist es genau?

Finden Sie heraus, wo Sie ansetzen müssen, damit Sie gezielt die Initiative ergreifen können.

Kennen Sie Tage, an denen Sie einfach schlecht gelaunt sind? Tage, an denen schon das Aufstehen schwerfällt und der erste Blick in den Spiegel schon keine Freude bereitet? Und wenn man mit dem falschen Fuß aufgestanden ist, dann wird man auch noch leicht aggressiv, mag sich nicht leiden und ist froh, wenn der Tag vorüber ist.

So, wie Sie an solchen Tagen dem Auslöser für Ihre schlechte Laune auf die Schliche kommen sollten, damit Sie ihn bekämpfen können, so sollten Sie jetzt Ihre gegenwärtige Situation unter die Lupe nehmen, eine Bestandsaufnahme machen und herausfinden, wo sich etwas ändern und verbessern läßt.

Nehmen Sie sich für Ihre persönliche Bestandsaufnahme so viel Zeit, wie Sie brauchen. Beantworten Sie die folgenden sechs Fragen, die sich aus den Erläuterungen ergeben. Nehmen Sie sich ausreichend Zeit dafür, und beantworten Sie sie am besten schriftlich. Denn eine schriftliche Auseinandersetzung mit den Fragen verhindert, daß Sie sich vor der konkreten Beantwortung drücken.

Und noch ein Hinweis: Vermerken Sie auf Ihrer Checkliste das aktuelle Datum, an dem Sie diese Bestandsaufnahme durchführen. So haben Sie später immer einen Überblick, wo Sie sich zu einem bestimmten Zeitpunkt beruflich und privat befunden haben und was sich bis zur nächsten Bestandsaufnahme geändert hat. Setzen Sie sich dafür einen Termin. Schauen Sie sich die sechs Fragen beispielsweise in einem halben Jahr noch einmal an, und beantworten Sie diese erneut. Ich bin überzeugt davon, daß Sie, wenn Sie sich neue Ziele setzen, mit Hilfe dieses Buches wirklich Erfolg haben werden. Wichtig ist nur: Sie müssen es nicht nur wollen, sondern Sie müssen auch etwas tun!

Zu einem amerikanischen Trainerkollegen kam eines Tages eine Frau ins Seminar und sagte vorwurfsvoll: »Ich habe Ihr Kassettenprogramm für glückliche Partnerschaften jetzt schon zweimal gehört, und meine Ehe ist immer noch unglücklich.«

Es reicht eben nicht, ein Seminar zu besuchen, über ein Problem nur zu reden oder ein Buch darüber zu lesen. Ihr Erfolg hängt von Ihrem Engagement, Ihrer Initiative und Ihrem Mut ab! Wie heißt es so schön: Es gibt nichts Gutes, außer man tut es.

Hier sind jetzt die sechs Fragen. Nehmen Sie sich die Zeit, sie in Ruhe zu beantworten. Lesen Sie erst weiter, wenn Sie die Fragen beantwortet haben.

Die sechs entscheidenden Fragen, die Ihr zukünftiges Handeln bestimmen

1. Wie gefällt mir mein Job?

   Super ❑ Gut ❑ Okay ❑ Nicht besonders ❑ Schrecklich ❑

2. Bin ich mit der Bezahlung zufrieden?

   Ja, sehr ❑ Ja ❑ Es geht so ❑ Nicht besonders ❑ Überhaupt nicht ❑

3. Was habe ich bisher getan, um meine Position zu stärken oder zu verändern?

   ____
   ____
   ____
   ____
   ____
   ____

4. Was habe ich nicht getan? Welche Chance habe ich mir entgehen lassen?

   ____
   ____
   ____
   ____
   ____
   ____

5. Warum ist es mir nicht gelungen, meine bisherige Position zu verändern, obwohl ich es wollte?

   ____
   ____
   ____
   ____
   ____
   ____

6. Wie zufrieden bin ich mit meinem Privatleben, meiner Partnerschaft, meiner Familie?

Partnerschaft: Super ❑ Ganz gut ❑ Okay ❑ Na ja ❑
Gründe: ____
____

Familie: Super ❑ Ganz gut ❑ Okay ❑ Na ja ❑
Gründe: ____
____

Privatleben: Super ❑ Ganz gut ❑ Okay ❑ Na ja ❑
Gründe: ____
____

Haben Sie festgestellt, daß es gar nicht so einfach ist, sich selbst bewußt einzuschätzen und kennenzulernen? Vor allem der Punkt »Was habe ich bisher getan, um meine Position zu stärken oder zu verändern?« war vermutlich nicht ganz so einfach zu beantworten.
Sie wissen jetzt, wo Sie sich befinden, was Sie in der Vergangenheit für sich und Ihr Fortkommen geleistet haben und womit Sie im Augenblick noch nicht ganz zufrieden sind.
Lassen Sie nun Taten folgen, um die gegenwärtige Situation dahingehend zu verändern, daß Sie wirklich zufrieden sind. Lernen Sie aus Ihren Antworten, und ändern Sie etwas. Setzen Sie sich Ziele! Damit legen Sie das Fundament für Ihren Erfolg.

Besitzen Sie alle Erfolgsbausteine für Ihre Karriere? – Der Test

Karriere machen, Erfolg haben, viel Geld verdienen – wenn es so einfach wäre, würde es jeder so machen, oder?
Es macht aber nicht jeder oder nicht jede, weil für den Erfolg bestimmte Voraussetzungen erforderlich sind. Talente, Fähigkeiten, bestimmte Charaktereigenschaften, Durchhaltevermögen usw.
Finden Sie mit dem folgenden Test heraus, ob Sie bereits auf Erfolgskurs sind.

I Bereitschaft zum Erfolg	Ja	Nein
1. *Freizeit* Es gibt Aufgaben, die unbedingt bis Montag erledigt werden müssen. Würden Sie auch Ihre Freizeit opfern?	❑	❑
2. *Kreativität* Macht es Ihnen Spaß, nach völlig neuen Lösungen zu suchen und dafür auch mal ein bißchen länger zu arbeiten?	❑	❑
3. *Neue Aufgaben* Betrachten Sie neue, große Aufgaben als Herausforderung?	❑	❑
4. *Pünktlich nach Hause* Ist es Ihnen wichtig, abends pünktlich zu Hause zu sein?	❑	❑
5. *Überstunden* Würde es Ihnen oder Ihrem Partner Probleme bereiten, wenn Sie einige Überstunden leisteten?	❑	❑
6. *Urlaub* Denken Sie im Urlaub an Ihren Beruf und freuen sich wieder auf die Arbeit?	❑	❑

II Fachwissen	Ja	Nein
1. *Audiokassetten* Nutzen Sie die tägliche Fahrt von und zur Arbeit, um sich mit Lernkassetten weiterzubilden?	❑	❑
2. *Aus- und Weiterbildung* Haben Sie innerhalb der letzten zwölf Monate etwas für Ihre Aus- und Weiterbildung getan?	❑	❑
3. *Fernkurse/Fernstudium* Haben Sie schon mit dem Gedanken gespielt, einen Fernkurs oder gar ein Fernstudium zu belegen?	❑	❑

4. *Kontakte* Nutzen Sie alle Möglichkeiten, um mit möglichst vielen Menschen aus Ihrem Fachgebiet Kontakte zu knüpfen, wie zum Beispiel auf Messen oder Informationsveranstaltungen?	❑	❑
5. *Mitbewerber* Wissen Sie alles/sehr viel über Ihre Mitbewerber auf dem Markt, Produkte, Umsatzzahlen, Innovationen oder neueste Forschungsergebnisse?	❑	❑
6. *Seminare* Haben Sie in den letzten sechs Monaten ein Seminar besucht?	❑	❑
7. *Firmenwissen* Wissen Sie, worin die Aufgabe einer jeden Abteilung in Ihrem Unternehmen besteht?	❑	❑

III Fähigkeiten	Ja	Nein
1. *Organisation* Haben Sie Ihr Leben gut organisiert, so daß Sie Privates und Ihren Beruf gut unter einen Hut bekommen?	❑	❑
2. *Partner/Familie* Unterstützt Sie Ihr Partner und/oder Ihre Familie bei Ihren Karriereplänen?	❑	❑
3. *Verantwortung übernehmen* Trauen Sie sich zu, alle Aufgaben Ihres Chefs ab morgen zu übernehmen und auch für alle daraus entstehenden Fehler persönlich zu haften?	❑	❑
4. *Streß* Wenn es richtig »rundgeht« in der Firma, behalten Sie dann die Ruhe, ohne daß Ihnen dieser Streß auf den Magen schlägt?	❑	❑
5. *Zeitmanagement* Teilen Sie sich Ihre Aufgaben gut ein, und geraten Sie deshalb fast nie in Terminstreß?	❑	❑

IV Soziale Kompetenz	Ja	Nein
1. *Akzeptanz* Hören Ihre Kollegen und Kolleginnen gern Ihren Ideen und Vorschlägen zu und folgen auch oft Ihrem Rat?	❑	❑
2. *Einzelkämpfer* Glauben Sie, daß Einzelkämpfer erfolgreicher sind als teamorientierte Typen?	❑	❑
3. *Konflikt* Schaffen Sie es, ein Streitgespräch so zu steuern, daß sich im nachhinein alle als Gewinner fühlen?	❑	❑
4. *Lob und Anerkennung* Loben Sie Mitarbeiter und Kollegen, wenn sie es verdient haben?	❑	❑
5. *Offenheit* Sagen Sie offen, aber diplomatisch Ihre Meinung?	❑	❑
6. *Team* Arbeiten Sie gern im Team?	❑	❑

Auswertung

I Bereitschaft zum Erfolg

1. Ja: 5 Punkte Nein: 0 Punkte
2. Ja: 5 Punkte Nein: 0 Punkte
3. Ja: 5 Punkte Nein: 0 Punkte
4. Ja: 0 Punkte Nein: 5 Punkte
5. Ja: 0 Punkte Nein: 5 Punkte
6. Ja: 5 Punkte Nein: 0 Punkte

0 bis 10 Punkte
Hat Ihnen jemand dieses Buch geschenkt, oder haben Sie es selbst gekauft? Ihre Bereitschaft zum Erfolg muß erst noch geweckt werden.
15 bis 20 Punkte
Ihre Erfolgsbereitschaft ist latent vorhanden. Engagieren Sie sich etwas mehr.

25 bis 30 Punkte
Sehr hohe Erfolgsbereitschaft. Aber Achtung: nicht daß Sie sich zu sehr verausgaben und sich ausnutzen lassen.

II Fachwissen

1. Ja: 5 Punkte   Nein: 0 Punkte
2. Ja: 0 Punkte   Nein: 5 Punkte
3. Ja: 5 Punkte   Nein: 0 Punkte
4. Ja: 0 Punkte   Nein: 5 Punkte
5. Ja: 5 Punkte   Nein: 0 Punkte
6. Ja: 5 Punkte   Nein: 0 Punkte
7. Ja: 5 Punkte   Nein: 0 Punkte

0 bis 10 Punkte
Um durch Wissen einen Vorsprung vor anderen zu gewinnen, müssen Sie noch einiges investieren. Fangen Sie am besten heute noch damit an, Ihr Fachwissen und Ihre Lernbereitschaft zu erhöhen.
15 bis 25 Punkte
Sie tun schon einiges, um auf dem laufenden zu sein. Wenn Sie noch Kapazitäten frei haben, investieren Sie noch ein wenig mehr Zeit in Ihre persönliche Weiterbildung.
30 bis 35 Punkte
Super – nur wenige Menschen haben erkannt, wie wichtig Weiterbildung ist, und tun etwas dafür. Sie sind einer von ihnen.

III Fähigkeiten

1. Ja: 5 Punkte   Nein: 0 Punkte
2. Ja: 5 Punkte   Nein: 0 Punkte
3. Ja: 5 Punkte   Nein: 0 Punkte
4. Ja: 5 Punkte   Nein: 0 Punkte
5. Ja: 5 Punkte   Nein: 0 Punkte

0 bis 10 Punkte
Organisation und Zeitmanagement scheinen Ihre schlimmsten Feinde zu sein. Beschäftigen Sie sich eingehend mit dem Kapitel über Zeitmanagement, damit Sie Ihre Voraussetzungen, was Ihre Fähigkeiten angeht, verbessern.
15 bis 20 Punkte
Kleine Mankos sind normal. Bemühen Sie sich jedoch, auch diese in den Griff zu bekommen; Sie erleichtern sich Ihr Leben und Ihren Erfolg damit erheblich.

25 Punkte
Wenn Sie in allen vier Bereichen dieses Tests ebenso gut abschneiden, werden Sie nicht nur erfolgreich sein, sondern Ihren Erfolg auch genießen können.

IV Soziale Kompetenz
1. Ja: 5 Punkte Nein: 0 Punkte
2. Ja: 5 Punkte Nein: 0 Punkte
3. Ja: 5 Punkte Nein: 0 Punkte
4. Ja: 5 Punkte Nein: 0 Punkte
5. Ja: 5 Punkte Nein: 0 Punkte
6. Ja: 5 Punkte Nein: 0 Punkte

0 bis 10 Punkte
Setzen Sie sich in diesem Buch verstärkt mit den Kapiteln »Talk Success« und »Move Success« auseinander. Dort erhalten Sie wertvolle Informationen, wie Sie Ihre soziale Kompetenz verbessern können – damit Sie sich gegenüber Kolleginnen und Kollegen besser durchsetzen können und gleichzeitig beliebt sind.
15 bis 20 Punkte
Überlegen Sie, weshalb Sie sich nicht immer gut mit Kollegen verstehen. Sind es wirklich immer die anderen? Betrachten Sie sich kritisch, und versuchen Sie, Ihre Kommunikation und damit die Zusammenarbeit zu verbessern.
25 bis 30 Punkte
Eine hohe soziale Kompetenz ist für eine Führungsaufgabe unerläßlich. Wenn Sie Ihren Weg nach oben machen, brauchen Sie daran schon nicht mehr zu arbeiten.

Beginnen Sie mit der Planung Ihrer Karriere

Lassen Sie uns nun konkret werden – kommen wir zu Ihrer Karriere. Beschäftigen wir uns jetzt damit, was Sie wirklich möchten, was Sie geplant haben, wie Sie leben wollen usw. Wissen Sie dies? Haben Sie sich darüber schon einmal konkret Gedanken gemacht? Oder wissen Sie nur, daß Sie etwas ändern möchten, aber noch nicht genau, wohin die Reise gehen soll?
Wenn dem so ist, dann sollten Sie jetzt beginnen zu planen. Setzen Sie sich jetzt Ziele, damit Sie wissen, wozu Sie arbeiten, wofür Sie

Energien aufwenden, damit Sie durchhalten, um das Ziel zu erreichen, das Sie vor Augen haben.
Laut einer Umfrage, die eine bekannte deutsche Frauenzeitschrift Anfang 1997 durchgeführt hat, gehen deutsche Frauen bei ihrer Karriereplanung nicht besonders offensiv vor. (Um so schöner, daß Sie sich heute mit dem Thema Frau und Karriere beschäftigen.)
Laut Umfrage

- möchten nur fünf Prozent der befragten Frauen um eine Beförderung kämpfen;
- haben sich nur acht Prozent der Damen vorgenommen, nach einer Gehaltserhöhung zu fragen;
- sind nur sechs Prozent entschlossen, die Konflikte mit ihren Vorgesetzten in Zukunft offen auszutragen.

Kein besonders rühmliches Ergebnis für das weibliche Geschlecht.
Woran liegt es, daß die befragten Frauen das Gehaltsgespräch scheuen oder nicht mehr Geld verdienen möchten? Diese Schlußfolgerung muß man doch aus dem Ergebnis der Umfrage ziehen, oder?
Worauf ist die mangelnde Konfliktbereitschaft zurückzuführen? Führen typische weibliche Eigenschaften zu diesen Problemen? Behindern sie möglicherweise das Fortkommen, den Erfolg?
Auf die Frage »Warum machen Frauen so selten Karriere« antworteten in einer Forsa-Umfrage neunundzwanzig Prozent der Männer, daß sie Frauen nicht für skrupellos genug hielten. Überraschenderweise sahen gar einundvierzig Prozent der befragten Damen in mangelnder Skrupellosigkeit einen Grund.
Stimmt das wirklich? Müssen Frauen skrupelloser werden? Nehmen wir zuviel Rücksicht auf andere?
Es sieht so aus, als müßten Frauen mehr leisten müssen als Männer, um das gleiche zu erreichen. Zahlen scheinen dies zu belegen:
So haben zum Beispiel etwa sechsundvierzig Prozent der Managerinnen einen Doktortitel, aber nur sechsunddreißig Prozent der Manager. Es sieht so aus, als müßte frau promovieren, um etwas werden zu können.
Fast alle für dieses Buch befragten erfolgreichen Frauen schlossen sich der Meinung/dem Gerücht an, daß frau heutzutage immer noch mehr leisten muß als ein Mann, um die gleiche Position bekleiden zu können.

Jede muß für sich selbst entscheiden

Ihre genauen Ziele – das, was Sie sich von Ihrer zukünftigen beruflichen Tätigkeit erhoffen – hängen davon ab, wie Sie Karriere definieren und worin Sie Zufriedenheit finden.
Eine deutsche Frauenzeitschrift porträtierte in einem Beitrag mehrere Frauen, die sich beruflich umorientiert hatten. Eine Frau wurde so zitiert: »Ich habe als Reiseverkehrskauffrau gearbeitet – das war mir zu langweilig – immer morgens um halb neun Uhr ins Büro und um achtzehn Uhr Feierabend.« Jetzt ist diese Frau als freie Journalistin tätig und hat darin ihre Erfüllung gefunden.
Eine andere porträtierte Frau spielte als Berufsmusikerin in einem großen Orchester. Ihr behagte es aber nicht, den ganzen Tag Flöte üben und spielen zu müssen. Sie ist jetzt Reiseverkehrskauffrau – und mit Ihrer Berufswahl sehr glücklich.
Was lernen wir daraus?
Was für die eine ein Graus ist, kann für die andere die berufliche Erfüllung sein. Ziele sind also ganz individuell. Um so wichtiger ist es, daß Sie Ihre ganz persönlichen Ziele finden.

Setzen Sie sich Ziele!

Das Setzen von Zielen ist für jeden Menschen Voraussetzung für Zufriedenheit und Erfolg. Wenn Sie nicht wissen, was Sie erreichen möchten, können Sie Ihre Energie nicht gezielt einsetzen. Sie gehen also verschwenderisch mit einer Ihrer wichtigsten Ressourcen um.
Wenn Sie morgens zur Arbeit kommen und nicht wissen, was Sie an diesem Tag erreichen möchten, wenn Sie sich keine Tagesziele gesetzt haben, können Sie sie auch nicht erreichen. In der Konsequenz können Sie sich am Abend nicht über Erreichtes freuen und sich nicht selbst auf die Schulter klopfen.
Angenommen, Sie fahren mit dem Auto zu einer Verabredung, ohne sich vorher Gedanken darüber gemacht zu haben, welchen Weg Sie nehmen müssen. Sie setzen sich einfach in Ihren Wagen und fahren los. Nach einiger Zeit stellen Sie fest, daß Sie wohl die falsche Richtung gewählt haben, und kehren um. Sie haben wertvolle Energien verschwendet: Kraftstoff und Ihre Zeit.
Stellen Sie sich nicht nur die Frage: »Was will ich heute errei-

chen?«, sondern: »Was will ich im Leben erreichen?« Nur so können Sie Ihre Energie richtig einsetzen, anstatt Sie zu vergeuden.

- Gehen Sie vielleicht verschwenderisch mit Ihrer Energie um?
- Investieren Sie Zeit und Kraft in Menschen, die Ihnen kaum etwas bedeuten?
- Vergeuden Sie Ihre Energie möglicherweise für Dinge, die Ihnen nicht wichtig sind?

Weniger als fünf Prozent der gesamten Bevölkerung haben Ziele. Überspitzt gesagt: Fünfundneunzig Prozent der Menschen wissen morgens nicht, weshalb Sie überhaupt aufstehen.

Angst vor dem Versagen?

Warum setzen sich nur so wenige Menschen Ziele? Weil sie Angst haben zu versagen? Wahrscheinlich. Wer sich nicht vornimmt, einen Marathon zu laufen, der wird auch nicht enttäuscht sein, wenn er es nicht ins Ziel schafft. Nur derjenige, der die Strecke in Angriff nimmt, kann das überwältigende Gefühl des Erfolgs für sich verbuchen, wenn er ins Ziel läuft.

Angenommen, Sie hielten sich für unterbezahlt und würden Ihre Chefin oder Ihren Chef gern auf eine Gehaltserhöhung ansprechen. Doch weil Sie glauben, daß Sie sich mit Ihrer Forderung sowieso nicht durchsetzen werden, schneiden Sie das Thema erst gar nicht an. So werden Sie nie in den Genuß des Erfolgs kommen.

Andere Damen würden sich beruflich gern verändern – tun es aber nicht, weil sie sich selbst einreden, daß sie sowieso niemand einstellen würde. Sie bewerben sich nicht einmal, weil sie Angst vor der Niederlage haben, Angst davor, abgelehnt zu werden.

Die Menschen lernen schnell. Man hat sich ein Ziel gesetzt, es nicht erreicht, ist enttäuscht und hat daraus die Schlußfolgerung gezogen, daß man es in Zukunft einfach besser seinläßt. Einmal beworben und abgelehnt – »Siehst du, ich hab' ja gleich gesagt, daß es keinen Zweck hat«.

Niemand will ständig enttäuscht werden. Doch wer sagt, daß, wenn man einmal gescheitert ist, der nächste Versuch wieder zu einer Niederlage führen muß?

Aus der Angst vor dem Versagen resultiert folgende Einstellung: Vierundfünfzig Prozent der Menschen haben mehr Angst davor,

vor mehreren Personen zu sprechen, als vor dem Tod. Die Angst, sich vor den anderen zu blamieren, verhindert, daß sie ihr Talent, ihr Können vor anderen präsentieren und einen triumphalen Erfolg feiern.
Machen Sie sich eines klar: Kein Erfolg ohne Mißerfolge. Sie kennen doch die Redewendung: Man lernt aus seinen Fehlern. Wenn Sie aus Fehlern lernen möchten, dann müssen Sie bereit sein, Fehler zu begehen. Sie müssen bereit sein, aus Mißerfolgen zu lernen. Wenn Sie kein Risiko eingehen, nichts wagen, lieber auf Nummer Sicher gehen, dann werden Sie nie erfahren, ob »es« nicht vielleicht doch funktioniert hätte. Sie werden nie erfahren, was das Leben Ihnen hätte bieten können.
Legen Sie Ihre Angst vor dem Versagen ab, und treffen Sie Entscheidungen.
Eine Umfrage der Universität New Jsersey unter amerikanischen Geschäftsführerinnen ergab: Achtzig Prozent aller befragten Frauen, die die Gewinne ihrer Abteilung/ihres Unternehmens in den letzten fünf Jahren verdoppelt hatten, begründeten ihren Erfolg damit, daß sie intuitive Entscheidungen getroffen hatten, während ihre Kolleginnen einfach abgewartet hätten.
Packen Sie es an – seien Sie mutig!
Der amerikanische Milliardär Hunt, der über hundert Unternehmen geleitet hat und drei Millionen Dollar am Tag verdient, wurde einmal gefragt, ob es Erfolgsgeheimnisse gäbe. Und, wenn ja, welche. Hunt antwortete: »Man muß wissen, was man will. Doch die meisten Menschen scheitern bereits an diesem Punkt. Und wenn man weiß, was man will, so scheitern die meisten dann am zweiten Punkt: Sie müssen den Preis festlegen, den Sie bereit sind, dafür zu zahlen.«
Ziele setzen, lautet die Devise, liebe Leserin. Um den Preis, den Sie zur Erreichung Ihres Ziels zahlen müssen, geht es später in diesem Buch.

Zielsetzung in der Praxis

Lassen Sie uns ein x-beliebiges, karriereorientiertes Ziel herauspicken, um daran deutlich zu machen, was Sie bei der Festlegung Ihrer Ziele beachten sollten, damit Sie sie erreichen und sie keine Träume bleiben.

Angenommen, Sie würden zur Zeit als Sekretärin arbeiten und möchten in fünf Jahren als Personalberaterin tätig sein.
Hört sich das für Sie realistisch an – oder glauben Sie, daß da jemand nach den Sternen greift?
Fast alles ist möglich: Frankfurts Oberbürgermeisterin Petra Roth ist ausgebildete Arzthelferin. 1995 entthronte sie nach sechs Jahren ihren Vorgänger Andreas von Schoeler!
Damit Ihr Ziel realistisch wird, damit Sie den Mut haben, solch ein Ziel überhaupt anzupeilen, müssen Sie es erreichbar machen. Sie dürfen nämlich nicht nur dieses eine große Ziel vor Augen haben, sondern müssen sich kleine Zwischenziele setzen. Jedesmal, wenn Sie ein Zwischenziel erreicht haben, kommen Sie Ihrem großen Ziel, in unserem Beispiel der Selbständigkeit, wieder ein Stück näher. Und immer wenn Sie ein kleines Ziel erreicht haben, freuen Sie sich darüber, daß Sie das, was Sie sich vorgenommen haben, tatsächlich geschafft haben. Mit jedem erreichten Zwischenziel gewinnen Sie ein gewaltiges Stück an Motivation, mit Spaß und Elan weiterzumachen – bis zu dem Zeitpunkt, wo Sie an einem Haus ein Schild anbringen, auf dem Ihr Name steht und darunter: Personalberatung.
Zwei Dinge spielen bei der Zielsetzung eine ganz wichtige Rolle:

1. Visualisieren Sie, wie es sein wird, wenn Sie ihr Ziel erreicht haben. Stellen Sie sich möglichst konkret vor, wie Sie, wenn Sie zur Arbeit gehen, aussehen. Wie Sie mit Kunden sprechen und verhandeln. Was machen Sie genau? Was können Sie sich leisten?
   Genießen Sie die Vorstellung.
2. Setzen Sie sich Zwischenziele. Sie benötigen kleine realistische Häppchen, die Sie Ihrem großen Ziel näher bringen, die Ihre Motivation aufrechterhalten.

Wie könnten die Zwischenziele in unserem Fallbeispiel, »Von der Sekretärin zur Personalberaterin«, aussehen?

- Einen Fortbildungskurs zur Personalkauffrau besuchen und bestehen.
- Sich fundierte Kenntnisse aneignen.
- Fachliteratur lesen, ein Buch pro Monat.
- Den Markt auf Chancen und Risiken untersuchen – mindestens eine fundierte Analyse erstellen.
- Nach abgeschlossener, bestandener Prüfung eine Anstellung als Personalkauffrau suchen.

Parallel dazu müßte sie Rücklagen bilden, um die Selbständigkeit zu finanzieren.
Sie sollte sich einen Betrag X zum Ziel nehmen, den sie jeden Monat auf die Seite legt. Erreichte finanzielle Zwischenziele müssen auf dem Sparkonto verbucht und damit sichtbar gemacht werden.
Am Ende eines jeden Jahres kann sich die angehende Unternehmerin über den Betrag freuen, der sie ihrer Selbständigkeit wieder ein Stück näher gebracht hat.
Wenn die fünf Jahre vorbei und alle Zwischenziele erreicht sind – dann ist es soweit. Der Wunsch, der Traum ist Wirklichkeit geworden.
Nun kann sich die Personalberaterin neue Ziele setzen.
So kann es idealerweise laufen. Warum sollte so etwas nicht auch Ihnen gelingen? Denken Sie positiv, und setzen Sie sich jetzt ein Ziel, das Sie erreichen möchten. Was ist Ihr Karriereziel? Wenn Sie es schon wissen, dann schreiben Sie es auf. Wenn Sie sich noch nicht ganz sicher sind, nehmen Sie sich jetzt Zeit, darüber nachzudenken. Schreiben Sie ruhig mehrere Dinge auf, wenn Sie sich noch nicht abschließend entscheiden können, was genau Sie machen möchten.
Spinnen Sie ruhig ein wenig herum. Träumen Sie, was Ihnen vorschwebt. Ob es Wirklichkeit wird, hängt davon ab, wie konkret Sie Ihren Traum angehen, damit er zum Ziel wird. Wie das funktioniert, haben Sie gerade gelesen.
Seien Sie in Ihrer Zielsetzung nicht zu bescheiden. Stapeln Sie nicht tief. Wenn Sie sich ein sehr leicht zu erreichendes Ziel setzen und sich nicht genug zutrauen, werden Sie auch nur dieses Ziel erreichen. Verlassen Sie sich nicht darauf, daß Sie ins erste Ziel gelangen und dann mal schauen, was passiert. Nichts passiert – Sie sind im Ziel, weiter kommen Sie wahrscheinlich nicht. Vergleichen Sie dies mit einem Marathonläufer, der am Ende der Strecke ins Ziel läuft. Dort erzählt man ihm, er müsste noch zwei Kilometer weiter laufen. Glauben Sie, daß er das schafft? Nein. Denn er hat sich ein Ziel gesetzt, und das hat er erreicht. Mehr kann er nicht.
Hätte er sich von vornherein ein höheres Ziel gesetzt, nämlich zwei Kilometer mehr zu laufen, würde ihm das höchstwahrscheinlich gelingen. Nur jetzt – im nachhinein – ist er am Ende.
Beachten Sie außerdem: Machen Sie sich vor allen Dingen nicht von Berufsklischees abhängig. Was ist ein typischer Männer-, was

ist ein typischer Frauenberuf. Entscheiden Sie sich für das, was Ihnen Spaß macht. Christiane Nüsslein-Volhard, Nobelpreisträgerin, sagt: »Eine Frau kann heute fast alles werden. Voraussetzung ist, daß sie sich eine gute Ausbildung verschafft, mindestens so leistungsbereit ist wie ein Mann und sich nicht von den Zweifeln irritieren läßt, die nahezu jeder Frau angeboren sind.«

Aufgabe

Nehmen Sie sich jetzt die Zeit, Ihre Lebensziele zu formulieren.

____

____

____

____

____

____

Sie haben aufgeschrieben, was Sie einmal machen möchten, wohin Ihr Weg Sie führen soll? Sie haben Ihre Ziele schwarz auf weiß formuliert? Prima.

Tip: Haben Sie Ihre Ziele stets vor Augen – und bitte nehmen Sie dies wortwörtlich: Fertigen Sie eine Kopie der notierten Ziele an. Bringen Sie diese Übersicht so an, daß Sie jeden Tag sehen, was Sie erreichen möchten.

Der bekannte Motivationstrainer Jürgen Höller sagt sogar, daß er jeden Morgen seine drei wichtigsten Ziele aufschreibt.

Und denken Sie daran: Stapeln Sie nicht zu tief – setzen Sie sich getrost große Ziele. Denn, so die Kommunikationstrainerin Vera F. Birkenbihl, »wer ein großes Ziel hat, den läßt der Kleinkram kalt«.

Frauen sind tendenziell »ziellos«

»Die wenigsten Frauen haben gelernt, ihre Karriere zu planen«, so die Frauenbeauftragte der Firma Philips. Den meisten Damen fehlt es also an Zielstrebigkeit, sie wissen nicht wohin. Machen Sie es besser, wenn Sie erfolgreich sein möchten.

Und noch ein sehr praktischer Tip: Sollten Sie sich zum Beispiel vorgenommen haben abzunehmen, dann befestigen Sie bitte kein Bild von sich in Ihren schlimmsten und dicksten Zeiten am Kühlschrank oder am Badezimmerspiegel. Das macht nur Frust, führt zu noch mehr Essen und steht im krassen Gegensatz zu der oben gemachten Empfehlung: Machen Sie Ihre Ziele sichtbar.

Befestigen Sie statt dessen ein gelungenes Foto an zentraler Stelle, auf dem Sie gut getroffen sind und die Figur haben, die Sie gern wieder hätten. Das funktioniert!

Aufgabe

Nachdem Sie Ihre großen Ziele formuliert haben, ist es nun Zeit für die Formulierung der Zwischenziele. Dies ist unbedingt erforderlich, damit Sie Ihr großes Ziel tatsächlich realisieren können. Kleine, überschaubare Schritte machen den Meister. Greifen Sie nicht sofort nach den Sternen, sondern gehen Sie Schritt für Schritt »nach oben«.

Für die Planung der konkreten Schritte, für das Setzen der Zwischenziele, sollten Sie sich Ruhe und Zeit nehmen. Werden Sie ganz konkret, und schreiben Sie alle Zwischenziele auf, die Sie erreichen müssen, um an Ihr großes Ziel zu gelangen. Vielleicht fragen Sie auch einmal Freunde, Bekannte oder Ihren Partner, ob er noch eine gute Idee hat, was Sie Ihrem Ziel näher bringen kann und woran Sie bisher nicht gedacht haben. Halten Sie Ihre Zwischenziele hier fest.

Zwischenziele:

____

____

____

____

____

____

Beachten Sie:

Was Sie sich jetzt vorgenommen haben, funktioniert nur, wenn Sie selbst es wirklich möchten. Es nutzt nichts, wenn Sie versuchen, den Erwartungen anderer zu entsprechen. Es wird nicht funktionieren, wenn beispielsweise Ihr Partner gesagt hat: »Probiere das doch einfach mal aus.«

Wenn Sie etwas erreichen möchten, dann müssen Sie den ganz intensiven Wunsch verspüren, dies umzusetzen.

Seien Sie entschlossen!

Wenn Ihre Ziele Ihren eigenen Wünschen entsprechen, dann treffen Sie die Entscheidung, daß Sie es schaffen werden. Seien Sie entschlossen! Denn erfolgreiche Menschen treffen Entscheidungen, weil Sie keine Angst vor dem Versagen haben!

Talente und Fähigkeiten

Kommen wir jetzt zu dem Punkt, der ganz eng mit Ihrer Zielsetzung zusammenhängt, nämlich zu Ihren Möglichkeiten, Ihren Talenten, die Sie für den Beruf, die angestrebte Tätigkeit mitbringen.

Angenommen, Sie möchten eine bekannte Sopranistin werden, um die Welt reisen und in den großen, renommierten Opernhäusern singen. Ein Karriereziel – keine Frage. Es wird allerdings ein Traum bleiben und kein Ziel werden, wenn Sie zwar gern singen, aber nicht besonders schön. Sie könnten zwar Gesangsunterricht nehmen, aber wenn Ihnen die Anlagen zu einer schönen Singstimme fehlen, dann wird das nichts mit der Gesangskarriere. Folglich wären Sie auch nicht erfolgreich.

Das heißt, Ihre Karriereziele sind sehr stark davon abhängig, was Sie an natürlichem Talent mitbringen. Das ist der eine Punkt.

Die Möglichkeiten, die Ihnen offenstehen, hängen aber noch von vielen anderen Aspekten ab.

So zum Beispiel von Ihrer Ausbildung – für einige Berufe ist beispielsweise ein Studium erforderlich. Für ein Studium benötigen Sie wiederum die allgemeine Hochschulreife. Möglicherweise hieße das für Sie, das Abitur nachzumachen.

Auf Seite 42 erhalten Sie die Möglichkeit, die einzelnen Themenkomplexe der nächsten Seiten konkret zu bearbeiten.

Fragen Sie sich:

- Welche berufliche Ausbildung haben Sie?
- Wie können Sie darauf aufbauen? Sie haben vor Urzeiten einmal eine Banklehre gemacht? Prima! Optimale Voraussetzung, um jetzt einen Job auf dem Börsenparkett anzustreben – falls Ihnen das gefällt.
- Wie haben Sie sich bisher weitergebildet, welche zusätzlichen Kenntnisse haben Sie erworben?
- Was für ein Mensch sind Sie? Wenn Sie am liebsten alleine vor sich hin arbeiten, dann sollten Sie sich für einen Beruf entscheiden, in dem das funktioniert, und keine Tätigkeit wählen, in der Sie von morgens bis abends Kundenkontakt haben.

Schauen Sie sich an, was Sie für Hobbys haben – wofür können Sie sich begeistern? »Ach wäre das schön«, denken Sie nun vielleicht, »das Hobby zum Beruf zu machen.« Das hört sich jetzt für Sie möglicherweise etwas merkwürdig an, aber warum nicht das Hobby zum Beruf machen und den ganzen Tag das tun, was man sonst in seiner Freizeit machen würde, und dann dafür Geld bekommen?
Daß Sie etwas gern tun, ist die Voraussetzung für Ihren Erfolg. Denn nur wenn man etwas wirklich gern tut, ist man wirklich gut darin.
Ein amerikanischer Versicherungskonzern führte eine Untersuchung im eigenen Unternehmen durch. Man stellte fest, daß das Durchschnittseinkommen der besten Verkäufer (zwanzig Prozent) sechzehnmal höher war als das der anderen.
Wie ist das zu erklären? Ist es möglich, daß die Spitzenverdiener, also die oberen zwanzig Prozent, sechzehnmal intelligenter sind als die Kollegen? Oder haben sie sechzehnmal mehr gearbeitet? Wohl kaum.
Sondern: Die zwanzig Prozent hatten sich entschieden, zu den Besten gehören zu wollen. Die anderen achtzig Prozent haben diese Entscheidung nie getroffen; sie haben sich nie dazu entschieden, herausragend zu sein.
Deshalb: Finden Sie heraus, was Sie möchten, und treffen Sie die Entscheidung, in Ihrem Metier, in Ihrem Bereich eine der Besten zu sein. Voraussetzung ist, daß Sie etwas tun, was Sie wirklich gern tun, etwas, das Sie wirklich begeistert!
Sie lieben Antiquitäten? Warum sollte es dann nicht möglich sein, mit »den alten Schätzchen« zu handeln? Sagen Sie jetzt nicht: Ja, würde ich schon gern machen, aber dazu fehlt mir das Knowhow. Natürlich fehlen Ihnen die erforderlichen Kenntnisse. Aber was schätzen Sie: Wie viele Antiquitätenhändler sind mit ihrem Wissen über Epochen und Möbelstile auf die Welt gekommen? Richtig – keiner. Eignen Sie sich die erforderlichen Kenntnisse an. Wenn ausreichende Leidenschaft für den Beruf vorhanden ist, wird jede Information, die Sie bekommen, jede Stunde, die Sie in Ihre Weiterbildung investieren, Freude und Motivation sein.
Sie essen furchtbar gern? Vielleicht können Sie Herrn Siebeck, dem bekannten Journalisten, Koch und Testesser, nacheifern. Machen Sie Ihr Hobby Essen zu Ihrem Beruf.
Sie lieben Ihre Hunde und den täglichen Spaziergang mit den Vierbeinern im Park? Werden Sie professionelle Gassi-Geherin.

Nehmen Sie Menschen, die keine Zeit haben, mit Ihren Hunden spazierenzugehen, die Arbeit ab.
Vielleicht ist die Gassi-Geh-Agentur die Jobidee der Zukunft, und Sie können Ihr Unternehmen als Franchisekonzept vermarkten. Wer weiß ...
Mit solchen Beispielen will ich Ihnen einfach sagen: Es ist alles möglich – Sie müssen nur darauf kommen. Lassen Sie sich von Ihren Talenten inspirieren. Entdecken Sie Ihre Talente, machen Sie sie sich bewußt.
Fragen Sie zusätzlich Ihre Freunde und Ihre Familie. Wo sehen die Menschen, die Ihnen nahestehen, Ihre Stärken? Manchmal bedarf es eben eines Anschubes von außen.
Sie werden wahrscheinlich feststellen, daß in Ihnen Talente schlummern, die Sie noch gar nicht wahrgenommen haben. Vielleicht geht es Ihnen wie einer Teilnehmerin einer meiner Rhetorikseminare. Eine Übung in diesem Seminar zielte darauf ab, die Teilnehmerinnen zu mehr Körpersprache zu bewegen. Unter verstärktem Einsatz von Mimik und Gestik sollte eine Geschichte möglichst plastisch erzählt werden.
Die Präsentation wurde mit einer Videokamera aufgezeichnet und später im Seminar abgespielt. Einer Teilnehmerin gelang es, mit ihrer Geschichte alle Anwesenden in ihren Bann zu ziehen – nicht wegen des interessanten Inhalts (der war vorgegeben und bei allen gleich), sondern aufgrund der Art der Darstellung.
Stürmischer Applaus folgte der kurzen Darbietung, alle waren ganz gefesselt. Die anschließende Diskussion führte zu dem einstimmigen Ergebnis, daß diese Teilnehmerin ihren Sekretärinnenjob unbedingt an den Nagel hängen sollte, um etwas ganz anderes zu machen. Daraufhin gestand besagte Dame, daß sie schon lange mit dem Gedanken spielte, ihren Beruf zu wechseln, aber noch nicht genau wüßte, was sie machen könnte.
Vorschläge seitens der anderen Damen für eine mögliche Tätigkeit reichten von Märchenerzählerin für Kassettenprogramme über Synchronstimme bis hin zur Hörfunkmoderatorin.
Ich habe die Teilnehmerin mit der bemerkenswerten Stimme später wieder getroffen. Sie hat sich tatsächlich entschieden, ihren Beruf zu wechseln. Sie interessiert sich für Astrologie und hat sich entschlossen, ihr Wissen zu erweitern und bald an interessierte Seminarteilnehmer weiterzugeben.

Aufgabe
Machen Sie sich hier Notizen zu Ihren Hobbys, Talenten und besonderen Fähigkeiten. Diese Liste wird Ihnen helfen, sich darauf zu konzentrieren, was Sie wirklich gut können. Oder aber Sie erhalten so die geniale Idee für eine Tätigkeit/einen Beruf, den Sie bisher nicht ausüben, der aber genau das richtige für Sie wäre.

Hobbys: ____

____

Talente: ____

____

Besondere Fähigkeiten: ______________________________

____

Konzentrieren Sie sich auf das Positive

Es ist bereits einmal angesprochen worden: Die meisten Menschen sind Pessimisten. Sie nehmen neue Herausforderungen nicht an und gehen keine Risiken ein, weil sie Angst haben zu versagen. »Das klappt sowieso nicht« und »Das kann ich nicht« sind die dominierenden Gedanken. Das Fatale an der Situation ist, daß sie mit diesen negativen Gedanken tatsächlich versagen.
Die Theorie von der Self-fullfilling Prophecy, der sich selbst erfüllenden Prophezeiung, geht davon aus, daß, wenn Sie sich gedanklich auf etwas konzentrieren, die Wahrscheinlichkeit, daß es tatsächlich so passiert, sehr groß ist.
Angenommen, Ihr Chef hat Sie gebeten, eine kleine Präsentation auf der Außendienstkonferenz zu übernehmen. Ein paar Folien, ein Fünfzehn-Minuten-Vortrag, nichts Aufwendiges.
Welche Gedanken gehen Ihnen bei dieser Vorstellung durch den Kopf?

- Hey, super – endlich kann ich zeigen, was ich kann.
- Auf diese Gelegenheit habe ich schon lange gewartet.
- Das wird bestimmt ein toller Vortrag.

Oder denken Sie:

- O Gott, ich soll fünfzehn Minuten vor dreißig Männern etwas erzählen? Das kann ja nicht gutgehen.
- Eine Präsentation? Um Gottes willen. Das schaffe ich nie.
- Ich blamiere mich bestimmt ganz fürchterlich.

Je mehr Sie sich negativ zureden, desto größer ist die Wahrscheinlichkeit, daß Sie sich tatsächlich blamieren. Sie machen sich in Gedanken klein, reden sich ein, nichts zu können. So werden dann auch Ihre Zuhörer Sie empfinden.
Wenn Sie nicht von sich überzeugt sind, wie wollen Sie dann andere von sich überzeugen?
Ein Beispiel, das wahrscheinlich die meisten kennen: Sie blicken abends, kurz vor einer vielversprechenden Verabredung, in den Spiegel. Sie entdecken ein bis zwei Pickel, und Ihre Haare liegen auch nicht so, wie sie sollten. Sie fühlen sich gräßlich. Das für den Abend ausgewählte Kleid ist Ihnen zu eng geworden – aber das macht jetzt nichts mehr. Sie fühlen sich noch gräßlicher. Mißmutig fahren Sie zu Ihrer Verabredung.
Was glauben Sie: Wird das Treffen ein Erfolg? Werden Sie »Ihre Verabredung« für sich begeistern können? Wohl kaum.
Blicken Sie hingegen in den Spiegel und fühlen sich gut, großartig, begehrenswert, dann wird der Funke auch auf andere überspringen.
Deshalb: Wenn Sie etwas erreichen möchten, wenn Sie erfolgreich sein möchten, dann konzentrieren Sie sich auf das Positive. Stellen Sie sich Ihren Erfolg vor und auf gar keinen Fall Ihre Niederlage. Die sich selbst erfüllende Prophezeiung funktioniert nicht nur bei negativen, sondern auch bei positiven Bildern.

Selbstmotivation

Steigern Sie Ihre Selbstmotivation, indem Sie sich auf verbale Motivatoren konzentrieren, die Sie im Bedarfsfall abrufen können. Sprechen Sie Ihre verbalen Motivatoren, wenn niemand zuhört, laut aus, und wiederholen Sie sie mehmals. Sollten Sie nicht allein sein, dann sagen Sie sich Ihre positiven Motivatoren in Gedanken vor.

So könnten Ihre Motivatoren aussehen:
- Ich kann das.
- Ich schaffe das.
- Ich bin eine gute Rednerin.
- Ich bin sicher im Auftreten und überzeugend.
- Es wird ein schöner Tag werden.
- Es ist alles okay.

Schaffen Sie sich zusätzlich eigene, persönliche, den individuellen Situationen angepaßte Motivatoren. Unterschiedliche Herausforderungen benötigen unterschiedliche Motivatoren.
Lassen Sie Ihre innere Stimme die Motivatoren immer und immer wieder wiederholen, bis die positiven Gedanken die negativen in die Flucht geschlagen haben und Sie jede Aufgabe positiv, neugierig und motiviert angehen.
Unterstützen Sie die Worte und die positiven Gedanken durch Gestik. Nehmen Sie sich ein Beispiel an dem Tennisspieler Boris Becker. Er verwendet die geballte Faust als Motivator.

Üben Sie positive Gedanken
Nehmen Sie sich an dieser Stelle des Buches ein wenig Zeit, Ihr Leben Revue passieren zu lassen. Rufen Sie sich Ihre Erfolge in Erinnerung. Erstellen Sie eine Liste Ihrer bisherigen Erfolgssituationen.

Aufgabe
Schreiben Sie auf,
- was Sie können (Talente, Fähigkeiten),
- was Sie beruflich erreicht haben:
  - welche Ausbildung(en) Sie gemeistert haben;
  - welche Jobs Sie hatten;
  - auf welchen Positionen Sie gearbeitet haben;
  - welche Projekte Sie erfolgreich abgeschlossen haben;
  - welche Weiterbildungsveranstaltungen Sie besucht haben;
  - wie viele Gehaltsverhandlungen erfolgreich verlaufen sind;
  - wann Sie befördert wurden;
- was Sie privat erreicht haben:
  - wann Sie glückliche Beziehungen hatten;
  - daß Sie sich Ihren Traummann geangelt haben;
  - daß Sie Kinder haben;
  - daß Sie gut leben usw.

Nutzen Sie den auf der nächsten Seite vorgesehenen Platz, oder, falls die Zeilen nicht ausreichen, nehmen Sie ein Blatt Papier zur Hand, und notieren Sie so viele Erfolge wie nur möglich!

Mein Erfolgsblatt

Ich kann (Talente, Fähigkeiten):

Ich habe bisher beruflich erreicht:

Ich habe bisher Ausbildung(en) gemeistert:

Ich hatte bisher folgende Jobs

Ich habe bisher auf folgenden Positionen gearbeitet:

Ich habe bisher diese Projekte erfolgreich abgeschlossen:

Ich habe bisher die folgenden Weiterbildungsveranstaltungen besucht:

So viele Gehaltsverhandlungen habe ich bisher erfolgreich geführt:

So oft bin ich schon befördert worden:

Das habe ich privat erreicht (als kleine Hilfestellung: glückliche Beziehung, Traummann geangelt, gesunde und liebe Kinder, gutes Leben usw.):

Wie hat es geklappt? Mußten Sie vielleicht länger nachdenken, bis Ihnen alles eingefallen ist? Mußten Sie länger nachdenken, bis Ihnen überhaupt etwas eingefallen ist? Je länger Sie überlegen mußten, um diese Liste zu erstellen, desto erforderlicher ist es, daß Sie umdenken.
Fangen Sie jetzt an, sich auf Positives anstatt immer nur auf Negatives zu konzentrieren. Denken Sie endlich um! Und hören Sie auf, sich durch Ihre eigenen Gedanken kleinzumachen.

Spezialtip: das Erfolgstagebuch
Damit Sie Ihre Erfolge immer abrufbar haben, unterstützen Sie Ihr Gedächtnis. Legen Sie ein persönliches Erfolgstagebuch an. Notieren Sie darin jedes positive Erlebnis, jedes Lob, das Sie erhalten, alles, was Sie erreicht haben, alles, was Sie positiv bewerten. Verstehen Sie Ihr Erfolgsbuch als eine Art Tagebuch, nur daß Mißerfolge und Rückschläge darin nichts zu suchen haben.
Arbeiten Sie aktiv mit Ihrem Erfolgsbuch. Tragen Sie nicht nur Vorkommnisse ein und packen es dann weg; sondern blättern Sie häufiger darin, lesen Sie nach, was Sie alles geschafft haben. Lassen Sie sich aufbauen.
Gerade an besonders »frustigen« Tagen kann Ihr neues Buch wahre Wunder wirken. Sie kennen das: Sie sind »mies drauf«. Nichts paßt Ihnen. Sie sind frustriert, fühlen sich zu dick, nicht attraktiv genug, beim Job ist auch etwas schiefgegangen usw. Anstatt daß frau sich an solchen Tagen etwas Gutes tut, sich aufbaut, tendiert sie eher dazu, sich noch weiter zu frustrieren und ihren negativen Gefühlen so richtig freien Lauf zu lassen. Gern wird dann vor dem Fernseher zur Chipstüte oder zu ein bis zwei Tafeln Schokolade gegriffen. Oder es wird das gegessen, was einem gerade so in die Finger gerät. Folge: Man tut sich am Ende des Abends doppelt leid, weil man soviel gegessen hat und sich jetzt noch elender fühlt. Der tränenreiche Erguß ins Kopfkissen ist vorprogrammiert.
Sie sagen jetzt: *Aber das muß doch auch mal sein.*

Ich frage Sie nun:

- Wieso muß das auch mal sein?
- Finden Sie Spaß daran, sich schlecht zu fühlen?
- Gibt es Ihnen doch irgendwie ein gutes Gefühl?
- Tut es Ihrem Äußeren gut?
- Tut es Ihrer Umgebung gut, wenn Sie so schlecht drauf sind?

Und die Antwort lautet jedesmal: NEIN!

Warum also in aller Welt »muß das doch auch mal sein«? Es gibt keinen guten Grund, es sei denn, Sie suchen eine Ausrede für Ihre schlechte Laune und die mangelnde Bereitschaft, sich selbst aus dieser Laune herauszuholen.

Bevor Sie in Selbstmitleid zerfließen und sich selbst bewußt quälen, werfen Sie lieber einen Blick in Ihr »Positiv-Tagebuch«, und lassen Sie sich so aus Ihrem Tief herausziehen. Es funktioniert!

Arbeiten Sie aktiv mit Ihrem Erfolgstagebuch. Sie werden ganz schön staunen, was Sie so zu leisten imstande sind. Zusammen mit einer positiven Grundeinstellung wird es Ihnen helfen, an sich zu glauben, und es unterstützt Sie im Erreichen Ihrer Ziele. Endlich einmal haben Sie es schwarz auf weiß, was Sie alles können.

Erfolg im Beruf und im Privaten? Kein Widerspruch!?

Was glauben Sie: Ist es möglich, beruflich sehr erfolgreich zu sein und gleichzeitig eine harmonische Beziehung zu führen und vielleicht auch noch Kinder zu haben?
Die einen sagen, man kann nicht alles haben, die anderen sagen, alles ist möglich, man muß sich nur richtig organisieren.
Es kommt, wie bei fast allen Dingen, auf den Standpunkt an. Vertritt man die eine Position, finden sich dafür gute Argumente. Vertritt man einen anderen Standpunkt, läßt sich dieser mit ebenso einleuchtenden Argumenten untermauern. Wollte ich vertreten, daß erfolgreiche Frauen privaten Verzicht üben müssen und sich Karriere und Familie nicht vereinbaren lassen, so ließen sich dafür natürlich problemlos Statistiken und Zahlen anführen.

- 1997 waren vierzig Prozent aller Erwerbstätigen in Deutschland Frauen – aber: im mittleren Management aller großen deutschen Firmen stellen Frauen gerade einmal sieben Prozent. Bei einem großen Automobilhersteller sind es sogar nur 2,8 Prozent.
- Siebenundsechzig Prozent aller weiblichen Führungskräfte leben allein.

Wollte ich Sie, liebe Leserin, davon überzeugen, daß alles möglich ist, nämlich Karriere, Kinder und eine glückliche Partnerschaft unter einen Hut zu bringen, so läßt sich auch das problemlos mit einer passenden Statistik belegen:

- So ist zwischen 1986 und 1991 der Anteil an weiblichen Führungskräften, die eine feste Beziehung haben, von achtundfünfzig auf achtundsechzig Prozent gestiegen!

Der Trend ist positiv – im Laufe der Jahre hat sich das Privatleben der weiblichen Führungskräfte verbessert. Also muß frau nicht auf private Zweisamkeit verzichten, wenn Sie Karriere machen möchte.
Sie sehen, für jeden Standpunkt finden sich die passenden Argumente. Es kommt also auf Ihre ganz persönliche Entscheidung an. Was wollen Sie?

Kinder? Eine glückliche Partnerschaft? Und eine Karriere? Okay – sollen Sie haben. Frau kann alles haben, wenn sie will.
So sieht das auch die Chefredakteurin einer großen Frauenzeitschrift: »Wenn die Generation, die jetzt in den Startlöchern sitzt, oben angekommen ist, wird das anders aussehen. Wir sehen das an unseren jungen Leserinnen: Die trauen sich wahnsinnig viel zu, setzen auf Boombranchen wie Telekommunikation, Werbung oder andere Dienstleistungen und sind nicht bereit, auf irgend etwas zu verzichten – weder auf Geld und Einfluß noch auf Kinder. Die wollen alles.«
Ich habe mehrere erfolgreiche Frauen befragt, Unternehmerinnen, Frauen aus Funk und Fernsehen und Autorinnen. Die einen haben ihrer Karriere zuliebe auf Kinder verzichtet, die anderen haben Kinder, und wieder andere möchten noch Kinder haben. Es kommt nur darauf an, was Sie wollen, wie Sie Ihre Prioritäten setzen. Was ist Ihnen wichtig, wie möchten Sie leben?
Und was sagt die Statistik zu Frauen, die Managerin und gleichzeitig Mutter sind?

- Zwar sind nur sechsundzwanzig Prozent aller Managerinnen Mütter, aber es sind auch nur dreiundvierzig Prozent aller Manager Väter.

Wenn wir den Blick nicht in Richtung der allerobersten Führungsetage wenden, sondern nur einmal die Zahl berufstätiger Mütter betrachten, so sind immerhin

- sechzig Prozent aller Mütter berufstätig.

Wie ist es denn laut Statistik um die Zufriedenheit berufstätiger Frauen im Vergleich zu »Nur-Hausfrauen« bestellt? Sind die berufstätigen Damen unzufriedener als die Hausfrauen, weil sie noch mehr leisten müssen?

- Sechzehn Prozent der Hausfrauen in der EU sind unzufrieden.
- Von den Frauen mit Vollzeit-Arbeitsplatz sind nur sieben Prozent unzufrieden.

Interessant ist das länderspezifische Gefüge innerhalb der Europäischen Union:

- Während in Dänemark nur vier Prozent aller Frauen zwischen fünfundzwanzig und neunundfünfzig Vollzeit-Hausfrauen sind, bringt Spanien es auf neunundvierzig Prozent und Irland als Spitzenreiter gar auf sechzig Prozent.
- Die deutschen Damen befinden sich im Mittelfeld. Bei uns sind einunddreißig Prozent aller Frauen Vollzeit-Hausfrauen.

Es ist alles eine Sache der Organisation

Es ist sicher nicht leicht, Mutter und berufstätig zu sein, aber es ist auch nicht unmöglich, wenn Sie sich beides wünschen. Dazu gehört allerdings perfekte Planung und Organisation. Es gibt Länder, die berufstätigen Müttern bei ihrer Karriere sehr behilflich sind. Doch leider hinken wir in Deutschland in Sachen Familienfreundlichkeit anderen Ländern noch etwas hinterher. In Skandinavien und Frankreich beispielsweise gehören Ganztageskindergärten oder -schulen zur Tagesordnung. Dort steht eine Mutter nicht vor dem Problem, Oma, Bekannte und Freunde bitten zu müssen, das Kind mittags aus dem Kindergarten abzuholen, oder nur einer Halbtagsarbeit nachgehen zu können.

In den neuen Bundesländern gibt es noch Ganztageskindergärten, doch die Mütter dort befürchten, daß sie nicht mehr lange bestehenbleiben.

Möchte frau in Deutschland ganztägig tätig sein, hat sie drei Möglichkeiten:

1. Sie verdient genug, um sich ein Kindermädchen leisten zu können.
2. Ihr Partner übernimmt das gesamte oder zumindest einen Teil des Kindermanagements.
3. Sie bringt ihr Kind in den Kindergarten oder zur Schule – dort kümmert man sich bis mittags um die Kleinen – und findet eine Freundin oder Verwandte, die das Kind pünktlich abholt.

Kinder, die morgens im Kindergarten zu spät »abgegeben« werden, können nicht mehr »angenommen« werden. Dann steht die sich um perfekte Organisation bemühende Mutter auch schon einmal vor der verschlossenen Tür.

Nicht besonders positiv sind auch die von Stadt zu Stadt unterschiedlichen, oft horrenden Kosten für die Betreuung im Kindergarten.

Wie es aussieht, werden Ganztageskinderstätten in Deutschland noch lange nicht üblich sein. Und so lange bleibt der berufstätigen Mutter nichts anderes übrig, als sich um so besser zu organisieren und zu akzeptieren, daß die Kinderbetreuung möglicherweise einen großen Teil Ihres verdienten Geldes schluckt.

Organisationstips und Empfehlungen für ein gelungenes Zeitmanagement erhalten Sie später in diesem Buch.

Wenn Sie sich Anerkennung, Erfolg im Beruf wünschen, sehen Sie sich mit zwei prinzipiellen Varianten konfrontiert:

Entweder: Sie verzichten auf Kinder
oder: Sie verzichten nicht auf Kinder!
Hören wir uns einmal an, was andere Frauen dazu sagen:
Eine bekannte deutsche Modeschöpferin, die nicht nur erfolgreich im Beruf, sondern auch Ehefrau und Mutter ist, hat einmal gesagt: »Ich möchte auf keinen Aspekt verzichten.« Das heißt, sie fühlt sich nur in ihrer Dreifachrolle wohl.
Eine andere, sehr erfolgreiche Modeschöpferin sagt: »Ich habe bisher der Karriere zuliebe auf Kinder verzichtet.«
Eine bekannte selbständige Unternehmerin ist einmal gefragt worden: »Was war der größte Glücksfall Ihrer Karriere?« Und Sie antwortete: »Meine Schwangerschaft: Sie war der Auslöser für meine Selbständigkeit. Meine Tochter ist meine größte Motivation.«
Eine sehr erfolgreiche PR-Frau sagte hingegen: »Ich bin seit fast fünfzehn Jahren glücklich verheiratet, doch mein Glück hing nie an Kindern, sie hätten auch nicht in meine Lebensplanung gepaßt.«

Fazit
Es liegt ganz allein an Ihnen. Es ist Ihre Entscheidung, die Sie irgendwann treffen müssen. Bin ich nur dann wirklich glücklich, wenn ich beides habe? Erfolg und Kinder? Oder reicht mir die berufliche Erfüllung?
Die Antwort darauf können nur Sie selbst sich geben. Andere erfolgreiche Frauen haben sich schon entschieden, und die Meinungen dazu sind, wie Sie sehen, sehr unterschiedlich.

Es ist Ihre Wahl!
Lassen Sie sich bei der Entscheidung nicht davon beeinflussen, was andere sagen, was andere davon halten, was andere meinen, was für Sie richtig sei. Egal, wie Sie sich entscheiden: Sie können es doch nicht allen recht machen.
Frauen, die verlauten lassen, keine Kinder haben zu wollen, sehen sich solchen und ähnlichen Bemerkungen von Freunden und Bekannten ausgesetzt:
»Aber deine biologische Uhr tickt doch!«
»Und wofür arbeitest du dann?«
»Hast du keine Angst, im Alter einsam zu sein?«
Frauen hingegen, die beschlossen haben, beides unter einen Hut zu bringen, werden wiederum mit folgenden Bemerkungen konfrontiert:

»Vernachlässigst du da nicht deine Kinder, wenn du außerdem arbeiten gehst?«
»Ein Kind braucht doch seine Mutter!«
»Das bekommst du gar nicht organisiert.«
Wenn Sie sich nicht mit der klassischen Frauenrolle – Hausfrau und Mutter – zufriedengeben wollen, ist es im Grunde genommen egal, wofür Sie sich entscheiden. Recht machen können Sie es, wie gesagt, keinem. Aber darauf kommt es auch nicht an. Gestalten Sie Ihr Leben so, wie Sie es möchten, wie Sie es sich wünschen, und nicht, wie Ihre Freundinnen und Nachbarinnen meinen, wie es auszusehen hätte. Viele Frauen nehmen auf die Meinung anderer leider immer noch zu häufig zu viel Rücksicht!
Wenn Sie beides wollen, ist beides machbar, so zumindest lautet der Tenor der Damen, die Karriere und Kinder unter einen Hut gebracht haben. Es erfordert jedoch ein hohes Maß an Organisationstalent. Darüber sollten Sie sich im klaren sein.
Die erfolgreiche PR-Frau, die vorhin schon erwähnt wurde, sagt dazu: »Möglicherweise muß man einen großen Teil seines Gehalts für eine Haushälterin ausgeben, wenn es einem wichtig ist, ein erfülltes Berufsleben zu führen.«
Und eine andere Businessfrau sagt: »Wer neben Karriere und Kindern auch noch den ganzen Haushalt schmeißt, kocht, backt und die Hemden bügelt, gerät zwangsläufig ins Schleudern. Auch wenn viel Geld dafür draufgeht, Dienstleister zu bezahlen, so ist es das auf jeden Fall wert, wenn Sie sich selbst verwirklichen möchten.«

Rollenklischees

Ein Aspekt, der bislang nur angedeutet wurde, aber noch nicht explizit zur Sprache gekommen ist, jedoch ebenso wichtig ist wie die bisher genannten Komponenten, ist gesellschaftlicher Natur. Die Leistungen von Männern und Frauen werden von der Gesellschaft unterschiedlich bewertet. Dabei spielen Rollenklischees, die beim besten Willen nicht mehr in unsere Zeit passen, eine tragende Rolle.
Viele Menschen leben noch mit der Vorstellung, daß eine Frau entweder arbeiten oder Mutter sein kann, aber nicht beides gleichzeitig. Bei einem Mann käme man nie auf die Idee zu behaupten,

daß er nur dann ein guter Vater ist, wenn er sich ausschließlich seinen Kindern widmet. Ganz im Gegenteil, von einem Mann wird gemeinhin sogar erwartet, daß er arbeitet, um seine Familie zu versorgen, von einer Frau jedoch nicht. Sie gilt bei vielen Menschen gleich als schlechte Mutter, wenn sie über das Mutterglück hinaus noch andere Erfolge anstrebt.
Für Sie ist es wichtig, sich von solchen Vorstellungen frei zu machen. Sie dürfen sich nicht dazu hinreißen lassen, irgendwelchen gesellschaftlichen Erwartungen entsprechen zu müssen. Sie sollten sich für das entscheiden, von dem Sie glauben, daß es für Sie persönlich das Beste ist. Lassen Sie sich von anderen kein schlechtes Gewissen einreden, wenn Sie sich für Karriere *und* Kinder entscheiden – Sie wissen, es ist nur eine Frage der Organisation.
Aktuelle Untersuchungen räumen außerdem mit den herrschenden Vorurteilen auf.

Die drei häufigsten Vorurteile gegenüber Müttern, die berufstätig sind, und die passenden Gegenargumente

Vorurteil Nr. 1
Kinder berufstätiger Mütter sind in der Schule schlechter als Kinder, deren Mütter immer zu Hause sind. Grund: Sie erhalten zuwenig Unterstützung.
Stimmt nicht:
Ganz im Gegenteil! Das Ergebnis aus fünfzig Jahren Forschungsarbeit lautet: Kinder berufstätiger Mütter sind selbstsicherer, selbständiger, haben eine bessere Schulbildung und höhere Schulabschlüsse als Kinder nicht berufstätiger Frauen.

Vorurteil Nr. 2
Vor allem in den ersten drei Jahren ist es für das Kind schädlich, wenn die Mutter arbeitet.
Stimmt nicht:
Eine erfahrene Erzieherin sagt dazu: Kleinkinder, deren Mütter berufstätig sind und die in Kinderkrippen untergebracht sind, entwickeln von klein auf soziales Verhalten. Es entstehen zwischen kleinen Kindern schnell Freundschaften, was für spätere soziale Bindungen bedeutsam ist.

Vorurteil Nr. 3:
Berufstätige Mütter sind mit ihrer Mehrfachbelastung überfordert.
Stimmt nicht:
Dazu sagt ein Soziologe, der sich jahrelang mit dem Thema auseinandergesetzt hat: Die Berufstätigkeit stellt hohe Anforderungen an die Mutter, bringt aber erwiesenermaßen auch mehr Anerkennung. Alles unter einen Hut zu bringen stärkt das Selbstbewußtsein der Frau und macht sie zufriedener.

Übrigens: Fünfundsechzig Prozent der Männer finden nicht, daß Frauen mit Kinderwunsch auf eine Karriere verzichten sollten. Einundsiebzig Prozent der Frauen sehen das genauso!
Es ist nach wie vor Ihre Entscheidung: Familie/Kinder – ja oder nein. Das Fazit dieser Fragestellung scheint zu lauten: Eine zufriedene Mutter ist eine gute Mutter! Entscheiden Sie, was für Ihre Zufriedenheit wichtig ist, und handeln Sie danach!

Karriere und Partnerschaft

Kinder und Beruf unter einen Hut zu bringen ist eine Sache. Wie aber steht es mit Ihrer Partnerschaft?
Befürchten Sie, daß sie vielleicht auf der Strecke bleibt, wenn Sie berufstätig sind, wenn Sie erfolgreich sind, wenn sie sogar erfolgreicher sind als Ihr Partner?
Viele Männer verkraften zwar, daß die Partnerin Erfolg hat – schwierig wird es jedoch, wenn die Frau erfolgreicher wird als der Mann. Damit Ihre Karriere keine negativen Auswirkungen auf Ihre Partnerschaft hat, habe ich für Sie fünf Strategien zusammengestellt, die Sie beachten sollten.

Fünf Strategien für Partnerschaften, in denen beide berufstätig sind

Strategie 1
Partnerschaften, in denen sich die Bereiche nicht überschneiden, sind glücklicher und andauernder. Beispiel: Ihr Partner ist Manager, und Sie machen sich selbständig. So entsteht weniger schnell Konkurrenzdenken. Niemand muß seine eigenen Erfolge mit denen des Partners vergleichen. »Wer von uns beiden ist besser in

unserem gemeinsamen Bereich?« – diese Frage wird und kann nicht gestellt werden, wenn Mann und Frau unterschiedliche Tätigkeiten ausüben. Ein Vergleich würde »hinken«. Keiner der beiden fühlt sich durch den Erfolg des anderen bedroht oder glaubt schlechter zu sein als der andere.
Das bedeutet nicht, daß Ihr Partner und Sie zwangsläufig in unterschiedlichen Bereichen tätig sein müssen – nur die Wahrscheinlichkeit, daß es besser läuft, wenn Sie nicht das gleiche machen, ist größer.

Strategie 2
Verheimlichen Sie Ihrem Partner nicht, was Sie vorhaben. Sagen Sie ihm klipp und klar, wie wichtig Ihnen Ihre Karriere ist und welche beruflichen Ziele Sie anstreben. Wenn Sie die Partnerschaft unter falschen Voraussetzungen und mit unterschiedlichen Erwartungshaltungen eingehen, ist sie zum Scheitern verurteilt.

Strategie 3
Reden Sie mit Ihrem Partner. Lassen Sie ihn nicht im dunkeln tappen, was Ihre Pläne angeht, nach dem Motto, er wird schon merken, was los ist. Sprechen Sie regelmäßig über Ihre Karrierepläne und die möglichen Auswirkungen auf Ihr Privatleben. Versuchen Sie herauszufinden, wie Ihr Partner darüber denkt, ob er noch hinter Ihnen steht oder welche Ängste er hat. Miteinander reden ist ganz besonders wichtig.

Strategie 4
Sie dürfen Ihren Erfolg zeigen und genießen, aber achten Sie darauf, daß Sie ihn Ihren Partner nicht an jeder Ecke spüren lassen. Viele Männer sind sehr empfindlich, wenn ihre Partnerinnen nicht nur sehr erfolgreich sind, sondern möglicherweise mehr Geld verdienen als sie selbst. Bei einigen Herren bröselt dann das Selbstbewußtsein, statt daß sie sich freuen, so eine tolle Frau an ihrer Seite zu haben.
Vermeiden Sie herablassende Bemerkungen, und verkneifen Sie sich beispielsweise folgende Aussagen:
»Gut, daß ich so viel Geld verdiene. Mit deinem Gehalt könnten wir uns das nicht leisten.«
»Komm, laß mal, ich lad' dich heute ein, schließlich verdiene ich bei uns das Geld.«

Wenn Sie einen sehr selbstbewußten Mann haben, wird er Ihren Erfolg mit Ihnen gemeinsam genießen und Sie sogar fördern. Doch selbst Ihrem Förderer gegenüber sind die oben genannten Bemerkungen unangebracht. Die hauen den stärksten Mann um – und die stärkste Frau, wenn Ihr Partner Ähnliches von sich gäbe. Zeigen Sie Ihren Erfolg, aber lassen Sie ihn sich nicht »raushängen«.

Strategie 5
»Heben Sie nicht ab.« Besondere Gefahr droht, wenn Ärger in der Luft liegt. Gerade dann werden schon einmal Dinge gesagt, die man nicht so meint, mit denen man den Partner aber degradiert. Das, was Sie gesagt haben, tut Ihnen später zwar leid, doch die Wunde, die Sie aufgerissen haben, läßt sich nur schwer wieder heilen.
Überprüfen Sie sich selbst hin und wieder, ob Sie abheben, wie man so schön sagt, oder ob Sie hoffentlich auf dem Teppich geblieben sind.

Achtung: Diese fünf Strategien bedürfen zweier Voraussetzungen:

1. Voraussetzung
Ihr Partner sollte nicht das klassische Rollenverständnis – die Frau gehört an den Herd, und der Mann verdient das Geld – verinnerlicht haben. Dies macht eine harmonische Beziehung unmöglich. Männer mit einem derartigen Rollenverständnis werden nie verstehen, warum ihre Partnerin unbedingt Erfolg im Beruf haben möchte. Aussagen wie: »Du mußt doch gar nicht arbeiten gehen. Du könntest dir doch einen schönen Tag machen – ich verdiene doch genug«, gehören dann zur Tagesordnung.
Bei einem Mann mit dieser Einstellung werden Sie kaum einen Sinneswandel bewirken.
Doch es gibt berechtigten Grund zu der Hoffnung, daß Männer immer mehr akzeptieren, daß ihre Partnerinnen erfolgreich sind. Laut einer Forsa-Umfrage wären fünfundfünfzig Prozent aller befragten Männer bereit, eine Putzhilfe zu finanzieren, wenn dies die Karriere ihrer Partnerin fördern würde. Und vierundsechzig Prozent der Herren gaben an, daß sie den Haushalt und die Kinder versorgen würden, um die Karriere ihrer Herzensdame zu unterstützen.
Na, wenn das nicht rosige Aussichten sind ...

2. Voraussetzung
Ihr Partner muß über genügend Selbstvertrauen verfügen. Falls nicht, könnten ihm Zweifel kommen, ob der Rollentausch – Sie erfolgreicher als er – wirklich normal ist. Erschwert wird die Situation, wenn Bekannte Fragen stellen wie: »Macht es dir nichts aus, wenn deine Frau soviel unterwegs ist?« Oder: »Stört es dich nicht, daß deine Frau so lange arbeitet?«
Fragen Sie sich ruhig einmal, ob das die richtigen Bekannten sind. Mit dem richtigen Selbstvertrauen und einer zeitgemäßen Einstellung, die sich nicht an den üblichen Rollenklischees unserer Gesellschaft orientiert, steht einer glücklichen Partnerschaft nichts im Weg.

Fazit
Stärken Sie das Selbstvertrauen und das Selbstwertgefühl Ihres Partners, und nehmen Sie ihn und seine Probleme genauso wichtig wie Ihre eigenen.

Familienmanagement

Wir alle sind geprägt durch unsere Erziehung. Männer wie Frauen. Wenn Sie einmal an Ihre Jugend zurückdenken: Erinnern Sie sich noch, was Sie früher einmal werden wollten, wenn Sie »groß« sind? Viele Mädchen wollten Krankenschwester, Tierärztin oder Friseurin werden. Die Jungen hingegen sahen sich als die späteren Helden. Sie wollten Hubschrauberpilot, Feuerwehrmann, Indianer oder Soldat werden.
Eine Untersuchung der Michigan University von achtundfünfzig Kinderbüchern zeigte: Vierundachtzig Prozent der abgebildeten Frauen trugen Schürzen. Die anderen waren etwa eine Indianersquaw, eine Nonne, eine Königin und eine Mutter beim Spaziergang mit ihren Kindern.
Sehr früh schon werden wir konditioniert, wo sich unser Platz in der Gesellschaft befindet. Wir wissen, daß wir irgendwann einmal Kinder bekommen werden/sollen/müssen. Wir wissen, daß wir braver sind als die Jungen. Wir lernen sehr früh, klein beizugeben: Mädchen streiten sich nicht – das gehört sich nicht. Wir lernen sehr früh, daß wir für fast alles verantwortlich sind. Besonders für alles, was auch nur im entferntesten mit Haushalt zu tun hat.

Sie besuchen Bekannte zu Hause. Haben Sie es schon einmal erlebt, daß der Hausherr sich für die (nicht vorhandene) Unordnung entschuldigt? Nein! Es entschuldigt sich immer nur die Dame des Hauses: »Schaut nicht so genau hin, ich hab's noch nicht geschafft aufzuräumen.«
Haben Sie auch einen Kollegen in Ihrer Firma, der – sagen wir mal – nicht ganz optimal gekleidet ist? Dann haben Sie sicher schon Kolleginnen – ja, ausgerechnet Kolleginnen – sagen hören: »Hat der keine Frau zu Hause?«
Ist Frau verantwortlich, wie Mann sich kleidet? Ist sie allein verantwortlich für den Haushalt, obwohl sie gleichzeitig berufstätig ist? Diese Betrachtungsweise ist überholt. Sie sollten sich von diesem Rollenverständnis freimachen. Wenn nicht, werden Sie Ihre Mehrfachbelastung nicht meistern.
Machen Sie sich klar: Sie können im Job nicht die Beste sein und gleichzeitig Ihren Haushalt perfekt »schmeißen«.
Machen Sie sich frei von der Zwangsvorstellung, alles perfekt machen zu müssen und für alles verantwortlich zu sein.
Beginnen Sie jetzt, Ihren Haushalt zu organisieren. Selbst wenn Sie im Augenblick vielleicht nur halbe Tage arbeiten und demnächst eine große berufliche Herausforderung annehmen möchten. Beginnen Sie jetzt, Ihrer Familie, Ihrem Partner und Ihren Kindern klarzumachen, daß Sie nicht die einzige sind, die für Abwaschen, Bügeln, Kochen und Tischabräumen zuständig ist. Beginnen Sie rechtzeitig, bevor es zu spät ist, mit der entsprechenden Erziehung Ihres Liebsten und Ihrer Kinder.

Mein erster Tip
Machen Sie sich frei von Perfektionismus.
Sehen Sie ein – und handeln Sie danach –, daß Ihr Haushalt, es sei denn, Sie haben eine Haushälterin oder eine Putzhilfe, nicht so perfekt sein kann und muß wie der Ihrer »Nur-Mutter-Freundin«.

Mein zweiter Tip
Delegieren Sie.
Animieren Sie Ihre Familie zur Mitarbeit im Haushalt. Sie stoßen auf wenig Verständnis und Gegenliebe? Dann seien Sie stark – sitzen Sie es aus!
Ihre Kinder räumen den Tisch nicht ab? Dann stehen am nächsten

Tag noch immer die schmutzigen Teller da. Nur Sie haben einen frischen Teller und eine saubere Tasse. Irgendwann finden selbst Kinder den schmutzigen Teller eklig.
Ihr Partner hilft nur widerwillig im Haushalt und nur auf konkrete Anweisung? Stellen Sie die Haushaltsarbeit ein. Er wird das schmutzige Waschbecken irgendwann so widerlich finden, daß er zum Reiniger greift – vorausgesetzt, er weiß, wo der steht …
Sie haben Ihrem Partner schon mehrmals gesagt, daß Sie es nicht mehr schaffen, seine Hemden zu bügeln? Dann lassen Sie es doch! Wenn irgendwann kein gebügeltes Hemd mehr im Schrank hängt, wird er sich schon eine Lösung einfallen lassen: selbst bügeln oder das Bügeln »outsourcen« und jemand anderen bügeln lassen.

Mein dritter Tip
Erstellen Sie einen Wochenplan.
Da Sie nicht alles selbst erledigen können, informieren Sie Ihre Lieben rechtzeitig, was wann auf sie zukommt. Befestigen Sie an zentraler Stelle einen Zettel, es kann auch eine Tafel zum Beschreiben sein, auf der die Wochenaufgaben aufgelistet und verteilt sind.
Wer geht wann was einkaufen?
Wer hat Küchendienst?
Wer ist für das Füttern der Katzen verantwortlich?
Wer geht mit dem Hund Gassi?
Nach kurzer Zeit wird sich der Tagesablauf einspielen, und jeder wird, da er weiß, daß er an der Verantwortung nicht vorbeikommt, sich »seine« Aufgabe herauspicken. Eine schriftliche Aufgabenverteilung wird bald nicht mehr nötig sein.
Außerdem werden Ihr Partner und/oder Ihre Kinder feststellen, daß »Mutti«, seitdem sie arbeitet und alle im Haushalt mithelfen, viel zufriedener und ausgeglichener ist.

Ihre Checkliste für Erfolg im Beruf, eine zufriedene Partnerschaft und Harmonie in der Familie

- Machen Sie sich bewußt, was Sie wirklich wollen!
- Lassen Sie sich nicht von Vorurteilen beherrschen!
- Machen Sie sich frei davon, daß berufstätige Mütter Rabenmüt-

ter sind – das Gegenteil ist der Fall!

- Machen Sie sich frei davon, was andere von Ihnen denken!
- Erfüllen Sie nicht die Ansprüche anderer Menschen, sondern Ihre eigenen!
- Machen Sie sich frei von Perfektionismus!
- Ohne Ihren Partner läuft nichts. Er muß Ihren Erfolg mögen und Sie unterstützen!
- Es ist alles eine Sache der Organisation!
- Lassen Sie die Hausarbeit nicht auf sich sitzen!
- Lernen Sie zu delegieren!

Nutzen Sie Ihren Streß

Ja, das Leben wird nicht einfacher, wenn Sie beruflich erfolgreich sind und gleichzeitig ein harmonisches Privatleben anstreben. Ja, Sie sind einer Doppel- und Mehrfachbelastung ausgesetzt.
Wenn ich Ihnen jetzt erzähle, das ist doch alles kein Problem, das schaffen Sie leicht, wäre das ganz schön geschwindelt. Es bleibt gar nicht aus, daß Sie schon einmal in Streß geraten.

Positiver Streß?!

Wußten Sie, daß Streß nicht gleich Streß ist? Streß wird normalerweise grundsätzlich als etwas Negatives betrachtet. Und natürlich gibt es Streß, der negativ ist, der Sie belastet oder vielleicht sogar krank macht. Aber es gibt auch eine Form von Streß, den Sie positiv empfinden können, der Ihnen Kraft und Energie gibt, statt Sie auszusaugen.
Lassen Sie uns herausfinden, wann sich Streß positiv und wann er sich negativ auswirkt.

Streßvariante I
Stellen Sie sich vor, Sie bereiten auf den letzten Drücker eine Präsentation vor, die Sie am nächsten Tag Ihrem Kunden vorstellen müssen. Die Zeit läuft Ihnen davon – ein Entwurf nach dem nächsten scheitert. Zwischendurch müssen Sie noch andere Sachen erledigen. Sie kommen an diesem Tag einfach zu nichts, können keinen klaren Gedanken fassen, machen sich selbst verrückt, daß Sie die Präsentation nicht mehr rechtzeitig fertigstellen werden. Sie arbeiten bis in den späten Abend hinein – bis Sie dann doch die rettende Idee haben. Schließlich bekommen Sie noch ein paar Stunden Schlaf, haben aber Probleme einzuschlafen; der Tag war hektisch, und Ihre Gedanken drehen sich um die Präsentation – ob wohl alles gutgehen wird usw.

In solch einer Situation sind Sie eindeutig im Streß. Und zweifelsohne empfinden Sie diesen Streß negativ. Es handelt sich um den sogenannten Disstreß! Er belastet Sie. Sie fühlen sich hilflos und der Situation nicht gewachsen.

Streßvariante II
Die Vorbereitung der Präsentation könnte auch so verlaufen: Es ist der letzte Tag vor der großen Präsentation. Sie sind etwas früher im Büro als gewöhnlich, denn Sie müssen heute eine Menge erledigen.
Die Präsentation hat oberste Priorität, also beginnen Sie damit. Doch es will nicht so recht gelingen, Sie haben nicht die zündende Idee. Also legen Sie die Unterlagen erst einmal zur Seite und erledigen etwas anderes. Nach zwei Stunden nehmen Sie die Arbeit an der Präsentation wieder auf. Jetzt scheinen Sie irgendwie kreativer zu sein.
Sie nutzen Ihren Anfall von Kreativität und kommen ein Stück weiter. Zwischendurch läutet immer wieder das Telefon, und andere Aufgaben müssen erledigt werden. Also, dieser Tag scheint es wirklich in sich zu haben. Jetzt geben Sie es auf und nehmen sich vor, die Präsentation fertigzustellen, wenn die Kollegen Feierabend haben und es etwas ruhiger um Sie herum wird. Dann mache ich eben ein paar Überstunden, denken Sie sich.
Sie arbeiten bis spät in die Nacht – bis alles fertig ist. Sie sind erschöpft, als Sie endlich im Bett liegen; aber Sie sind sehr mit sich zufrieden, daß Sie alles so gemeistert haben.
Kein Zweifel: Auch in dieser Situation waren Sie im Streß. Aber dieser Streß war positiver Streß – sogenannter Eustreß.
Beim Eustreß haben Sie alles unter Kontrolle. Sie stehen zwar unter Druck, weil Sie viel leisten müssen, aber der Streß bringt Ihnen, was Sie sich wünschen. Sie sind mit Begeisterung bei der Sache, und der Streß läßt Sie zu Hochleistungen auflaufen.
Sie merken an diesem Beispiel, daß Sie selbst entscheiden, ob Sie positiven, also Eustreß oder negativen, also Disstreß empfinden. Die Entscheidung treffen Sie! Ein und dasselbe Geschehen kann positiven oder negativen Streß auslösen, Sie entscheiden, was daraus wird.
Lassen Sie zu, daß der Streß Sie bedroht, oder schaffen Sie es, den Streß positiv – als Herausforderung – zu betrachten.

Meine Empfehlung für Sie
Wenn Sie spüren, daß Sie unter Streß geraten, betrachten Sie die Situation nicht als Bedrohung, sondern als Herausforderung. Denn eine bedrohliche Situation blockiert Sie, eine Herausforderung motiviert Sie.

Meine sieben Tips gegen negativen Streß

Die folgenden sieben konkreten Tips sollen Ihnen helfen, Ihren negativen Streß loszuwerden, zu entspannen und möglichst nur noch positiven, also Eustreß, zu empfinden. Diese Tips unterstützen Sie dabei, die starken Emotionen, die Streß bei Ihnen auslöst, positiv umzusetzen und als Motivationsschub zu nutzen.

Tip Nr. 1
Wenn Sie nicht wissen, daß Sie gestreßt sind, können Sie nichts dagegen unternehmen. Die Grundvoraussetzung, um Streß abbauen zu können, ist, daß Sie sich Ihren Streß bewußtmachen. Ertappen Sie sich dabei, wenn Sie rote Flecken am Hals bekommen, wenn Sie kurzatmig oder einfach nur hektisch werden. Halten Sie, wenn Sie solche Symptome bemerken, sofort inne mit dem, was Sie gerade tun. Lassen Sie nicht zu, daß der Streß vollständig Besitz von Ihnen ergreift. Machen Sie ein paar Minuten Pause – atmen Sie tief durch und zwingen Sie sich zur Ruhe.

Tip Nr. 2
Wenn Ihre innere Stimme Ihnen in Streßsituationen sagt: Das schaffe ich nie, dann stoppen Sie Ihre Gedanken – und zwar sofort! Denn ansonsten schnappt die sich selbst erfüllende Prophezeiung zu. Sie reden sich ein, etwas nicht zu schaffen – und schaffen es daher tatsächlich nicht.
Sagen Sie sich statt dessen immer: Das schaffe ich, das schaffe ich, das kann ich! Nehmen Sie Ihre Körpersprache zu Hilfe. Ballen Sie zur Unterstützung Ihre Hand zur Faust, das gibt Ihnen Kraft. Dies hört sich leichter an, als es ist.
Es bedarf Ihres starken Willens, sich in dieser Weise positiv zuzureden. Es kostet Energie und Konzentration. Wesentlich einfacher wäre es, sich zu ergeben, zu kapitulieren und zu sagen: »Das schaffe ich nicht.«

Aber wollen Sie immer den einfachsten und bequemsten Weg gehen? Wollen Sie immer einen Rückzieher machen, wenn es ernst wird? Wollen Sie auf das Gefühl des Erfolgs verzichten? Nein! Sammeln Sie Ihre Kräfte und motivieren Sie sich selbst – es hilft. Sagen Sie sich zusätzlich: Bisher habe ich immer alles geschafft, also bekomme ich das auch hin.

Tip Nr. 3

Die einfachste Art, Ihren Streß zu reduzieren, ist richtiges Atmen. Denken Sie einmal nach, wie es ist, wenn Sie gestreßt sind. Jeder Mensch empfindet unterschiedliche Situationen als stressig. Der eine gerät unter Streß, wenn er zum Chef gerufen wird, was den anderen völlig kalt läßt. Wieder ein anderer ist gestreßt, wenn er eine Rede halten muß usw.

Denken Sie an eine für Sie typische Streßsituation und überlegen Sie einmal, was Sie machen, wie Sie sich verhalten. Sie atmen nicht tief ein und aus, wie es eigentlich sein sollte, sondern nähren Ihren Streß durch flaches, schnelles Ein- und Ausatmen. Bei dieser Art der Atmung macht Ihr Streß Luftsprünge und wird größer, stärker und mächtiger.

Machen Sie deshalb das genaue Gegenteil von dem, was Sie bisher getan haben: Atmen Sie tief und langsam ein und aus. Schließen Sie Ihre Augen. Dies ist nicht so leicht, wie es sich anhört. Denn wenn Sie aufgeregt, nervös und hektisch sind, flattern höchstwahrscheinlich Ihre Lider, und Sie können Ihre Augen kaum geschlossen halten. Versuchen Sie es trotzdem. Es verstärkt den Entspannungszustand.

So atmen Sie richtig

Eignen Sie sich, um ihren Streß zu bekämpfen, folgende Atemtechnik an: Atmen Sie langsam ein und zählen Sie währenddessen bis vier. Halten Sie Ihren Atem auf vier und zählen Sie nochmals bis vier, während Sie ausatmen. Wenn Sie das drei- bis viermal wiederholen, spüren Sie, wie Sie ruhiger werden. Ihre Körperanspannung läßt nach, Sie fühlen Entspannung – Ihr Streß läßt nach. Testen Sie diese Atemtechnik bei Ihrem nächsten Streßanfall.

Tip Nr. 4

Kennen Sie den Satz: »Streß ist hausgemacht«? Häufig entsteht Streß dadurch, daß wir so lange über eine Situation nachdenken, daß

wir uns eine Situation so lange »schlechtdenken«, bis der bloße Gedanke daran Bauchschmerzen und Schweißausbrüche auslöst. Viele Menschen tendieren leider dazu, möglichst häufig aktive Schwarzmalerei zu betreiben. Sie nutzen jede Gelegenheit, um finster in die Zukunft zu schauen. Herausforderungen werden argwöhnisch betrachtet – alles steht unter einem negativen Stern.
Fragen Sie sich manchmal: Was kann mir alles zustoßen, wenn ich das mache? Wären Sie die Gewinnerin im Spiel »Wem die meisten schrecklichen Ereignisse und Folgen einfallen, hat gewonnen«?
Blicken Sie so negativ in die Zukunft? Kaum sehen Sie sich einer Herausforderung gegenüber, ruft der Pessimist in Ihnen: »O Gott, wenn ich das und das mache, passiert bestimmt dieses und jenes.« Vermuten Sie hinter allem mehr eine Bedrohung denn eine Chance?
Dann haben Sie jetzt schon verloren, es sei denn, Sie ändern Ihre Denkweise und Ihre Einstellung. Denn Sie programmieren sich so negativ, daß Sie Ihren Streß herausfordern.
Ein Beispiel: Sie sind aufgefordert, vor einer Gruppe von zwanzig Personen, eine zwanzigminütige Präsentation zu halten. Sie durchlaufen verschiedene Streßphasen. Mit am schlimmsten ist in der Regel der Abend unmittelbar vor der Präsentation, wenn Sie zu Bett gegangen sind und Ihre Gedanken Ihnen vorgaukeln, was alles passieren kann.
Reduzieren Sie Ihren Streß, indem Sie sich überlegen: Was kann mir in der Situation, die mir Streß verursacht, schlimmstenfalls passieren?
Denken Sie die Situation realistisch zu Ende, und überlegen Sie, ob die Auswirkungen wirklich so katastrophal sind, daß Ihr Streß gerechtfertigt ist, oder ob Sie die Sache gerade selbst schlimmer darstellen, als sie in Wirklichkeit ist.
Was könnte Ihnen im Fall der Präsentation schlimmstenfalls passieren? Sie könnten beim Betreten des Raums stolpern? Wäre das wirklich so katastrophal? Nein – es wäre Ihnen nur peinlich. Aber Sie würden deswegen noch lange nicht Ihren Job verlieren.
Denken Sie deshalb alle Situationen, die Ihnen Streß bereiten, *realistisch* zu Ende. In der Regel müssen Sie zu dem Ergebnis kommen, daß selbst bei Eintreten der schlimmsten vorstellbaren Folgen es die Aufregung nicht wert ist.

Tip Nr. 5

Lernen Sie, nein zu sagen!

Sagen Sie nicht ja, wenn Sie »eigentlich« nein sagen möchten, wenn Ihnen nach einem Nein zumute ist. Wenn Sie immer ja sagen, zu Ihren Kindern, Ihrem Partner, Ihren Mitarbeitern und Ihren Vorgesetzten, begeben Sie sich in einen Teufelskreis, aus dem Sie nicht mehr herauskommen. Der Streß ist vorprogrammiert. Denn man erwartet ganz automatisch immer ein Ja von Ihnen – man erwartet, daß Sie alles schaffen, weil Sie bisher auch immer alles geschafft haben.

Lassen Sie nicht zu, daß Ihre Grenzen überschritten werden und Sie sich aufopfern. Setzen Sie Grenzen – sich selbst und anderen zuliebe. Denn wenn Ihre Grenzen ständig überschritten werden, sind Sie weder ein zufriedener noch auf Dauer ein besonders gesunder Mensch. Sagen Sie häufiger nein.

Tip Nr. 6

Die meisten Streßexperten sind sich einig: Sport vertreibt Streß! Paradoxerweise sind sich die meisten Arbeitnehmer zwar sehr wohl darüber im klaren, daß die Experten recht haben mit ihrer These, doch sie nehmen sich nicht die Zeit, Sport zu treiben, weil sie zu sehr im Streß sind ...

Denken Sie nicht lange darüber nach, ob Sie die Zeit haben, ins Fitneßstudio oder zum Joggen, zum Schwimmen oder Golfspielen zu gehen, sondern tun Sie es einfach!

Nehmen Sie sich die Zeit dafür, und Sie werden sehen, wie befreiend Sport sein kann, welche Energien er freisetzt und wie er Sie motivieren kann.

Tip Nr. 7

Tun Sie etwas für sich. Nehmen Sie sich selbst wichtig, und nehmen Sie sich ganz bewußt Zeit für Dinge, von denen Sie immer behaupten, daß Sie dafür keine Zeit haben. Lernen Sie zu entspannen und nicht immer nur an die Arbeit und an die Anforderungen zu denken, die an Sie gestellt werden.

Wozu fehlt Ihnen häufig die Zeit? Zum Musikhören? Haben Sie ein schlechtes Gewissen, wenn Sie einfach so auf Ihrem Sofa liegen und Musik hören? Hören Sie auf, ein schlechtes Gewissen zu haben! Sie benötigen dringend Ruhephasen, ansonsten halten Sie – hält Ihr Körper – die Mehrfachbelastung nicht lange durch.

Gönnen Sie sich ein ausgiebiges Bad, wenn Sie damit gut entspannen können: Holen Sie sich schöne Musik dazu, zünden Sie Kerzen an, und öffnen Sie eine Flasche Sekt – das ist Entspannung pur. Vielleicht hilft Ihnen aber auch ein Besuch in der Sauna oder bei der Kosmetikerin. Wichtig ist nur, daß Sie solche Dinge wirklich tun und nicht immer vor sich herschieben, weil Sie keine Zeit haben. Nehmen Sie sich endlich die Zeit!

Streß-Selbstanalyse

Denken Sie kurz darüber nach, und notieren Sie Ihre persönlichen Stressoren.
Was sind Situationen, die Sie in Streß geraten lassen?

1. ____________________________________
2. ____________________________________
3. ____________________________________
4. ____________________________________
5. ____________________________________
6. ____________________________________
7. ____________________________________
8. ____________________________________

Was haben Sie notiert?
Geraten Sie unter Streß, wenn Ihr Vorgesetzter Sie mit ernstem Blick zu einem Gespräch unter vier Augen bittet?
Ihr Herz schlägt so stark, daß Sie befürchten, Ihr Gegenüber könnte es hören, und Ihre Hände schwitzen?
Ist es doch die Rede vor mehreren Menschen, die Sie nervös macht?
Oder empfinden Sie es als stressig, wenn Sie um achtzehn Uhr von der Arbeit kommen und für zwanzig Uhr Gäste erwarten?
Geht dann plötzlich alles schief – die Nudeln auf dem Herd kochen ständig über, das Fleisch ist angebrannt? Sie stellen fest, daß Sie keine Zwiebeln oder keine Sahne mehr vorrätig haben? Ein Teller gleitet Ihnen aus der Hand, und beim Anziehen reißt ein Knopf von der Bluse ab? Geraten Sie dann unter Streß?
Oder ist es für Sie Streß, wenn Sie von der Arbeit kommen und Ihre ganze Familie etwas von Ihnen will? Ihre Kinder hängen sofort an Ihrem Rockzipfel, und Ihr Mann sucht verzweifelt seine Krawatte und möchte, daß Sie ihm dabei helfen?

Nur wenn Sie Ihre persönlichen Stressoren erkannt und sich bewußtgemacht haben, können Sie sie bekämpfen.

Wie äußert sich Streß bei Ihnen?
Hier eine Übersicht über typische Streßsymptome. Kreuzen Sie »Ihre« Symptome an.

	Häufig	Manchmal	Selten	Nie
Angstschweiß:	❑	❑	❑	❑
Bebende Stimme:	❑	❑	❑	❑
Gedächtnislücken:	❑	❑	❑	❑
Hektische rote Flecken:	❑	❑	❑	❑
Herzklopfen:	❑	❑	❑	❑
Magendrücken:	❑	❑	❑	❑
Rot werden:	❑	❑	❑	❑
Schwitzige Hände:	❑	❑	❑	❑
Zittrige Hände:	❑	❑	❑	❑
Trockener Mund:	❑	❑	❑	❑
Unkonzentriertheit:	❑	❑	❑	❑

Sobald Sie Streßsymptome an sich feststellen, bekämpfen Sie diese mit meinen sieben Anti-Streß-Tips. Ertappen Sie sich, wenn der Streß zupackt, und lassen Sie nicht mehr zu, daß er Sie gefangennimmt.
Sie verstärken Ihren Streß durch aktive Selbstdemotivation.
Was sind Ihre Lieblingssätze, mit denen Sie sich schlechtmachen und sich noch mehr unter Druck setzen? Machen Sie den Test.

Haben Sie einen der folgenden Sätze auch schon mal gesagt?

	Häufig	Manchmal	Nie
Ich werde das nie schaffen.	❑	❑	❑
Ich blamiere mich bis auf die Knochen.	❑	❑	❑
Ich mache mich doch nur lächerlich.	❑	❑	❑
Die lachen mich doch sowieso aus.	❑	❑	❑
Ich werde bestimmt nicht genommen.	❑	❑	❑
Ich werde nie damit fertig werden.	❑	❑	❑
Das kann ich ja doch nicht.	❑	❑	❑
Ich werde bestimmt ignoriert werden.	❑	❑	❑
Ich werde ihn ja doch nicht überzeugen können.	❑	❑	❑

Wenn Sie mehr als einmal mit »Häufig« oder »Manchmal« geantwortet haben, nehmen Sie sich vor, sich das nächste Mal beim Negativ-Denken selbst zu erwischen. Stoppen Sie sich, und benutzen Sie ab sofort nur positive Verstärker:

- Das schaffe ich.
- Ich werde erfolgreich sein.
- Die nehmen mich bestimmt.
- Ich werde ihn bestimmt davon überzeugen können.
- Das kann ich.
- Ich bin eine gute Mitarbeiterin/Rednerin/Verkäuferin/Designerin etc.
- Ich mache meinen Job sehr gut.

Notieren Sie hier Ihre persönlichen positiven Verstärker, die Sie in Zukunft benutzen werden:

1. ____________________________
2. ____________________________
3. ____________________________
4. ____________________________
5. ____________________________
6. ____________________________
7. ____________________________

Aktivieren Sie Ihr inneres Erfolgspotential

Damit Sie nicht auf halber Strecke, vor Erreichen Ihres Karriereziels schlappmachen, müssen Sie Ihr inneres Erfolgspotential aktivieren, müssen Sie auf Erfolg schalten.
Sie fragen sich jetzt, wie? Lesen Sie hier, wie es funktioniert.
Warum, glauben Sie, sind einige Menschen erfolgreicher als andere? Warum führen einige glücklichere Beziehungen oder verdienen mehr Geld? Sind diese Menschen vielleicht intelligenter als andere? Hatten sie eine bessere Ausbildung?
Wenn es daran läge, dürften Menschen mit schlechten Schulnoten oder abgebrochenen Ausbildungen nicht erfolgreich sein. Doch es gibt zahlreiche erfolgreiche Unternehmer, die immer schlechte Noten hatten und ihre Ausbildung abgebrochen haben.
Dann hatten diese Menschen einfach nur Glück, meinen Sie? Oder wurden bereits mit dem »goldenen Löffel im Mund« geboren? Ja, solche Menschen gibt es, und sie haben es einfacher als andere. Aber viele Menschen schaffen sich ihren Erfolg vollständig aus eigener Kraft. Wie?

Ihr Erfolg beginnt in Ihrem Kopf

Solange Sie nicht verändern, was in Ihrem Kopf vor sich geht, so lange verändern Sie gar nichts.
Wenn Sie über eine gute Ausbildung verfügen und Ihren Job gut machen, sind die Aussichten günstig, daß Sie erfolgreich sein werden. Nur: Das allein reicht nicht. Sie müssen felsenfest daran glauben, daß Sie erfolgreich sein werden.
Tatsache ist: Weniger als fünf Prozent aller Menschen werden
- erfolgreich sein,
- finanziell unabhängig in den Ruhestand treten,
- ein harmonisches, freudiges und friedliches Leben führen.

Das heißt, nur einer von zwanzig Menschen wird wirklich erfolgreich sein.

Wenn der Erfolg im Kopf beginnt, dann finden Sie jetzt heraus, wie es in Ihrem Kopf aussieht.

Wie ist Ihre Einstellung zu sich selbst?
Sie mögen sich? Gut!
Das ist die Voraussetzung für Ihren Erfolg. Nur wenn Sie sich mögen, sind Sie zufrieden, verfügen über eine positive Ausstrahlung und haben eine positive Einstellung zum Leben. Sie glauben, daß das Leben Ihnen eine Menge zu bieten hat.
Sie mögen sich nicht? Schlecht!
Fangen Sie jetzt an, sich zu mögen. Ändern Sie jetzt Ihre Einstellung zu sich selbst. Denn wenn Sie eine negative Einstellung zu sich selbst haben, mangelt es Ihnen an Stärke, Ausstrahlung und Energie. Und all das benötigen Sie für Ihren Erfolg.
Beschließen Sie noch heute, Ihre Einstellung zu sich selbst zu ändern. Fangen Sie noch heute an, sich zu mögen.
Ich bitte Sie, jetzt meine offizielle »Ich-mag-mich-Strategie« zu betreiben. Nutzen Sie entweder die Zeilen unten oder ein separates Blatt Papier. Notieren Sie zehn Dinge, die Sie an sich mögen. Egal was.
Sie mögen Ihre blauen Augen? Schreiben Sie es auf! Sie mögen Ihre gesunde Portion Egoismus? Notieren Sie Ihre Stärken und alles andere, was Sie an sich mögen.

1. ______________________________
2. ______________________________
3. ______________________________
4. ______________________________
5. ______________________________
6. ______________________________
7. ______________________________
8. ______________________________
9. ______________________________
10. ______________________________

Wie ist es gelaufen? Haben Sie gar nicht mehr aufgehört zu schreiben? Konnten Sie gar nicht so schnell schreiben, wie Ihnen Ihre Stärken einfielen? Prima. Glauben Sie weiter an sich. Es wird Ihnen helfen, erfolgreich zu sein und zu bleiben.

Hatten Sie Schwierigkeiten, Gutes über sich zu schreiben? Mußten Sie grübeln, bevor Ihnen etwas einfiel, das Sie an sich mögen und schätzen? Wäre Ihnen auf Anhieb mehr Negatives als Positives eingefallen?
Dann braucht es noch einige Anstrengung Ihrerseits, bevor Sie Ihr inneres Erfolgspotential aktivieren können – denn Sie wissen ja nicht einmal, daß es vorhanden ist.
Wenn Sie beruflich erfolgreich sein möchten, müssen Sie andere von sich und Ihren Fähigkeiten überzeugen. Nur, wie wollen Sie das anstellen, wenn Sie selbst nicht von sich überzeugt sind? Sie brauchen eine gesunde Einstellung zu sich selbst, Sie müssen Ihre Fähigkeiten kennen und selbstbewußt damit umgehen.
Denken Sie doch einmal darüber nach, was andere an Ihnen schätzen. Warum ist Ihre Freundin Ihre Freundin? Warum ist Ihr Partner Ihr Partner? Warum sind diese Menschen so gern mit Ihnen zusammen? Sie wissen es nicht genau? Sie vermuten wegen Ihrer schönen blauen Augen? Das ist sicher nicht alles.
Wenn es Ihnen schwerfällt, gut von sich zu denken, dann machen Sie es doch so wie eine meiner Kolleginnen, Maria Arapakis, eine bemerkenswerte Trainerin aus den USA.
Als Maria fünfzig Jahre alt wurde, hat sie sich von ihren Freundinnen und Freunden keine Geschenke im eigentlichen Sinne, sondern Liebesbriefe gewünscht. Jeder sollte ihr zum Geburtstag einen Brief schreiben, in dem sie oder er schreibt, was sie/er an Maria schätzt, warum sie/er Maria mag, warum sie/er mit ihr befreundet ist.
Und Maria erzählte, daß all Ihre Freunde Ihrem Wunsch nachgekommen seien, alle hätten ihr einen Liebesbrief geschrieben. Beim Lesen der Briefe seien ihr vor Rührung die Tränen gekommen – so schön seien diese Briefe gewesen.
Maria hat dadurch wieder stärker an sich geglaubt und ihr inneres Erfolgspotential reaktiviert. Vielleicht ist das auch eine Anregung für Sie.
Handhaben Sie es doch bei Ihrem nächsten Geburtstag genauso, wenn Sie Ihr inneres Erfolgspotential aktivieren oder reaktivieren möchten.
Der starke Glaube an sich selbst, an Ihre Fähigkeiten ist ganz wichtig. Manchmal wird Ihr Selbstvertrauen erschüttert, wenn einmal nicht alles so läuft, wie Sie es sich vorstellen. Denn nicht jeder Weg, den Sie einschlagen, führt steil nach oben, in Richtung Er-

folg. Ihnen werden vielleicht kleine Kieselsteinchen in den Weg geworfen, die den Marsch auf dem eingeschlagenen Weg behindern. Doch machen Sie aus einer Mücke keinen Elefanten. Hindernisse sind dazu da, um überwunden zu werden. Sie müßten schon ganz schön viel Glück haben, wenn alles, was Sie anfassen, funktionierte. Rechnen Sie damit, daß nicht immer alles glatt läuft. Es gibt keinen Grund, bei kleinen Rückschlägen zu resignieren. Beobachten Sie sich kritisch, aber zweifeln Sie nicht ständig an sich.
Vergleichen Sie Ihre Karriere mit einem Aktienkurs – er geht rauf und runter –, und irgendwann gehören Sie zu den Blue Chips, den ganz Großen an der Börse, dann sind Sie ganz oben, da, wo Sie hinwollten.

Seien Sie lösungsorientiert

Wenn sie Rückschläge erleiden, wenn etwas schiefgelaufen ist, tendieren viele Menschen leider dazu zu sagen:
»Wie konnte das passieren?«
Wir schaffen es meisterlich, stundenlang darüber nachzudenken, *warum* und *weshalb* etwas passiert ist.
Frage: Bringt uns das irgend etwas? Bringt es uns weiter, lange über das Warum, Wie und Weshalb zu grübeln?
Antwort: Es bringt Sie nur dazu, sich in Gedanken kleinzumachen; es behindert Ihre Arbeit und programmiert den nächsten Mißerfolg.
Problemorientierung nennt man diese Einstellung: sich immer wieder um das Problem drehen, statt sich mit einer Lösung zu beschäftigen. In Seminaren stelle ich diese Problemorientierung bei Frauen sehr oft fest.
In einem Workshop wird beispielsweise ein Problem aufgeworfen. Die Seminarteilnehmerin, sollte man annehmen, wünscht sich eine Lösung. Ich versuche als Trainerin – gemeinsam mit den Teilnehmerinnen – eine Lösung zu erarbeiten.
Die Betonung liegt auf »versuchen«. Denn manche Damen schaffen es mit einer ihnen scheinbar angeborenen problemorientierten Einstellung, jede aufkeimende Lösung im Keim zu ersticken.
Jedem Lösungsansatz folgen Einwürfe wie:
- Das geht nicht.

- Wenn ich das mache, dann passiert das und das ...
- Bei mir ist das genau das gleiche, besonders schlimm ist ...

Entweder wird die Idee im Keim erstickt, oder es wird noch ein Problem obendrauf gesetzt. Von Lösungsorientierung keine Spur. Wenn Sie mit Mißerfolgen und Rückschlägen in Zukunft besser umgehen möchten, dann müssen Sie lernen, lösungsorientiert zu denken. Problemorientiertes Denken blockiert Sie und verhindert Ihr Weiterkommen.

Fragen Sie sich: Was kann ich machen, um dies in Zukunft zu verhindern?

- Lernen Sie aus Ihrem Fehler, anstatt auf sich herumzuhacken.
- Machen Sie es beim nächsten Mal besser.
- Glauben Sie weiter an sich, lassen Sie sich von möglichen Rückschlägen nicht blockieren.
- Bemitleiden Sie sich nicht selbst, lassen Sie nicht zu, daß Sie grübeln und grübeln und sich immer wieder Vorwürfe machen (»Wie konnte mir das nur passieren?«).
- Seien Sie konstruktiv, entwickeln Sie neue Strategien, fragen Sie sich, ob Sie die Situation hätten retten oder besser gestalten können.
- Gehen Sie konstruktiv mit den kleinen Hindernissen um, die sich Ihnen in den Weg stellen.

Und denken Sie daran: Kein Erfolg ohne Mißerfolg – Sie lernen aus Ihren Fehlern.

Aufgabe

Meine Bitte an Sie: Überlegen Sie, ob es in Ihrem Leben einmal eine Situation gegeben hat, vor der Sie fast kapituliert hätten. Eine Situation, in der Sie dachten, daß Sie sie nicht bewältigen würden, daß sie schier aussichtslos sei. Und dann fragen Sie sich bitte, ob Sie die Situation doch gemeistert haben.

Schreiben Sie kurz auf, um welche Situation es sich handelte, und notieren Sie ganz genau, wie Sie aus der Situation herausgekommen sind. Halten Sie Ihr Ergebnis unbedingt schriftlich fest.

Situation:

____

____

____

____

So ist es ausgegangen:

Im nachhinein betrachtet, habe ich mich zu Recht verrückt gemacht.
Im nachhinein betrachtet, wäre es besser gewesen, wenn

Zusätzlich bitte ich Sie, ebenfalls darüber nachzudenken, ob es eine Situation in Ihrem Leben gab, die Sie nicht gemeistert haben, in der Sie sich einfach mit Ihrem Schicksal abgefunden haben. Und überlegen Sie, ob es nicht doch Möglichkeiten gegeben hätte, die Situation zu lösen.
Nehmen Sie sich auch zur Beantwortung dieser Frage ausreichend Zeit – fixieren Sie Ihr Ergebnis schriftlich.

1. Situation

So ist es ausgegangen:

Das habe ich falsch gemacht:

So würde ich das Problem heute lösen:

2. Situation

So ist es ausgegangen:

Das habe ich falsch gemacht:

So würde ich das Problem heute lösen:

Die meisten von uns standen im Leben schon einmal vor einer Situation, in der sie dachten, jetzt geht es nicht weiter. Und wenn Sie jetzt auf Ihren Zettel schauen und sich Ihre Bewältigungsstrategien ansehen, dann wissen Sie, daß es immer eine Lösung gibt.
Haben Sie auch eine Situation notiert, die Sie nicht gemeistert haben, in der Sie sich mit Ihrem Schicksal abgefunden haben? Und ist Ihnen jetzt eingefallen, was man alles hätte dagegen unternehmen können? Analysieren Sie, was Sie hätten besser machen können, und lernen Sie daraus. Und beschließen Sie für sich, daß es für jedes Problem eine Lösung gibt.
Also: Glauben Sie an sich – egal mit welchen Rückschlägen Sie zu kämpfen haben. Betrachten Sie sie als Herausforderung.

> Probleme sind für die Leute von gestern,
> Ziele für die erfolgreichen Frauen der Zukunft.

Sechs Weisheiten für junge Durchstarterinnen

In diesem Abschnitt sind für junge Frauen (zwischen achtzehn und fünfundzwanzig Jahren) die wichtigsten Tips für die Karriere zusammengestellt.

Warum ausgerechnet eine Checkliste für junge Frauen? Weil Sie, wenn Sie Ihr komplettes Berufsleben noch vor sich haben, mit dem, was Sie jetzt tun, mit den Entscheidungen, die Sie jetzt treffen, die Basis schaffen für das, was Sie später irgendwann einmal tun und machen werden und wollen.

Natürlich können Sie in späteren Jahren immer noch einen anderen Weg gehen, sich immer wieder anders orientieren. Aber warum sollte man es sich unnötig schwermachen? Deshalb die sechs Weisheiten.

1. So viele Praktika wie möglich

Laut einer Gewis-Umfrage haben dreiundfünfzig Prozent aller jungen Frauen ganz konkrete Vorstellungen von ihrem Berufsziel. Dreiunddreißig Prozent haben nur ein ungefähres Bild. Und vierzehn Prozent sagen, sie ließen sich treiben.

Man erwartet von Schulabgängern, daß sie sofort wissen, welchen Beruf sie ergreifen möchten. Woher nimmt die Gesellschaft, woher nehmen die Eltern das Recht, solch hohe Anforderungen zu stellen? Woher sollen Sie, wenn Sie frisch von der Schule kommen oder gerade Ihr Studium beendet haben, wissen, für welchen Beruf Sie geeignet sind? Schüler und Studenten erhalten kaum Einblick in die Praxis. Nur Praktika ermöglichen Ihnen, etwas mehr über den möglicherweise in Frage kommenden Beruf zu erfahren.

Jane Lauder, fünfundzwanzig Jahre alt, Enkelin von Estée Lauder, ist im Lauder-Imperium zuständig für die Clinique-Produkte. Ihr Tip für junge Menschen lautet: »Versuche viele Sachen, laß dir Zeit, bis du findest, was dir gefällt, weil du es für immer machst. Es macht das Leben so viel einfacher, wenn man machen kann, was einem Spaß macht. Fange früh an und lerne, wo du kannst.«

Ja, natürlich, eine Jane Lauder hat gut reden. Sie hatte den finanziellen Hintergrund, sich Zeit zu lassen, um dann letztendlich doch in der Firma ihrer Großmutter zu arbeiten.

Nehmen auch Sie für sich das Recht in Anspruch, so früh wie möglich in verschiedene Bereiche reinzuschnuppern. Beweisen Sie Eigeninitiative und bewerben Sie sich für Praktika, wenn andere noch gar nicht daran denken. So finden Sie sehr schnell heraus, was Ihnen liegt und was nicht.

2. Führen Sie ein Brainstorming durch
Erleichtern Sie sich Ihre Entscheidung für einen bestimmten Beruf, indem Sie sich zu Beginn von Berufsbezeichnungen völlig freimachen. Fragen Sie sich nicht, ob Sie technische Zeichnerin, Ärztin oder Programmiererin werden möchten. Sondern konzentrieren Sie sich vielmehr auf das, was Ihnen Spaß macht und was Sie gut können. Lassen Sie den Aspekt, ob Sie damit viel Geld verdienen können, erst einmal außer acht. Denn Sie wissen ja jetzt noch gar nicht, ob man Ihnen später für Ihre Arbeit viel oder wenig Geld zahlen wird. Es kommt ganz darauf an, wie gut Sie sind.
Veranstalten Sie ein privates Brainstorming. Schreiben Sie alles auf, was Ihnen in den Sinn kommt, was Sie gern machen und worin Sie wirklich gut sind. Sie werden sehen, daß zum Ergebnis Ihres Brainstormings bestimmte Berufe perfekt passen, andere sich wiederum überhaupt nicht damit vereinbaren lassen.

3. Machen Sie sich frühzeitig Ihre Ziele und Prioritäten bewußt
Sie haben einen Beruf in die engere Wahl gezogen. Dann machen Sie sich alle Konsequenzen bewußt, die mit dieser Berufswahl verbunden sind. Sie haben sich für ein Medizinstudium entschieden? Dann wissen Sie, daß Sie sehr viel und sehr lange lernen müssen. Sie sind sich auch darüber im klaren, daß Sie, wenn Sie Ihr Studium beendet haben, nicht das große Geld verdienen werden? Sie haben daran gedacht, daß der Arztberuf sehr zeitintensiv ist?
Worauf ich hinauswill: Betrachten Sie auch die negativen Seiten eines jeden Berufs, und machen Sie sich bewußt, was Sie möchten. Ist es Ihnen wichtig, viel Zeit mit der Familie zu verbringen, oder ist die Sehnsucht, im Ausland zu arbeiten, größer? Sind Sie bereit, Verantwortung zu übernehmen, oder handeln Sie lieber auf Anweisung?
Machen Sie sich Ihre Prioritäten bewußt, finden Sie heraus, was Ihnen wichtig ist im Leben!

4. Wählen Sie nicht nur nach persönlichen Vorlieben aus
Ja, es ist unabdingbar, daß Sie Ihren Beruf mit Leidenschaft ausüben. Aber wenn Ihnen Ihr Job Spaß machen soll, müssen Sie zuerst einmal einen bekommen. Die Hamburger Wirtschaftsprofes-

sorin Sonja Bischoff sagt, daß das Gros der Studienabsolventen, die Aussicht auf eine Stelle haben, nämlich neunzig Prozent, sich künftig aus Wirtschaftswissenschaftlern, Wirtschaftsingenieuren, Juristen, Ingenieuren verschiedener Fachrichtungen und Naturwissenschaftlern zusammensetzen wird.
Abiturientinnen berücksichtigen diesen Trend offensichtlich kaum. Wirtschaftswissenschaften belegen zwar – wie bei den Männern – auch bei Frauen den ersten Platz, doch entscheiden sich die übrigen Damen überproportional häufig für eher brotlose Studien wie Germanistik und Erziehungswissenschaften. In den Sprach- und Kulturwissenschaften sind Studentinnen mit 64,7 Prozent deutlich überrepräsentiert.
Bei den Ingenieurwissenschaften sind die geschlechtsabhängigen Vorlieben besonders stark zu spüren. Nur 17,1 Prozent aller Studienplätze werden von Frauen besetzt.
Deshalb, liebe Durchstarterin: Wenn Sie auf Karriere setzen, dann lassen Sie bei Ihrer Berufswahl nicht nur Ihr Herz entscheiden. Fragen Sie sich: Wie zukunftssicher ist mein Job? Habe ich Aufstiegschancen? Wie sind die Verdienstmöglichkeiten?

5. Auslandsaufenthalte bringen Pluspunkte
Sie schinden bei Personalchefs Eindruck, wenn Sie auf einen oder gar mehrere Auslandsaufenthalte verweisen können. Auslandsstudien, -praktika oder -sprachlehrgänge zeugen von Selbständigkeit und Durchsetzungsvermögen. Denn wer sich länger in einem fremden Land behaupten kann, muß sich meist um sich selbst kümmern, da die Familie in der Regel nicht vor Ort ist. Außerdem lernen Sie, mit unterschiedlichen Mentalitäten zu arbeiten und zu leben. Sie erweitern Ihren Horizont und – wie sagt man so schön – lernen ganz auf sich allein gestellt fürs Leben.
Trauen Sie sich: Arbeiten Sie beispielsweise als Au-pair, belegen Sie einen längeren Sprachkurs oder einen dualen Studiengang. Auslandspraktika stehen hoch im Kurs. Nur Mut – Ihre Auslandsinitiative macht nicht nur Eindruck, sondern auch Spaß!

6. Ihre erste Entscheidung muß nicht Ihre letzte sein
Nur weil Sie sich einmal für einen Beruf entschieden haben, müssen Sie nicht dabei bleiben. Nehmen Sie für sich in Anspruch, Ihre Meinung und Ihre Einstellung ändern zu können. Denken Sie immer daran: Wenn Sie sich nicht frühzeitig bewußtmachen, daß

Sie sich für den falschen Job entschieden haben, schaffen Sie den Absprung vielleicht nie mehr. Wollen Sie wirklich bis zum Ende Ihrer berufstätigen Zeit mit einem Kompromiß leben?
Zögern Sie die Entscheidung, Ihre Meinung zu ändern, nicht hinaus. Wenn Sie Anzeichen verspüren, daß Sie möglicherweise den falschen Berufsweg gewählt haben, verdrängen Sie Ihre Gedanken nicht, sondern setzen Sie sich ernsthaft mit der Thematik auseinander. Denn wenn Sie Ihre Meinung tatsächlich ändern, dann tun Sie das besser so schnell wie möglich, um nicht unnötig Zeit zu verschwenden. Hüten Sie sich aber vor vorschnellen Entschlüssen.

Block II
Durchhalten & Verbessern

Im zweiten großen Teil dieses Erfolgsprogramms, »Durchhalten & Verbessern«, erfahren Sie, wie Sie dauerhaft erfolgreich bleiben und wie Sie sich möglicherweise noch verbessern können. Außerdem lesen Sie, worauf andere erfolgreiche Frauen Ihren Erfolg zurückführen. Schauen wir uns einmal an, ob es ein Rezept gibt, um erfolgreich zu sein und zu bleiben, und ob diese Damen Tips und Tricks auf Lager haben, von denen Sie profitieren könnten. Sie werden anhand der verschiedenen Karrieren sehen, daß diese Frauen Erfolg und Karriere ganz individuell beurteilen und daß jede etwas anderes darunter versteht. Aber lesen Sie selbst.

Die Erfolgsrezepte erfolgreicher Frauen

Gabriele R. ist Ende Dreißig und Leiterin der Wertpapierabteilung einer großen deutschen Bank. Sie hat viele Jahre studiert und wollte nicht, daß die gesamte Ausbildungszeit umsonst war. Sie hat es geschafft, Karriere, Mann und zwei Kinder unter einen Hut zu bringen. Allerdings sagt sie dazu: »Man muß alles perfekt organisieren – Haushalt und Kinderbetreuung. Ich habe zum Beispiel eine Hilfe im Haus. Sie übernimmt zu Hause das Ruder, wenn mein Mann und ich zur Arbeit gehen. Es gehört unbedingt dazu, daß man bereit ist, Verantwortung abzugeben.«

Frau R. spricht damit einen sehr wichtigen Punkt an. Nämlich, sich davon zu lösen, immer alles selbst machen zu müssen. Wenn Sie der Meinung sind, daß Sie alles am besten selbst machen, weil nur Sie selbst es sich recht machen, dann wird es höchste Zeit, daß Sie Ihr Denken »Ich bin für alles verantwortlich« loslassen. Sicher haben Sie recht: Kaum jemand packt eine Sache genau so an, wie Sie es machen würden, aber das heißt nicht, daß es unbedingt schlechter sein muß. Oder?

Lernen Sie, Arbeiten zu delegieren, und lösen Sie sich von Ihrem Perfektionismus! Lesen Sie dazu auch im Abschnitt »Familienmanagement« nach.

Claudia K., ebenfalls verheiratet, ist Abteilungsleiterin in einem großen Pharmakonzern und verantwortlich für fünfundzwanzig Mitarbeiterinnen und Mitarbeiter. Auf die Frage, wie Sie es geschafft hat, sagt sie: »Ich habe immer die Augen offengehalten und mich auf Stellen beworben, die mich herausgefordert haben. Außerdem habe ich Verantwortung nicht gescheut – ganz im Gegenteil, ich wollte immer Verantwortung übernehmen. Alles andere hätte mir keinen Spaß gemacht.«

Wie haben Sie es in Ihrer jetzigen beruflichen Laufbahn gehandhabt? Haben sie »Hier!« gerufen, wenn ein verantwortungsvolles Projekt vergeben wurde, oder haben Sie aufgeatmet, wenn der Kelch mit der Verantwortung noch einmal an Ihnen vorbeiging? Seien Sie in jedem Fall bereit, Verantwortung zu übernehmen, denn sonst gibt man Ihnen keine Chance, Ihr Können unter Beweis zu stellen.

Petra L. ist PR-Chefin eines großen Unternehmens und verheiratet. Auf die Frage nach Ihrem Erfolg sagt sie: »Für mich war innere Stärke ganz wichtig. Ich habe an mich selbst geglaubt und mir immer einen Schritt mehr zugetraut, als ich schon gegangen war.«

Suchen Sie nicht nur Verantwortung, sondern auch die sprichwörtliche Herausforderung. Wenn Sie sich um eine neue Stelle bemühen, sei es firmenintern oder außerhalb Ihres Unternehmens, fordern Sie sich selbst heraus. Bewerben Sie sich auf Stellen, die Sie fordern, die Neuland bieten. Denken Sie daran: Man wächst an seinen Aufgaben.

Regine S. ist selbständige Unternehmerin. Sie beschäftigt etwa hundert Mitarbeiter. Auf die Frage nach Ihrem Erfolgsgeheimnis antwortet sie: »Für mich war es am Anfang sehr schwierig, nicht nur sensibel und gerecht zu sein, sondern zur gleichen Zeit auch hart durchgreifen zu müssen. Jetzt habe ich gelernt zu sagen, wo es langgeht, und zu sagen, was ich möchte und was ich mir wie genau vorstelle, ohne daß meine Sensibilität auf der Strecke bleibt. Sonst geht es nicht.«

Frauen haben den großen Vorteil, daß sie in der Regel einfühlsamer sind als Männer. Sie sind deshalb prädestiniert, mitarbeiter- und teamorientiert zu führen und Stimmungen im Unternehmen und in ihrem Umfeld zu spüren. Doch vielen Frauen fehlt das Durchsetzungsvermögen, das zu einer guten Geschäftsfrau oder einer Führungskraft gehört. Das liebe Harmoniebedürfnis ist uns nämlich ganz stark im Weg. Es sich mit niemandem verscherzen – lautet häufig unbewußt die Devise.

Doch wenn Sie erfolgreich sein möchten, bleibt es nicht aus, daß Sie schon einmal – im übertragenen Sinne – mit der Faust auf den Tisch schlagen müssen. Sagen Sie Ihre Meinung, auch wenn sie nicht der allgemeinen entspricht. Und rechnen Sie damit, daß Sie auf Widerstand stoßen. Machen Sie sich aber bewußt, daß Widerstand nicht unbedingt einen Konflikt nach sich zieht, sondern Diskussionen. Und wenn doch ein Konflikt daraus wird, dann ist er oft nicht von Dauer. Seien Sie konfliktfähig, stellen Sie sich dem Konflikt, laufen Sie nicht davon, und bleiben Sie sachlich.

Auf das gerade erwähnte Harmoniebedürfnis werde ich beim Thema »Talk Success« noch einmal zurückkommen und Ihnen aufzeigen, woher das starke Harmoniebedürfnis rührt und wohin es führen kann.

Ich habe vorhin schon einmal erwähnt, daß Sie einer Mehrfachbelastung ausgesetzt sind, wenn Ihnen die Zufriedenheit im Beruf, eine Karriere wichtig ist. Sie versuchen ständig, all Ihre Aufgaben als erfolgreiche Frau, als Freundin, als Mutter, als Partnerin unter einen Hut zu bringen. Daß da schon einmal Hektik aufkommt, ist ganz normal. Aber nicht nur das richtige Streßmanagement, über das wir schon gesprochen haben, soll Ihnen helfen, ruhig und gelassen zu bleiben, sondern auch das richtige Zeitmanagement. Daß dies unerläßlich ist, sagte auch Gabriele R.: »Man muß alles perfekt organisieren.«

Meine Tips für Ihr Erfolgszeitmanagement

Leider kann ein gutes Zeitmanagement einen Vierundzwanzig-Stunden-Tag nicht in einen Achtundvierzig-Stunden-Tag verwandeln, so daß Sie endlich genug Zeit hätten für alles, was Sie erledigen möchten. Was Zeitmanagement aber kann, ist, Ihnen konkrete Tips zu geben, mit denen Sie Ihren Tag einfacher und besser organisieren können. Ziel ist es, daß Sie weniger Streß empfinden und Ihre Aufgaben Ihnen einfacher und vor allen Dingen schneller von der Hand gehen.

Es ist ein enormer Unterschied, ob Sie viel und lange arbeiten oder aber schnell und effizient. Wenn Sie Ihr Arbeitsleben wie einen Marathon und nicht wie einen Hundert-Meter-Sprint betrachten, dann wird Ihnen schnell klar, daß Sie Ihre Kräfte schonen und aufteilen müssen. Ihnen muß das Kunststück gelingen, Kräfte zu aktivieren und gleichzeitig Energie einzusparen, zu speichern.

Menschen, die fünfzig, sechzig oder siebzig Stunden in der Woche arbeiten, betrachten ihre Karriere unbewußt als Hundert-Meter-Sprint, denn für den Marathon reichen die Kräfte nicht. Sie arbeiten so hart, wie sie können, in der Hoffnung, nicht vor Erreichen des Ziels zusammenzubrechen.

Wenn auch Sie fünfzig oder sechzig Stunden in der Woche arbeiten, haben Sie wahrscheinlich schon folgendes festgestellt: Egal wie viele Stunden Sie aktiv sind – die Zeit reicht nie aus. Egal wie lange Sie im Büro bleiben, die Arbeit ist nie erledigt.

Führen Sie den gewaltigen Zeitaufwand auf den Berg von Arbeit zurück, den Sie zu bewältigen haben? Oder haben Sie schon einmal darüber nachgedacht, ob Sie nicht irgend etwas falsch machen?

Überdenken Sie Ihre Arbeitsweise. Machen Sie sich klar, daß, wenn Sie Ihr Leben noch ein wenig genießen möchten, Sie Ihr Arbeitspensum auf einen erträglichen Rahmen zurückschrauben müssen. Wenn Sie sich selbst nicht Einhalt gebieten, verdienen Sie zwar eine Menge Geld, werden es aber nur selten oder nie genießen können.

Es besteht kein Zweifel, daß Sie, wenn Sie auf der Erfolgsleiter nach oben klettern möchten, Einsatz zeigen und kräftemäßig investieren müssen. Sie bekommen in der Regel den Erfolg nicht geschenkt. Aber es gibt Grenzen der Einsatzbereitschaft. Erkennen Sie Ihre rechtzeitig.
Arbeiten Sie nicht mehr und mehr und mehr – der erhöhte Arbeitseinsatz läßt Sie doch offensichtlich nicht Ihr Ziel erreichen. Also benötigen Sie andere Taktiken. Beginnen Sie noch heute damit, sich anders zu organisieren. Überdenken Sie Ihr Zeitmanagement. Sie erhalten von mir jetzt acht Zeitmanagement-Tips, die Ihnen das Leben leichter machen sollen und die Ihnen zu mehr Ruhe, mehr Gelassenheit und mehr Zeit verhelfen. Die ersten fünf Tips, die Sie erhalten, sind primär für das berufliche Umfeld gedacht. Und die Tips sechs bis acht werden Ihnen helfen, Ihren privaten Bereich streßfrei zu organisieren.

Tip Nr. 1: Erstellen Sie eine Masterliste!

Auch To-do-Liste genannt. Dahinter verbirgt sich die Idee, daß Sie alles, was Sie zu erledigen haben, in einen Schreibblock eintragen – pro Tag eine Seite, gern auch zwei, falls Sie mehr Platz benötigen. So haben Sie immer einen Überblick darüber, was Sie zu bewältigen haben, und Sie verlieren Ihre Aufgaben nicht aus den Augen beziehungsweise vergessen sie ganz einfach nicht.
Wenn Ihnen der Überblick verlorengeht, passiert Ihnen vielleicht schon einmal folgendes: Ihr Vorgesetzter fragt Sie, wo denn die Ausarbeitung für das Projekt XYZ wäre, die Sie ihm schon für vorletzte Woche versprochen hatten. Jetzt braucht er sie bis morgen. Und schon müssen Sie alles stehen- und liegenlassen und geraten unter Zeitdruck.
Mit der Masterliste wäre das nicht so schnell passiert. Vor allen Dingen dann nicht, wenn Sie die Aufgaben auf der Liste mit Prioritäten versehen hätten. Alles, was ganz, ganz dringlich ist, bekommt von Ihnen die Kennzeichnung A. Dinge, die nicht so wahnsinnig wichtig sind und bis zum nächsten Tag Zeit haben, bekommen die Kennzeichnung B, und alle anderen, die Zeit haben und nicht so dringlich sind, erhalten ein C. So haben Sie immer einen Überblick, welche wichtigen Aufgaben noch erledigt werden müssen.

Beispiel für eine Masterliste	
A	Dr. Schnittger um 10:30 Uhr anrufen, Treffpunkt morgen festlegen
B	Flug München buchen für 23.9.
A	Quartalszahlen überprüfen – Chart erstellen
A	Gespräch mit Frau Kersting, Volksbank, vereinbaren. Tel.: 23 54-6 53
C	Konzept für Konferenz in Berlin diktieren
C	Weiterbildungsprogramm Abteilung mit Herrn Rieger, PE, besprechen
B	Birgit zurückrufen, Tel.: 45 62 22 11
B	Prospektmaterial bei Seigert & Partner anfordern
—	____________________
—	____________________
—	____________________
—	____________________
—	____________________
—	____________________
—	____________________
—	____________________
—	____________________
—	____________________
—	____________________

Sie können Ihre Masterliste erweitern, indem Sie Termine, bis wann was erledigt sein muß, ergänzen. Sie können und sollten auch gleich die Telefonnummern der Leute dazuschreiben, die Sie anrufen möchten. Perfekt ist die Liste, wenn Sie ein Stichwort notieren, weshalb Sie mit der Person sprechen möchten.
Und wenn Sie eine Aufgabe erledigt haben, dann haken Sie sie bitte nicht mit einem kleinen, unscheinbaren Haken ab, sondern streichen Sie sie fett, wenn Sie möchten auch mehrmals, durch, vor allem wenn es sich um eine besonders umfangreiche, schwere oder nervige Aufgabe gehandelt hat. Das erhöht das Erfolgserlebnis und die Zufriedenheit mit sich selbst.
Ziehen Sie den Schreibblock immer der beliebten, aber hinderlichen Zettelwirtschaft vor. Zettel verschwinden gern – heften sich an andere Dokumente und sind, wenn sie einmal entsorgt wurden, nur schwer wiederzufinden. Bei der Zettelwirtschaft ist die Gefahr groß, sich zu »verzetteln«. Viele Zettel deuten auf viel Arbeit hin, was Sie unbewußt unter Druck setzt und Ihnen das Arbeiten nach Prioritäten erschwert.

Tip Nr. 2: Halten Sie Ordnung!

Sie wissen es vermutlich, und wahrscheinlich haben Sie es schon häufig gehört, aber es ist so viel Wahres daran, daß ich Sie damit nicht verschonen kann. Sorgen Sie dafür, daß Ihr Schreibtisch ordentlich aussieht.
An einem aufgeräumten Schreibtisch oder Arbeitsplatz arbeitet es sich übersichtlicher und schneller. Und es stimmt: Laut Edith Stork, Aufräumexpertin für Schreibtische, gehen etwa zwanzig Prozent der Arbeitszeit für das Suchen und Umschichten von Unterlagen verloren.
Sie denken, das ist übertrieben, und behaupten sowieso, daß Sie das Chaos beherrschen? Dann seien Sie ehrlich zu sich selbst: Wie oft nehmen Sie am Tag ein und dasselbe Schriftstück in die Hand, um es auf eine andere freie Stelle Ihres Schreibtisches zu legen? Wie oft ertappen Sie sich bei dem Gedanken: Ich hab' diesen Zettel doch eben noch irgendwo gesehen. Der kann doch nicht vom Erdboden verschluckt sein. Das gibt es doch nicht.
Doch – das gibt es. Und wenn Sie Pech haben, taucht der Zettel erst nach einer halben Stunde intensiven Suchens – vielleicht ver-

anstalten Sie mittlerweile schon eine partnerschaftliche Suchaktion mit Ihrer Kollegin – wieder auf.
Wenn Sie ganz viel Pech haben, suchen Sie vergeblich – der Zettel taucht nie wieder auf.
Okay, das kann ja mal passieren, sagen Sie? Klar kann das passieren – sollte es aber nicht und braucht es auch nicht!

Karriere durch Ordnung?
Halten Sie Ordnung. Ein aufgeräumter Schreibtisch kann Ihnen mehr Zeitersparnis bringen, als Sie jemals zuvor dachten.
Sie werden vielleicht aber ein anderes Argument parat haben, das gegen den aufgeräumten Schreibtisch spricht: Zuviel Ordnung am Arbeitsplatz könnte auf andere so wirken, als hätten Sie nichts zu tun.
Haben Sie nicht ein paar Kapitel zuvor gelesen: Machen Sie sich frei davon, was andere von Ihnen denken? Dann tun Sie es auch.
Sollten Sie von besonders dreisten Kollegen darauf angesprochen werden, ob Sie nichts zu tun hätten, dann entgegnen Sie bitte freundlich und selbstbewußt: »Ich bin gut organisiert – was kann ich für Sie tun?«
Und noch ein Argument von meiner Seite für den aufgeräumten Schreibtisch: Ordnung läßt Sie kompetenter wirken. Versetzen Sie sich in die Lage Ihres Vorgesetzten. Er hat zwei Mitarbeiterinnen – Sie und Ihre Kollegin Marianne. Sie sind beide gleich freundlich, gleich intelligent, leisten beide gute Arbeit.
Eines Tages hat Ihr Chef ein wichtiges Projekt zu vergeben. Er kann sich nicht recht entscheiden, wem von Ihnen beiden er es anvertrauen soll. Er steht vor Ihren Schreibtischen und zögert einen Augenblick. Auf Ihrem Schreibtisch sieht es schwer nach Arbeit aus – Unterlagen stapeln sich, Zettel »verschönern« den Bildschirm. Mariannes Schreibtisch hingegen präsentiert sich wohlgeordnet. Es liegt darauf nur die Unterlage, an der sie gerade arbeitet.
Was glauben Sie, auf welchen Tisch Ihr Chef das Projekt lieber legt? Wen wird er mit der Aufgabe betrauen? Die Antwort ist offensichtlich: Natürlich landet das Projekt auf Mariannes Schreibtisch.
Noch mal Glück gehabt – ist doch klar, daß man noch mehr Arbeit aufgehalst bekommt, wenn es so aussieht, als hätte man nichts zu tun.
Ganz so einfach ist es nicht. Der Chef würde, es sei denn, Sie wären bekanntlich wesentlich kompetenter als Ihre Kollegin, niemals eine verantwortungsvolle Aufgabe auf einen »verwüsteten«

Schreibtisch legen. Die Angst, daß die Unterlage verschwinden könnte oder Sie sie nicht sorgfältig bearbeiten, ist viel zu groß. Ein unaufgeräumter Schreibtisch wirkt nicht kompetent. Ihr Chef traut Ihnen unbewußt die Aufgabe nicht zu.
Das bedeutet nicht, daß Sie keine weiteren Aufgaben mehr erledigen müssen, weil Sie Arbeit vortäuschen. Sie müssen wahrscheinlich die undankbaren Jobs erledigen; die ohne Verantwortung, die, die sonst keiner machen will, die keine Anerkennung bringen, sondern nur Arbeit machen.
Es gibt viele Gründe, die für einen aufgeräumten Schreibtisch sprechen. Reden Sie sich nicht länger heraus, sondern nehmen Sie diese kleine Herausforderung an!

Tip Nr. 3: Lernen Sie zu delegieren!

Sie delegieren bereits Arbeiten? Prima! Machen Sie weiter so! Sie delegieren noch nicht? Dann wird es höchste Zeit, daß Sie damit beginnen! Sie meinen, daß delegieren gar nicht so einfach ist? Stimmt! Aber es kann einfacher sein, wenn Sie ein paar Grundregeln beachten.
Wenn ich die Teilnehmerinnen in meinen Seminaren frage: »Welche Aufgaben könnten Sie sich vorstellen zu delegieren«, dann höre ich Antworten wie:

- Kaffee kochen,
- Botengänge,
- Ablage,
- etwas abtippen usw.

Ich frage Sie: Wären Sie mit Ihrem Job zufrieden, wenn Sie nur solche Aufgaben zu erledigen hätten? Würde es Ihnen Spaß machen, nur mit diesen Aufgaben betraut zu werden? Mit Sicherheit nicht!
Sie wünschen sich Verantwortung und erwarten von Ihrem Vorgesetzten, daß er das nötige Vertrauen in Sie setzt und Ihnen die entsprechende Verantwortung überträgt. Nur so macht die Arbeit wirklich Spaß.
Und genau das erwarten auch die Menschen von Ihnen. Ihre Mitarbeiterinnen und Kollegen wollen Verantwortung übernehmen. Deshalb müssen Sie bereit sein, Verantwortung abzugeben, wenn Sie erfolgreich delegieren möchten.

Glaubenssätze, die Sie vom Delegieren abhalten, sind unter anderem:

- Bevor ich es der erklärt habe, habe ich es schon zweimal selbst gemacht.
- Wenn ich das delegiere, könnte der Eindruck entstehen, ich will nur Arbeit loswerden, weil ich es selbst nicht kann oder nicht schaffe.
- Wenn ich es selbst mache, dann weiß ich wenigstens, daß es richtig gemacht wird.

Würde Ihr Chef so oder so ähnlich denken, sähe Ihr Job ziemlich trostlos aus. Schon bald wären Sie arbeitslos, und Ihr Vorgesetzter stünde unter Dauerstreß.

Delegieren entlastet und schafft Freiräume. Üben Sie sich früh in dieser Führungsaufgabe, damit Sie sich so schnell wie möglich auf die wirklich wichtigen Dinge konzentrieren, die nur Sie erledigen können, für die Sie die Fachfrau sind.

Gekonntes Delegieren ist die Führungsaufgabe, die Ihnen den Rücken freihält! Meine neun Tips für erfolgreiches Delegieren:

1. Seien Sie bereit, Verantwortung abzugeben

Denken Sie daran: Sie motivieren niemanden, Sie zu unterstützen, wenn Sie Ihre Mitarbeiter nur mit dem unangenehmen Rest beauftragen, zu dem Sie keine Lust haben.

Geben Sie vielmehr Aufgaben ab, die zwar verantwortungsvoll sind, für die Sie aber nicht die ideale Besetzung sind. Sie kennen Ihre Stärken – dann wissen Sie doch ganz genau, was Sie lieber von jemand anderem erledigen lassen sollten, oder?

2. Klären Sie Ihre Weisungsbefugnisse

Ihr Vorgesetzter, sofern Sie noch einen haben und nicht Ihre eigene Chefin sind, sollte damit einverstanden sein, daß Sie Aufgaben delegieren. Es ist nicht erforderlich, dies bei jeder einzelnen Tätigkeit erneut abzustimmen. Ein einmaliges Gespräch darüber, daß und in welchem Rahmen Sie delegieren, reicht.

Es kann Ihnen passieren, daß sich Mitarbeiter Ihren Anweisungen und Wünschen widersetzen und sich beim Chef beschweren. Sollten Sie Ihre Weisungsbefugnisse nicht vorab geklärt haben, ist es denkbar, daß Ihr Chef mit Unverständnis auf Ihre Delegation reagiert und, anstatt zu Ihnen zu halten, Ihnen vor den Mitarbeitern in den Rücken fällt (»Frau Meyer, was haben Sie sich dabei gedacht?«)

Eine solche Reaktion seitens Ihrer Chefin oder Ihres Chefs würde Ihr Durchsetzungsvermögen und Ihre Akzeptanz innerhalb der Firma bedeutend schwächen. Das können Sie sich nicht leisten. Also: Klären Sie Ihre Weisungsbefugnisse vorher ab.

3. Suchen Sie sich die richtige Person für die richtige Aufgabe
Delegieren Sie solche Aufgaben, die andere – aufgrund anders gelagerter Motivation oder Qualifikationen – mit viel mehr Begeisterung und wahrscheinlich besser als Sie selbst erledigen können. Ein Beispiel aus einem meiner Seminare: Eine Teilnehmerin erzählte, daß sie in ihrer Abteilung merkwürdigerweise für das ordentliche Funktionieren der Kopierer zuständig war. Man sollte vermuten, daß diese Aufgabe nur schwierig zu delegieren ist, da vermutlich keiner diese Tätigkeit übernehmen möchte. Es sei denn, man sucht sich den richtigen Mann dafür. Ein Mitarbeiter verteilte im Unternehmen die Post. Mehrmals am Tag kam er in ihr Büro, gab Post ab, nahm Post mit. Einen besonders glücklichen Eindruck machte er nicht.
Deshalb ergriff die Dame die Initiative und sagte: »Ich suche jemanden, der die Verantwortung für die Kopierer in unserer Abteilung übernimmt. Ich habe da an Sie gedacht – Sie machen einen zuverlässigen Eindruck ... wären Sie bereit, die Aufgabe zu übernehmen?«
Der Satz war noch nicht ganz zu Ende gesprochen, da strahlte der Betroffene seine Gesprächspartnerin schon an. Seit dem Tag, so erzählte die Seminarteilnehmerin, funktionierten alle Kopierer reibungslos, und jemand laufe durch die Flure, der drei Zentimeter gewachsen sei. Der »Postmann« hat die Aufgabe mit Stolz übernommen.
Sie sehen: Sie brauchen nur die richtige Person für die richtige Aufgabe zu finden.

4. Seien Sie konkret, geben Sie genaue Anweisungen
Obwohl sich dieser Punkt selbstverständlich anhört, bedeutet er für die meisten, die sich gerade erst an das Delegieren gewöhnen, die größte Herausforderung.
Sie wissen, wie Sie Aufgaben selbst erledigen oder gern erledigt hätten. Deshalb gehen Sie häufig von falschen Voraussetzungen beim Gegenüber aus. Mißverständnisse sind beim Delegieren aufgrund der mangelnden Kommunikation oder deren unterschiedlicher Deutung keine Seltenheit.

So erzählte mir in einem Seminar eine Dame folgende kleine Geschichte: »Man kann wirklich nichts delegieren – die Leute sind einfach zu blöd. Ich hatte eine Mitarbeiterin gebeten, mir ein paar Zeitungsartikel aus mehreren Zeitungen zu kopieren. Das ist ja nun wirklich nicht schwierig. Ja glauben Sie, das hätte sie geschafft? Ich konnte nicht auf einer einzigen Kopie sehen, aus welcher Zeitung und von welchem Tag der Artikel stammte. Da mach' ich es doch lieber selbst.«
Ich fragte sie: »Haben Sie der Mitarbeiterin gesagt, daß sie den Namen der Zeitung und das Erscheinungsdatum auf die Kopie schreiben soll?«
»Nein«, antwortete sie, »das ist doch wohl klar, oder?«
Liebe Leserin, ist das klar? Ja, für die Chefin war es klar, nicht aber für die ausführende Person. Die Chefin kann froh sein, daß aufgrund ihrer ungenauen Anweisungen nicht noch andere Mißverständnisse entstanden sind. Die Mitarbeiterin hätte ja auf die Idee kommen können, die Beiträge aus den Zeitungen auszuschneiden, auf ein weißes Blatt Papier zu kleben und dann zu kopieren. Sicher hätten auch mehrere Artikel auf ein Blatt gepaßt, wenn man sie verkleinert hätte. Dies wäre auch nicht im Sinne der Auftraggeberin gewesen.
Die Delegation ist in diesem Fall nicht gescheitert, weil die beauftragte Person »zu blöd« war, sondern weil die Anweisungen der Vorgesetzten nicht konkret genug waren.
Bemühen Sie sich um genaue Anweisungen, und bedenken Sie immer, daß der/die Mitarbeiter/in diese Aufgabe noch nie oder noch nie in der Form ausgeführt hat, wie Sie es gern hätten.

5. Bieten Sie Hilfestellung an

Vor dem Hintergrund des vorangegangenen Punktes ist es offensichtlich unabdingbar, daß Sie Hilfe anbieten. Geben Sie Ihrem Mitarbeiter das Gefühl, daß keine Frage zu blöd ist und er jederzeit zu Ihnen kommen kann.
Sie wissen vielleicht aus eigener Erfahrung im Umgang mit Chefs, daß Fragen nicht unbedingt willkommen sind. Machen Sie es besser als Ihre Vorgesetzten.

6. Setzen Sie einen Termin

Eine meiner Koautorinnen des Sekretärinnen-Handbuchs hatte den Auftrag, bis zum 30. Oktober 1998 einen Beitrag für ebendieses Handbuch zu schreiben und abzuliefern.

Am 29. Oktober klingelte das Telefon: »Frau Hovermann, ich hatte einen Fachmann gebeten, mir Informationsmaterial für den Beitrag zusammenzustellen. Er hätte mir heute die Unterlagen zur Verfügung stellen müssen. Als ich ihn eben anrief, wie weit er sei, sagte er, daß er mir aufgrund von Zeitmangel nicht helfen könne.«
Welchen Fehler hat die Dame gemacht?

- Sie hat zwar einen Termin gesetzt – aber viel zu spät.
- Obwohl sie wußte, daß sie einen mehr als knappen Termin gesetzt hatte, führte sie keine Zwischenkontrolle durch, um den Arbeitsstand abzufragen.

Deshalb: Setzen Sie Termine so, daß Sie selbst nicht in Bedrängnis geraten. Vergessen Sie nie: Delegieren heißt zwar, Verantwortung zu übertragen, aber nicht, sie abzugeben. Für jede Aufgabe, die Sie delegieren, sind nach wie vor Sie verantwortlich. Sie müssen für das Ergebnis garantieren.
Ein Geschäftsführer, der Aufgaben an seine Mitarbeiter delegiert, trägt die Verantwortung. Wenn etwas schiefläuft, kann er nicht sagen: »Das war aber Herr Sowieso, ich kann nichts dafür.«
Beispiel: Ihr Abgabetermin für das vollständige Projekt ist der 30. November. Sie benötigen von mehreren Mitarbeitern und Kollegen Material. Geben Sie als Abgabezeitpunkt lieber den 15. als den 20. November an. Sie wissen selbst, daß nicht alle Mitarbeiter zuverlässig sind und ihre Termine einhalten. Mit einem großzügig gesetzten Termin bleibt Ihnen immer noch Spielraum für »Rettungsmaßnahmen« oder Korrekturen.

7. Kontrollieren Sie

Da Sie nach wie vor die Verantwortung für die delegierte Aufgabe tragen, sollten Sie eine Kontrolle durchführen.
Sie delegieren eine Aufgabe zum erstenmal an eine Person? Führen Sie Zwischenkontrollen durch, damit Sie sicherstellen können, daß in die richtige Richtung gearbeitet wird. Nichts wäre für den Beauftragten frustrierender, als nach Abschluß der Aufgabe von Ihnen zu hören: »Das hatte ich mir aber ganz anders vorgestellt.« Sollte dies einmal passieren, suchen Sie die Schuld bei sich selbst. Sie haben versäumt zu kontrollieren und ungenaue Anweisungen gegeben.
Je häufiger ein Mitarbeiter eine Aufgabe übernimmt, desto weniger sind Kontrollen erforderlich, desto weniger sind sie auch erwünscht. Zu starke Kontrollen würden dem Mitarbeiter das Gefühl

vermitteln, Sie vertrauten ihm nicht, was zu Demotivation und mangelnder Kooperation führen kann.
Ihr Ziel muß sein, so zu delegieren, daß nach absehbarer Zeit keine Kontrollen mehr erforderlich sind.

8. Loben Sie
Wenn Sie sich die Kooperationsbereitschaft Ihres Teams, Ihrer Mitarbeiterinnen und Mitarbeiter und Kollegen langfristig sichern möchten, ist ein gelegentliches Lob ein Muß. Zu viele Vorgesetzte handeln frei nach der Devise: »Solange ich nicht kritisiere, lobe ich«, doch das ist zuwenig. Machen Sie es besser!
Sprechen Sie es an, wenn ein Mitarbeiter gute Arbeit geleistet hat. Sagen Sie ihm, wenn Sie mit seiner Arbeit zufrieden sind. Sie glauben gar nicht, wieviel Motivation ein gelegentliches Lob bringen kann.

9. Üben Sie konstruktive Kritik
Stellen Sie sich vor, Sie haben die Erstellung von Präsentationsunterlagen delegiert. Die Folien werden Ihnen vorgelegt; ein kurzer Blick reicht aus, um festzustellen, daß das Ergebnis an einigen Stellen stark zu wünschen übrigläßt.
Wichtigstes und oberstes Gebot: Halten Sie Ihre spontan aufkommenden Gefühle im Zaum. Äußerungen wie: »Was soll ich denn damit?« oder: »Was haben Sie sich denn dabei gedacht?« können die Beziehung zum Mitarbeiter und damit die Zusammenarbeit langfristig erheblich stören.
Wenn es etwas zu kritisieren gibt, müssen Sie dies tun, weil der Mitarbeiter ansonsten keine Chance hat, sich zu verbessern. Und ehe er sich's versieht, ist ihm die Aufgabe schon wieder entzogen – Sie erledigen sie wieder selbst und sind fest davon überzeugt, daß alle um Sie herum sich einfach zu dusselig anstellen. Mit ein wenig konstruktiver Kritik könnten Sie sich möglicherweise langfristig entlasten.
Sagen Sie zuerst etwas Positives. Es gibt zu jeder Arbeit etwas Gutes zu sagen. Was halten Sie von:

- »Prima, daß Sie rechtzeitig fertig geworden sind.«
- »Vielen Dank für Ihre Unterstützung.«
- »Schön, daß Sie schon damit fertig sind. Vielen Dank.«

Sie sehen also: Wenn Sie loben möchten, gibt es immer irgend etwas, was Sie ansprechen können.
Also: Loben Sie zuerst, und bringen Sie dann Ihren Kritikpunkt an.

Verpacken Sie Ihre Kritik aber bitte so, daß sie motiviert und nicht demotiviert.
So nicht: »Schön, daß Sie rechtzeitig fertig geworden sind. Vielen Dank. Aber was da unten steht, das kann nicht stimmen. Da haben Sie sich mit Sicherheit vertan.«
Diese Art der Kritik beginnt zwar positiv, setzt sich dann aber problemorientiert fort. Ihr Ziel ist es, zu motivieren und den Mitarbeiter zu einem veränderten Verhalten zu bewegen, anstatt auf seinen Fehlern herumzureiten.
Besser so: »Schön, daß Sie rechtzeitig fertig geworden sind. Vielen Dank. Schauen Sie mal da unten auf der vorletzten Seite. Ich habe den Eindruck, das haut nicht ganz hin. Sind Sie so nett und rechnen das noch einmal nach? Danke!«
Sie sehen und spüren den Unterschied zwischen diesen beiden Beispielen. Im ersten Beispiel kann man beinahe das frustrierte Gesicht des Mitarbeiters sehen und sogar nachempfinden, wie klein er sich nach diesem verbalen Angriff fühlt. Im zweiten Beispiel geben Sie ihm die Chance, den Fehler zu beheben, ohne ihn zu verurteilen.

Fazit
Trauen Sie sich, Verantwortung zu übertragen, und motivieren Sie dadurch Ihre Mitarbeiter und Kollegen. Wenn diese spüren, daß Sie ihnen etwas zutrauen und ihre Hilfe benötigen, dann klappt's mit dem Delegieren gleich viel besser.
Lernen Sie auch, daß nicht gleich immer alles so wird, wie Sie es sich gewünscht haben. Lassen Sie den Menschen, an die Sie delegieren, Zeit, sich an Sie und Ihre Erwartungen zu gewöhnen. Und vergessen Sie nie: Niemand erledigt eine Aufgabe haargenau so, wie Sie es machen würden – die nötige Toleranz und ein wenig Loslassen vom Perfektionismus helfen Ihnen bei dieser Führungsaufgabe.

Tip Nr. 4: Lernen Sie, nein zu sagen!

Wenn Sie immer und zu allem ja sagen, dann schütten Sie sich irgendwann mit Aufgaben und Projekten so zu, daß Sie unter der Last zusammenbrechen oder sich völlig verzetteln. Und das ist weder in Ihrem noch im Interesse der Personen, für die Sie arbeiten, seien es Kunden oder Vorgesetzte.

Weshalb empfinden die meisten Frauen nein sagen als schwierig? Weshalb bringen sie ein Nein nur unter größter Überwindung über die Lippen? Es gibt gleich mehrere Gründe:

- Wenn ich nein sage, mag der andere mich vielleicht nicht mehr so. Ein übersteigertes Harmoniebedürfnis ist vielen Frauen beim Neinsagen im Weg.
- Man nimmt sich häufig nicht die Zeit, nein zu sagen. Frau wird überrumpelt, unter Druck gesetzt. Und anstatt sich Zeit zum Nachdenken zu nehmen, hat sie schon ja gesagt.
- Wenn ich ja sage, dann schätzt mich der andere um so mehr. Viele Frauen halten die Methode, es anderen stets recht zu machen, für die beste, um ihren Arbeitsplatz zu sichern.

Alles falsch! Mit der Jasager-Strategie erreichen Sie genau das Gegenteil von dem, was Sie wollen, denn: Jasager wirken schwach, ohne Rückgrat und genaue Konzeption; Eigenschaften, die eine erfolgreiche Frau sich nicht leisten kann.

Jasager können im Unternehmen leicht durch andere Jasager ausgetauscht werden, denn davon gibt es genug.

Was Unternehmen heute brauchen, sind Menschen, die mitdenken, Mitarbeiter, die nicht völlig unreflektiert alles ausführen. Mündige Mitarbeiter, die bereit sind, für ihr Tun Verantwortung zu übernehmen!

Ein Beispiel, um Ihnen das Neinsagen etwas sympathischer zu machen: Sie lernen den scheinbar idealen Mann kennen – gut aussehend, charmant, humorvoll, intelligent usw. Nach kurzer Zeit stellen Sie fest, daß dieser Mann alles tut, um es Ihnen recht zu machen. Ihr Wunsch ist ihm Befehl. Die meisten Frauen reagieren auf notorische Jasager gelangweilt und stoßen das scheinbar perfekte Objekt der Begierde nach kurzer Zeit wieder ab.

Warum sollte es Ihren Vorgesetzten mit Ihnen anders gehen? Ihr Chef sucht Unterstützung, qualifizierte Assistenz und Zuarbeit – und keinen Computer, der seine Befehle ausführt.

Lernen Sie, nein zu sagen; es ist im Interesse aller Beteiligten.

Richtiges Neinsagen in fünf Schritten

Warum wird an dieser Stelle erläutert, wie Sie richtig nein sagen? Reicht es nicht, in Zukunft dem Gegenüber einfach das Nein entgegenzuschmettern? Sie könnten beschließen, von nun an immer ganz einfach abzulehnen, wenn Sie sich nicht in der Lage sehen, eine gewisse Aufgabe zu erledigen oder eine Tätigkeit – aus welchen Gründen auch immer – zu übernehmen.

Das sähe dann so aus:

- »Nein, das mache ich nicht.«
- »Nein, dafür bin ich nicht zuständig.«
- »Nein, dafür habe ich keine Zeit.«

Glauben Sie, das käme gut an? Spricht so eine engagierte und motivierte Mitarbeiterin? Wenn Sie sich für die brutale Art des Neinsagens entscheiden (siehe die drei oben genannten Beispiele), dann müssen Sie mit negativen Reaktionen Ihrer Kolleginnen, Kollegen und Vorgesetzten rechnen. Sie geben sich nämlich so den Anschein, als wollten Sie eine Tätigkeit nicht übernehmen. Sie wirken bockig und nicht kooperativ.

Da Sie wahrscheinlich nicht so wirken möchten, zumal dies Ihrer Karriere nicht zuträglich wäre, sollten Sie sich für die psychologisch geschicktere Art des Neinsagens entscheiden: Sie erreichen, was Sie möchten, wirken gleichzeitig engagiert und wahren die Harmonie – auch ein nicht zu vernachlässigender Aspekt, der vielen Frauen sehr, sehr wichtig ist.

1. Schritt – Zeit gewinnen

Lernen Sie, nein zu sagen, indem Sie sich die Zeit nehmen, nein zu sagen. Viele Jas werden nur ausgesprochen, weil der Betreffende überrumpelt wird und keine Zeit zum Nachdenken hat. Nehmen Sie sich die Zeit. Geben Sie eine abschließende Antwort, nachdem Sie sich Bedenkzeit ausgebeten haben.

Jemand tritt an Sie heran mit der Bitte, eine Aufgabe innerhalb kürzester Zeit für ihn zu erledigen – die Unterlagen hat er gleich mitgebracht.

Ihre Antwort, mit der Sie erst einmal Zeit gewinnen, könnte dann so aussehen:

»Worum geht es hier genau? Sind das die Unterlagen für den Kunden xy?«

So können Sie für sich abwägen, ob Sie die Arbeit annehmen und bis zu einem bestimmten Termin erledigen können oder ob Sie nein sagen.

So schinden Sie weitere Bedenkzeit: »Ich möchte Ihnen auf jeden Fall einen konkreten Termin/eine richtige Anwort geben; ich schau sofort in meinem Kalender nach und rufe Sie in einer Viertelstunde an.«

2. Schritt – Verständnis zeigen

Erinnern Sie sich, wie Sie von Vorgesetzten um den kleinen Finger gewickelt werden?! Kennen Sie solche und ähnliche Formulierungen:

- »Frau Meyer, ich wüßte nicht, was ich ohne sie täte.«
- »Frau Müller, Sie machen das immer so toll.«
- »Frau Schröder, ich wüßte wirklich nicht, wen ich sonst darum bitten könnte« – mit gleichzeitigem Dackelblick.

Drehen Sie ab sofort den Spieß um. Schmieren Sie Ihrer Vorgesetzten oder Ihrem Vorgesetzten »Honig um den Mund«.

- »Herr Müller, Sie wissen, Sie können immer auf mich zählen.«
- »Frau Dr. Meyer, Sie wissen, daß Sie sich auf mich verlassen können.«
- »Frau Schneider, Sie wissen, daß ich das gern für Sie mache.«

Bei Kollegen funktioniert das auch:
»Ulli, du weißt, daß ich gerade dir gern weiterhelfen würde.«
Ein wunderbarer Satz, der seine positive Wirkung sicher nicht verfehlt. Nach so einem Kompliment schluckt Kollege Ulli die drohende Ablehnung viel leichter.
Dieser zweite Schritt darf nicht vergessen werden – er ist essentiell! Gehen Sie nämlich unmittelbar zum dritten Schritt über und sagen unumwunden nein, könnte man Ihnen mangelnde Kooperationsbereitschaft oder gar Bockigkeit vorwerfen. Mit dem zweiten Schritt – »Gerade dir würde ich gern weiterhelfen« – signalisieren Sie Ihre generelle Bereitschaft.

3. Schritt – Ablehnung

Jetzt holen Sie zum Nein aus.
Mit der »Um-den-Finger-wickeln-Methode«, Schritt 2, haben Sie Ihr Nein positiv begonnen; ausgezeichnete Voraussetzungen, um ihrem Gegenüber jetzt die Wahrheit zu sagen:

- »... aber ich schaffe es nicht bis sechzehn Uhr.«
- »... ich habe hier drei Vorgänge liegen, die alle bis heute abend fertig sein müssen.«
- »... aber bis Ende der Woche bekomme ich das nicht hin.«

4. Schritt – Begründung

Lassen Sie Ihrem Nein eine sehr kurze Begründung folgen. Die Betonung liegt auf kurz! Sie werden im Kapitel »Talk Success« lesen, daß Frauen eine Tendenz dazu haben, ausschweifende Erklärungen abzugeben. Diese sind völlig unangemessen. Sie müßten dann mit einer solchen Reaktion Ihres Vorgesetzten rechnen:

- »In der Zeit, wo Sie hier mit mir diskutieren, hätten Sie die Aufgabe schon fast fertig haben können.«

Ihre kurze Begründung könnte so aussehen:

- »Ich habe noch vier Vorgänge hier liegen, die ich unbedingt bis heute abend erledigen muß.«
- »Ich habe noch drei Projekte hier liegen, die alle bis Ende der Woche fertig sein müssen.«

Wichtig: Ihre Begründung muß der Ablehnung auf dem Fuße folgen. Machen Sie nie eine Pause zwischen dem dritten und dem vierten Schritt.

Rollenspiele in meinen Seminaren haben gezeigt, daß dies die größte Hürde ist. Die meisten Damen legen eine Redepause nach dem dritten Schritt ein und schauen den Chef – gespielt von einer anderen Teilnehmerin – erwartungsvoll an.

Es versteht sich von selbst, daß er die Sprachlosigkeit für einen Gegenschlag nutzt und sagt: »Das ist ja alles schön und gut, aber ich brauche es trotzdem.«

Häufig eskaliert die Situation, weil die Teilnehmerin den Auftrag hat, nein zu sagen, und nun beginnt, mit ihrem Vorgesetzten zu diskutieren. So weit darf es nicht kommen.

Also: Keine Redepause, keine abwartende Körperhaltung!

5. Schritt – Alternative

Sie haben im Abschnitt »Seien Sie lösungsorientiert« bereits gelesen, daß viele Frauen sehr häufig problemorientiert agieren. Das gleiche gilt beim Neinsagen. Wenn Sie es bei dem Nein des vierten Schritts belassen, kommunizieren Sie problemorientiert. Sie konzentrieren sich darauf, was nicht geht, anstatt eine Lösung anzubieten.

Kein Vorgesetzter läßt sich mit der problemorientierten Darstellung abspeisen. Bieten Sie deshalb eine Alternative an.

- »Was ich Ihnen anbieten kann, ist, daß ich es morgen früh gleich als erstes mache.«
- »Was ich Ihnen anbieten kann, ist, daß es, wenn Sie morgen früh reinkommen, auf Ihrem Tisch liegt.«
- »Was ich gern mache: Ich fange gleich am Donnerstag an. Dann haben Sie die Unterlagen am Montag morgen auf Ihrem Schreibtisch.«

Oder: Sie delegieren an eine Kollegin oder einen Kollegen:

- »Ich werde Herrn Müller bitten, sich darum zu kümmern.«

Sie haben sicher schon am eigenen Leib erfahren, daß viele Dinge, die unter höchstem Druck erledigt werden mußten, am nächsten Tag – und vielleicht noch länger – unbeachtet auf dem Schreibtisch lagen. Diese Neinsagen-Taktik wird Ihnen helfen, unnötig unter Druck zu erledigende Arbeiten in Zukunft zu reduzieren.

In der Zusammenfassung könnte Ihre Argumentation so aussehen:
»Sie brauchen die Unterlagen also bis heute um siebzehn Uhr. Würde ich gern für Sie erledigen; die Sache ist nur, ich habe hier verschiedene Vorgänge liegen, die alle heute abend spätestens rausmüssen. Was ich Ihnen anbieten kann, ist, daß ich mir die Sache gleich morgen früh als allererstes vornehme.« Läßt Ihr Gegenüber sich darauf ein, ist der pünktliche Feierabend gesichert!

Diese Fünf-Schritte-Taktik ist kein Garant dafür, daß das Neinsagen tatsächlich funktioniert. Sie erhöht aber die Wahrscheinlichkeit, daß es funktioniert – und zwar so, daß Sie sich keine Feinde machen und Ihr Harmoniebedürfnis nicht auf der Strecke bleibt.

Tip: Üben Sie diese Taktik im Rollenspiel mit einer guten Freundin, Bekannten oder einem Familienmitglied. Die Erfahrung aus den Rollenspielen in den Seminaren hat gezeigt, daß frau – wenn sie ungeübt an die Sache herangeht – nach dem dritten Schritt häufig aus dem Rennen geworfen und überrumpelt wird.

Übung macht den Meister

Diese Art der Kommunikation, zuerst etwas Positives zu sagen – »Würde ich gern für dich machen« –, um dann doch den Wunsch abzulehnen, können Sie tagtäglich in ganz normalen Situationen üben.

Beispiel: Ihre Kollegin möchte mit Ihnen in die Mittagspause gehen – Sie würden aber lieber alleine einen Spaziergang machen: »Ich würde ja gern mit dir kommen, aber ich brauche, nach dem Tag bisher, ein paar Minuten für mich an der frischen Luft. Laß uns doch morgen zusammen essen gehen.«

Tip Nr. 5: Frustrieren Sie sich nicht durch Überschätzung der eigenen Leistungen!

Nehmen Sie sich nicht zuviel für einen Tag vor. Kalkulieren Sie Pufferzeiten mit ein, in denen Sie Arbeiten erledigen, die nicht vorhersehbar sind, die sich plötzlich ergeben.
Wenn Sie sich überschätzen und sich zuviel vornehmen, werden Sie tagtäglich frustriert sein, weil Sie glauben, nicht genug zu schaffen. Demotivation und Unzufriedenheit machen sich breit. Und diese Unzufriedenheit nehmen Sie mit nach Hause in Ihre Freizeit und verderben dann sich selbst und anderen die Laune. Das darf und muß nicht sein.
Beurteilen Sie die Ihnen zur Verfügung stehende Zeit realistisch – planen Sie sorgfältig, so daß Sie wirklich alles, was Sie sich vornehmen, erledigen können. Sollten Sie feststellen, daß Ihnen aufgrund Ihrer sorgfältigen Planung und nachdem Sie die dringlichsten Aufgaben erledigt haben, noch etwas Zeit bleibt, gehen Sie entweder an diesem Tag früher nach Hause und genießen Ihren Feierabend oder bearbeiten Sie einen weiteren Punkt auf Ihrer Masterliste.
Orientieren Sie sich an folgendem Richtwert: Verplanen Sie nur etwa fünfzig Prozent der Ihnen zur Verfügung stehenden Zeit. Nur dann sind die Aussichten gut, daß Sie Ihre Tagesziele erreichen.
Lassen Sie die übrigen fünfzig Prozent getrost für Unvorhergesehenes reserviert. Irgend etwas Unerwartetes kommt sicher auf Sie zu.
Wie Sie sich privat organisieren, ist mindestens genauso wichtig wie Ihre Zeitplanung im Job. Deshalb hier nun Tips für Ihr Privatleben. Diese Zeitmanagement-Tips sollen Ihnen helfen, Ihren privaten Bereich so zu organisieren, daß Sie Ihre kostbare Zeit noch besser nutzen und genießen können.

Tip Nr. 6: Erstellen Sie auch eine private Masterliste!

Schreiben Sie beispielsweise auf,

- was Sie einkaufen müssen,
- welche Termine einzuhalten sind,
- was Sie Ihren Kindern oder Ihrem Partner versprochen haben usw.

Die Masterliste hilft Ihnen, Versprochenes zu halten, und verhindert, daß Sie doppelt soviel Zeit wie nötig aufwenden, nur weil Sie etwas vergessen haben.
Bestes Beispiel ist wahrscheinlich folgendes: Sie sind extra in die Stadt gefahren, um Ihre Einkäufe zu tätigen. Wieder zu Hause, fällt Ihnen ein, daß Sie dringend hätten Ihre Schuhe zum Schuster bringen müssen – und der ist genau neben dem Metzger, bei dem Sie gerade Aufschnitt eingekauft haben. Wie ärgerlich! Also müssen Sie noch einmal los, denn die Schuhe benötigen Sie nächste Woche ganz dringend; die Reparatur duldet keinen Aufschub.
So schwindet die kostbare Freizeit dahin. Deshalb: Sobald Ihnen etwas einfällt, was es zu erledigen gilt, schreiben Sie es auf, und befestigen Sie den Zettel an einem gut sichtbaren Ort, beispielsweise in der Nähe der Wohnungstür.

Tip Nr. 7: Sorgen Sie für eine gerechte Aufgabenverteilung!

Sie müssen Ihren Haushalt nicht alleine »schmeißen«. Spannen Sie alle Familienmitglieder, sofern sie altersmäßig dazu in der Lage sind, mit ein. Wenn nur Sie allein sich für den Haushalt verantwortlich fühlen, dann sind Ihre Ressourcen schnell erschöpft.
Wußten Sie, daß eine nicht berufstätige Frau durchschnittlich etwa achtunddreißig Stunden in der Woche mit Hausarbeiten verbringt?
Eine voll berufstätige Frau bringt es erstaunlicherweise immer noch auf etwa sechsundzwanzig Stunden. Unglaublich!
Wenn Sie ebenso viele Stunden in Ihren Haushalt investieren, dann summiert sich Ihre Wochenarbeitszeit auf mindestens einundsechzig Stunden. Das halten Sie nicht lange durch. Denken Sie daran: Ihr Leben ist ein Marathon – kein Sprint! Sie wollen leben, nicht nur arbeiten.
Wenn Sie Ihre Familie für Hausarbeiten einspannen, dann rechnen Sie nicht nur mit Anfangsschwierigkeiten und Gegenwehr, sondern auch damit, daß sich Kinder und Partner möglicherweise bewußt ungeschickt anstellen, um der Hausarbeit aus dem Weg zu gehen. Fallen Sie auf solche Tricks nicht herein, und sagen Sie nicht: »Ach komm, dann mach' ich es lieber selbst!«

Lassen Sie alle aus ihren Fehlern lernen, und leben Sie damit, daß nicht immer alles so wahnsinnig perfekt ist.
Denken Sie darüber nach, ob Ihr Geld nicht gut investiert ist, wenn Sie sich eine Haushaltshilfe gönnen. Birgit D., Leiterin der Kreditabteilung einer großen deutschen Bank, sagt: »Meine Hilfe kommt, wenn ich morgens gehe, und hat in dieser Zeit auch das Sagen im Haus.«
Zauberwort »Verantwortung abgeben«, also delegieren, liebe Leserin! Lernen Sie damit zu leben, daß, wenn Sie sich für eine Unterstützung im Haushalt entscheiden, die gute Seele nicht alles hundertprozentig so macht, wie Sie es gern hätten. Auch ich lebe damit, daß meine Haushaltshilfe, ohne die ich völlig aufgeschmissen wäre, nicht genau so saubermacht wie ich selbst. Schon oft habe ich mich darüber aufgeregt, wenn die Reinigung der Ecken mal wieder großzügig übersehen wurde, und selbst regelmäßiges Erinnern bringt die Gute nicht dazu, alles so zu erledigen, wie ich es möchte. Trotzdem: Verzichten wollte ich nicht auf sie.
Konzentrieren Sie sich auf die Vorteile, die Ihnen Ihre Haushaltshilfe bringt, auf die Entlastung, anstatt ständig darauf zu achten, was sie nicht so macht, wie Sie es gern hätten.

Tip Nr. 8: Setzen Sie Prioriäten!

Setzen Sie Prioritäten, was Ihre privaten Verpflichtungen angeht. Allein das Wort Verpflichtungen sollte Ihnen zu denken geben. Glauben Sie wirklich, daß Sie privat zu irgend etwas verpflichtet sind?
Viele Verpflichtungen kommen als Freunde oder Bekannte getarnt daher. Wenn Sie über einen großen Bekanntenkreis verfügen, dann reiht sich möglicherweise eine Einladung an die nächste. Und wenn Sie allen Einladungen folgen, dann kommen Sie kaum zur Ruhe und machen Ihr Privatleben zur Streßveranstaltung.
Fragen Sie sich, ob Sie wirklich zu jeder Party, jeder Hochzeit oder jedem Geburtstag gehen müssen. Lernen Sie, Prioritäten zu setzen. Fragen Sie sich, welche Bekannten und Freunde und welche Veranstaltungen Ihnen wirklich wichtig sind.
Und nur keine Angst: Nur weil Sie Ihren besten Freunden einmal sagen, daß Sie lieber einen Abend zu Hause bleiben, um zu ent-

spannen, anstatt ins Kino zu gehen, werden diese Ihnen nicht die Freundschaft kündigen.
Und wenn doch: dann waren es keine Freunde. Seien Sie froh, daß Sie das rechtzeitig erkannt haben.
Lernen Sie auch im privaten Bereich, nein zu sagen – es wird Ihnen guttun, nicht immer das Gefühl zu haben, auf allen Hochzeiten tanzen zu müssen.
Nehmen Sie sich die Zeitmanagement-Tips zu Herzen – aber bitte nicht alle auf einmal. Picken Sie sich die Ratschläge heraus, von denen Sie glauben, daß sie Ihnen die meiste Zeitersparnis bringen.

Talk Success

Ihr Erfolg, Ihre Karriere hängt von unzähligen Faktoren ab, wie Sie bis hierhin erfahren haben. Da ist beispielsweise Ihr Vermögen, sich und Ihren Tag besser zu organisieren, wie Sie Job, Mann und Kinder unter einen Hut bekommen, wie Sie lernen, sich richtig durchzusetzen, wie Sie mit Streß umgehen, über welche Talente Sie verfügen und – dazu kommen wir jetzt – wie Sie sich richtig verkaufen!

Sich richtig zu verkaufen ist nicht immer ganz einfach. Das Ergebnis der Studie der Michigan University, daß Frauen in Kinderbüchern hauptsächlich mit Schürzen dargestellt werden (siehe Seite 54), erklärt unter anderem, warum die Eigenpräsentation schwierig ist.

Die klischeehafte Darstellung von Frauen hat zwei Konsequenzen:

Männer lernen Frauen von klein auf so kennen, daß sie sich die Frauen – überspitzt dargestellt – nur in der Schürzenrolle vorstellen können. Zwar werden mittlerweile vierzig Prozent aller Arbeitsplätze von Frauen besetzt, was jedoch nicht bedeutet, daß frau nicht einiges an Überzeugungsarbeit leisten mußte, um klarzumachen, daß sie genauso professionell arbeiten kann wie ein Mann.

Mädchen werden dazu erzogen, die Schürzenrolle zu übernehmen. Sie lernen von klein auf Verhaltensweisen, die als typisch weiblich gelten, die ihnen keinen Respekt verschaffen, im Gegenteil. Mit diesen Verhaltensweisen wird frau nie die Achtung und die Anerkennung erhalten, die sie verdient und die sie sich wünscht.

Gibt es typisch weibliche Verhaltensweisen? Ja, es gibt Verhaltensweisen, die bei Frauen tendenziell häufiger zu entdecken sind als bei Männern. Und diesem typisch weiblichen Verhalten gehe ich in diesem Kapitel auf den Grund. Sie werden erfahren, wie Sie ganz Frau sein können, ohne mädchenhaft zu wirken, und trotzdem das bekommen, was Sie möchten.

Dies bedeutet nicht, daß Sie männlicher agieren und männliche Verhaltensweisen kopieren sollen. Nein, vielmehr sollten Sie sich lediglich ein paar Kniffe bei den Herren abgucken und Ihre Weiblichkeit als zusätzliche Waffe nutzen.
Ihnen steht eine schwierige Aufgabe bevor: Sie müssen sich lang eingeschliffene, anerzogene Verhaltensweisen abgewöhnen, damit Sie die Anerkennung und den Respekt erhalten, die Ihnen zustehen. Egal wie gut, egal wie kompetent Sie sind, wenn Sie sich nicht richtig präsentieren, werden Sie nicht den Erfolg haben, den Sie sich wünschen. Es ist heutzutage immer noch eine Tatsache, daß Frauen, die die gleiche Position wie ein Mann bekleiden, weniger verdienen als ihre männlichen Kollegen. Wie kommt das?
Es ist auch eine Tatsache, daß viele Frauen Schwierigkeiten haben, in Besprechungen das Wort zu ergreifen und andere von ihrer Meinung zu überzeugen. Einigen Frauen passiert es sogar, daß sie in einer Konferenz ein Thema ansprechen, ihre Ideen dazu einbringen und der Wortbeitrag vollständig unkommentiert bleibt. Gekrönt wird diese erniedrigende Situation durch einen späteren Wortbeitrag eines Kollegen, der ebendiese Ideen mit anderen Worten wiederholt. Die Reaktion der Kollegen diesesmal: Interesse, wenn nicht sogar Zustimmung. Wie kommt das?

Stehen Sie zu dem, was Sie können!
Frauen verkaufen sich in der Regel schlechter als Männer. Die meisten Frauen haben nicht gelernt, sich gut zu präsentieren. Sie stehen lieber im Hintergrund, sind zurückhaltend und lassen sich einschüchtern.
Männer hingegen haben tendenziell kein Problem damit, im Mittelpunkt zu stehen, und vor allem nicht damit, das zu sagen, was sie denken.
Die Erziehung hat den meisten Frauen mitgegeben, daß es unschicklich ist, stolz auf sich zu sein oder zu sagen, was sie können. »Bescheidenheit ist eine Zier«, dies haben viele kleine Mädchen über Jahre von ihren Müttern gehört.
Die neue Devise lautet: Bescheidenheit ist keine Zier! Denn mit bescheidener Zurückhaltung wird niemand auf Sie, Ihre Fähigkeiten und Qualifikationen aufmerksam.
Sie möchten erfolgreich sein? Dann seien Sie bereit, in den Vordergrund zu treten, ohne gleich das Gefühl zu haben, Sie verhielten sich arrogant oder anmaßend.

Sabine Christiansen sagte einmal: »Man muß den Mund aufmachen und Selbstbewußtsein zeigen, auch wenn einem das Herz bis zum Hals schlägt.«

Sie erinnern sich: Auf Seite 68 hatte ich Sie gebeten aufzuschreiben, was Sie an sich mögen. Das ist die Basis für Ihr selbstsicheres Auftreten. Ergänzt um die Liste Ihrer Talente und Qualifikationen. Machen Sie sich bewußt, was Sie können, und stehen Sie dazu – sonst merkt es niemand!

Die Devise dieses Kapitels lautet: Talk Success. So zu kommunizieren, daß Sie noch mehr Erfolg haben.

Lesen Sie in diesem Kapitel, welche Fehler frau in ihrer verbalen Kommunikation begeht, wie sie ihre Kompetenz untergräbt und somit ihren Erfolg selbst verhindert.

Stellen Sie sich vor, Sie werden in einem Vorstellungsgespräch gefragt: »Wie sind Ihre Englischkenntnisse?« Und Sie antworten mit leiser und zögerlicher Stimme: »Ja, mein Englisch ist ganz gut. Ich verstehe fast alles und kann mich unterhalten. Ich komme zurecht.« Was heißt das jetzt? Sie kommen nur so einigermaßen klar, oder Ihr Englisch ist fließend, oder verhandlungssicher, oder was verbirgt sich hinter dieser schwammigen Auskunft? Wenn Sie fließend Englisch sprechen, dann sagen Sie das auch: »Ich spreche fließend Englisch.«

In meinen Seminaren sagen an dieser Stelle sehr viele Frauen: Ja, aber wenn ich doch gar nicht fließend Englisch spreche, dann kann ich doch nicht so tun, als könnte ich es. Wenn der Personalchef dann anfängt, mit mir Englisch zu reden, dann merkt er doch sofort, daß ich es nicht kann.

Bedenken Sie jedoch folgendes:

- Ihr Anspruch an »fließend« ist wesentlich höher als der anderer Menschen. Sollte der Personalchef tatsächlich ins Englische wechseln, halten Sie seinen Ansprüchen vielleicht stand.
- Wenn Sie überzeugend auftreten und Ihre Qualifikationen selbstbewußt vorbringen, kommt der Personalchef erst gar nicht auf die Idee, Ihr Englisch zu testen.
- Sollte der Personalchef Ihr Englisch tatsächlich auf die Probe stellen, haben Sie eben Pech gehabt. Wenn Sie von vornherein gesagt hätten, daß Sie kein Englisch können, wären Sie nicht einmal zum Vorstellungsgespräch eingeladen worden. So erhalten Sie eventuell die Möglichkeit, Ihr Englisch in diesem Unternehmen zu verbessern. Sie haben also nichts zu verlieren.

- Wenn Ihr Englisch nicht fließend ist, dann sagen Sie zumindest, es sei gut, und sparen sich jegliche Einschränkungen. Es sei denn, Sie sprechen kein einziges Wort.

Nicht kleckern, sondern klotzen!
Führen wir das Bewerbungsgespräch doch einmal fort.
Nachdem die Bewerberin gesagt hat, daß Ihr Englisch ganz gut sei, macht sie noch folgende Ergänzungen: »... ich bin zur Zeit allerdings ein wenig raus. In meiner jetzigen Funktion/Arbeit brauche ich es fast gar nicht.«
Besser wäre es gewesen, die Dame hätte nach »Mein Englisch ist sehr gut« einfach den Mund gehalten. Nein, statt dessen redet sie sich um Kopf und Kragen.
Doch es geht noch weiter. Der Schlußsatz lautet: »Mein Französisch ist allerdings gar nicht gut.«
Na prima – herzlichen Glückwunsch zu diesem Eigentor. Diese Art der Kommunikation nennt man defizitorientiert. Frau konzentriert sich darauf, was sie nicht kann, anstatt zu betonen, was sie kann.
Achten Sie darauf, daß Ihnen so etwas nicht passiert. Sie haben ja Ihre Liste, auf der steht, was Sie alles können. Schauen Sie sich diese Liste häufiger an, anstatt sich gedanklich immer wieder damit zu beschäftigen, was Sie nicht können.
Und noch ein schönes Beispiel dafür, wie frau sich schlechter verkauft als ein männlicher Mitbewerber.
Sie sagt: »Mein Englisch ist eigentlich ganz gut. Und ein-, zweimal im Jahr fahren mein Mann und ich nach London, um ein bißchen einzukaufen, um uns ein schönes Wochenende zu machen. Da schnappt man ja immer das eine oder andere auf.«

Würde ein Mann es anders machen?
Lassen wir nun einen männlichen Bewerber zu Wort kommen. So könnte seine Antwort zu seinen Sprachkenntnissen aussehen:
Mann macht genau das gleiche – verbringt also gelegentlich ein Wochenende in London –, sagt aber: »Mein Englisch ist fließend. Zweimal jährlich halte ich mich im europäischen Ausland auf, um mein Englisch immer mal wieder aufzufrischen.«
Jetzt mal Hand aufs Herz – wen würden Sie einstellen, wenn Sie an der Stelle des Personalchefs wären und eine Mitarbeiterin oder einen Mitarbeiter suchten, der/dem Sie eine verantwortungsvolle

und fordernde Position anbieten könnten? Wenn beide gleich sympathisch sind, erhält, falls nicht andere Widrigkeiten auftreten, der Mann den Zuschlag.
Und schon wieder ist eine Chance vertan – nicht, weil Sie nicht die ausreichenden Qualifikationen mitgebracht hätten, nicht, weil Sie eine Frau sind, nein, nur weil Sie sich wie eine bescheidene, zurückhaltende und nicht von sich überzeugte Frau verhalten haben. Lassen Sie uns auf den folgenden Seiten die Feinheiten der Kommunikation unter die Lupe nehmen. Sie erhalten dort zahlreiche Tips, auf welche Formulierungen Sie in Zukunft besser verzichten, wenn nicht Sie selbst Ihre größte Hürde auf dem Weg zum Erfolg sein möchten.
Ihre Akzeptanz im Job hängt im wesentlichen von Ihrem Kommunikationsvermögen ab. Ihre rhetorischen Fähigkeiten, Ihre Sprachgewandtheit, Ihre Überzeugungskraft und Ihr Argumentationsgeschick sind gefragt, wenn Sie sich durchsetzen und Ihre Ideen an den Mann bringen möchten.
Auf Ihre Einstellung kommt es an! Es ist Ihre Entscheidung: Möchten Sie sich aufgrund Ihrer typisch weiblichen Attribute beruflich über Wasser halten? Oder möchten Sie durch Ihr Auftreten und Ihre rhetorischen Fähigkeiten erfolgreich sein, voll akzeptiert werden und trotzdem ganz Frau – aber nicht Weibchen – sein?

Legen Sie jedes Wort auf die Goldwaage

Der Rat, jedes Wort auf die Goldwaage zu legen, ist ernst gemeint. Die nachfolgend aufgeführten Merkmale der Kommunikation werden Ihnen deutlich zeigen, daß durch das Hinzufügen oder Weglassen eines einzigen Wortes die Wirkung Ihrer Aussage vollständig anders ausfällt.

Vermeiden Sie umständliche und langatmige Formulierungen

Mehr als Männer tendieren Frauen dazu, ihre Wünsche und Forderungen (wenn man überhaupt von Forderungen sprechen kann – so soft wie die »Begehren« verpackt sind) in Satzmonster und umständliche Formulierungen zu verpacken.

Gern wird auf konkrete Fragen eine nicht konkrete Antwort gegeben. Lapidar ausgedrückt: Frau redet gern »drumherum«. Mit dieser Methode stellen Sie die Geduld Ihres Gegenübers auf eine fast unerträgliche Zerreißprobe und hinterlassen einen wenig kompetenten und professionellen Eindruck.
Hören Sie auf zu schwafeln. Sagen Sie, was Sache ist. Kommen Sie zum Punkt. Kommunizieren Sie professionell.
Ein Beispiel: Ein Kunde fragt Sie: »Frau Meyer, bis wann, denken Sie, haben Sie das Konzept so weit fertiggestellt, daß es präsentationsreif ist?«
Sie antworten: »Ja, also wissen Sie, das ist so eine Sache. Unter präsentationsreif versteht ja jeder etwas anderes. Ich müßte außerdem einmal schauen, wie es in meinem Terminkalender aussieht. Wenn ich in den nächsten Tagen viel unterwegs bin, dann dauert es natürlich ein bißchen länger ...«
Spätestens an diesem Punkt verliert Ihr Gesprächspartner die Nerven. Er hat schließlich nicht nach Ihren sonstigen Verpflichtungen gefragt – die interessieren ihn nicht.
So hätten Sie besser reagiert: »Herr Müller, ich schätze, daß ich spätestens in zwei Wochen soweit bin. Sicherheitshalber schaue ich noch einmal in meinen Kalender, um Ihnen einen konkreten Termin nennen zu können. Ich rufe Sie morgen dazu an.«

Vermeiden Sie umständliche Bitten

Viele Frauen tun sich schwer, Anliegen, Wünsche und Bitten konkret zu formulieren. Lieber den Wunsch kompliziert verpacken und nicht mit der Tür ins Haus fallen. Die Folge: Ihr Durchsetzungsvermögen und Ihre Überzeugungskraft leiden.
Ein Beispiel: Sie delegieren eine Aufgabe an eine Mitarbeiterin.
So sieht der klägliche Versuch aus: »Ich wollte Sie mal fragen, ob Sie mir eventuell helfen könnten. Und zwar, es geht um folgendes. Wäre es vielleicht möglich, ich weiß ja, Sie haben viel zu tun, es ist auch nur ausnahmsweise, ginge es, daß Sie mir bis morgen nachmittag eine Übersicht über den aktuellen Status des Projekts xy erstellen?«
Glauben Sie, daß man Ihnen bei dieser Art von Kommunikation Respekt entgegenbringt? Ihre Kolleginnen und Kollegen werden wahrscheinlich über Sie sagen: »Die ist ja ganz nett, aber sonst ...«

Sie vermitteln den Eindruck, als könnten Sie keiner Fliege etwas zuleide tun. Ihre Anweisungen werden daher nicht ernst genommen und Sie auch nicht. Folglich machen Sie sich das Leben und Ihre Arbeit unnötig schwer, weil es seitens der Mitarbeiter an Kooperationsbereitschaft mangelt.
Legen Sie Ihr Hauptaugenmerk nicht auf nett, sondern auf kompetent – was nett nicht ausschließen muß.
So delegieren Sie richtig: »Frau Meyer, ich brauche Ihre Hilfe. Sind Sie so nett und erstellen Sie mir bis morgen nachmittag den Statusbericht für das Projekt xy. Ich brauche ihn sehr dringend. Vielen Dank.«
Fazit: Kommen Sie zum Punkt, und überlegen Sie, bevor Sie den Mund aufmachen, was Sie sagen und erreichen möchten. Und dann sagen Sie es bitte auch so!

Implizite Dementis – negative Einleitungen

Wenn Sie andere von Ihrer Idee oder Ihrer Meinung überzeugen möchten, müssen Sie Ihren Gesprächspartnern das Gefühl geben, daß Sie selbst davon überzeugt sind.
»In dir muß brennen, was du in anderen entzünden willst.« (Augustinus)
Mit den folgenden Formulierungen drücken Sie keinen »inneren Brand« aus:

- »Ich glaube zwar nicht, daß es funktioniert, aber könnte man nicht mal darüber nachdenken, ob ...«
- »Es ist wahrscheinlich keine gute Idee, aber könnte man nicht mal versuchen, ob ...«
- »Es ist zwar nur meine Meinung, aber ich denke, daß ...«

Durch derartig negative Einstiegsformulierungen, sogenannte implizite Dementis, setzen Sie sich und Ihre Ansichten herab. Sie geben dem anderen von vornherein zu verstehen, daß mit Ihrem Vorschlag irgend etwas nicht in Ordnung ist. Ihr Gesprächspartner gewinnt den Eindruck, daß es für ihn erst einmal besser sei, Ihren Vorschlag abzulehnen oder kritischer zu betrachten als nötig.
Wenn Sie so Ihre Meinung zum Ausdruck bringen, wirkt das auf Ihr Gegenüber, als seien Sie selbst von Ihrem Vorschlag nicht überzeugt. Und wenn Sie selbst von etwas nicht überzeugt sind – zu-

mindest nach außen so tun –, wie wollen Sie dann andere überzeugen?
Selbst wenn die Durchführung Ihres Konzeptes wirklich Kosten einsparen oder für neue Aufträge sorgen würde, wird Ihr Gesprächspartner darauf vermutlich so reagieren: »Ja, ja, das wird wahrscheinlich wirklich nicht gehen« – wenn Sie überhaupt eine Reaktion erhalten.
Und somit sind Sie gescheitert!
Wählen Sie statt dessen solche Formulierungen:

- »Mein Vorschlag ist folgender ...«
- »Was halten Sie von folgender Idee ...«
- »Könnten wir es nicht so machen, daß ...«

So treten Sie weder arrogant noch allwissend und gleichzeitig doch kompetent auf.
Beachten Sie: Mit den drei obengenannten Beispielen wirken Sie professionell und geben Ihren (leider immer noch) vorwiegend männlichen Gesprächspartnern die Gelegenheit, zum gleichen Ergebnis zu kommen wie Sie. Solange Sie nicht Chefin sind und sowieso das Sagen haben, empfiehlt sich diese diplomatische Vorgehensweise.
Weniger diplomatisch hätte Ihre Kommunikation so ausgesehen:

- »Wir machen das jetzt folgendermaßen ...«
- »Wir sollten das so machen ...«
- »Das Ganze funktioniert nur, wenn wir das so und so machen ...«

In einem Seminar hatte ich einmal eine Teilnehmerin, die als Marketingassistentin in einer größeren Firma tätig war und an regelmäßig stattfindenden Besprechungen und Konferenzen teilnahm. Ihr größtes Problem wäre, sagte sie, daß ihr, wenn Sie etwas vorschlug, niemand so richtig zuhörte und auch keiner das Gesagte kommentierte. Und der Gipfel wäre, daß manchmal wenig später einer der männlichen Kollegen den gleichen Vorschlag wie sie machte, und der würde beachtet, gelobt und diskutiert.
In solchen Augenblicken würde sie sich völlig erniedrigt und unfair behandelt fühlen. Natürlich ist es unfair, was da passiert, aber möglicherweise sollte sich diese Frau zuerst einmal fragen, ob sie an der Situation, die sich da ergibt, nicht eine Teilschuld trägt. Ich habe diese Frage im Seminar aufgeworfen, und die Teilnehmerin und ich haben dann tatsächlich Verhaltensweisen an ihr festgestellt, die die anderen Besprechungsteilnehmer fast, ich sage fast, dazu gezwungen haben, sie nicht ernst zu nehmen. Eine dieser

Verhaltensweisen war, daß sie stark zu impliziten Dementis neigte, also ihre Vorschläge negativ einleitete.

Wenn auch Sie in Besprechungen Schwierigkeiten haben, sich durchzusetzen, dann gibt es dafür einen Grund oder sogar mehrere Gründe. Möglicherweise haben die teilnehmenden Herren ein Problem damit, daß Sie als Frau etwas zu sagen haben. Dann sprechen Sie das an – nur Mut: »Stört es Sie, mit einer Frau verhandeln zu müssen?«

Oder aber Sie haben sich kommunikative Eigenschaften zu eigen gemacht, die Ihr Durchsetzungsvermögen schmälern. Dann gehen Sie ihnen auf den Grund, und stellen Sie sie ab. Dieses Kapitel wird Ihnen dabei helfen.

Verweichlichende Sätze und Füllwörter

Nicht nur, daß viele Frauen ihre Aussagen (un)gekonnt verpacken und in langen und umständlichen Formulierungen verstecken, nein, es gibt ja noch reichlich Füllwörter, die alles zusätzlich aufblähen.

Wäre es nur das Aufblähen und hätte Ihr Gesprächspartner »nur« Schwierigkeiten, Ihnen aufgrund der Umständlichkeit zu folgen, wäre das Ganze gar nicht so schlimm. Ärgerlich hingegen ist, daß verweichlichende Sätze und Füllwörter Ihre Aussagen abschwächen. Ihre Argumente und Vorschläge verlieren an Überzeugungskraft.

Typische Sätze sehen so aus:

- »Also, eigentlich finde ich die Idee ganz gut.«
- »Eigentlich bin ich der Meinung, daß wir es doch ganz gut hinbekommen haben.«

Eigentlich? Und uneigentlich? Was denn nun? Finden Sie die Idee jetzt gut oder schlecht? Haben Sie es gut hinbekommen oder doch nicht? Man sollte schon wissen, woran man bei Ihnen ist.

- »Normalerweise würde ich sagen, daß ...«

Und unnormalerweise? Und was sagen Sie jetzt? Ist diese Situation jetzt unnormal?

- »Ich wollte mal fragen, ob es nicht vielleicht doch möglich wäre, wenn ...«

Dann fragen Sie doch!

Frauen greifen gern zu solchen Formulierungen, um keine feste, unumstößliche Meinung zu äußern, von der sie nicht wieder wegkommen, falls der Gesprächspartner gegenteiliger Meinung sein sollte. Frau läßt sich gern ein Hintertürchen für den spontanen Meinungsumschwung offen.

Verzichten Sie auf Weichmacher, und formulieren Sie statt dessen so:

- »Ich sehe das so: ...«
- »Mein Vorschlag ist: ...«
- »Was halten Sie von ...?«
- »Was mich interessiert, ist folgendes: ...«
- »Ich halte es für eine gute Idee, wenn ...«

Ein Beispiel für eine verweichlichende Ausdrucksweise:

Sie haben sich für eine Stelle beworben, die eine große Herausforderung für Sie darstellt. Im Vorstellungsgespräch fragt Sie der Personalchef: »Frau Müller, warum sind Sie für diese Stelle die geeignete Person?«

»Ja, also, ich denke, daß ich eigentlich ganz gut organisieren kann und daß ich, das hat man mir zumindest schon mal gesagt, auch eigentlich ganz gut mit Menschen umgehen kann ...«

Wie wirkt das auf Sie? Wenig selbstbewußt und unsicher? So wirkt es auch auf Ihren Gesprächspartner. Wenn Ihre sonstige Kommunikation ebenso unsicher abläuft, stehen Ihre Chancen gut, daß Sie die Stelle nicht bekommen.

Mit Einschränkungen und vagen Umschreibungen mindern Sie Ihre Kompetenzen.

Werden Sie beispielsweise nach Ihren Computerkenntnissen gefragt und antworten darauf: »Ich kenne mich mit den meisten gängigen Programmen eigentlich ganz gut aus«, hört sich das nicht sonderlich kompetent an.

Antworten Sie statt dessen ganz selbstbewußt! Wenn Sie mehrere Programme beherrschen, dann sagen Sie es auch:

»Ich kenne mich mit Excel, WinWord und mehreren Präsentationsprogrammen sehr gut aus.«

Das wirkt kompetent.

Also: Stehen Sie zu Ihrem Können, treffen Sie klare Aussagen, und vermeiden Sie wertmindernde, verweichlichende Ergänzungen. Und: Untertreiben Sie nicht. Die Devise lautet: Nicht kleckern, sondern klotzen!

Verniedlichende Formulierungen

Frauen verwenden sehr häufig Adjektive wie:

- goldig,
- niedlich,
- schön,
- süß,
- toll.

Auf die Frage, wie Sie die Rede des Vorstandsvorsitzenden gefunden haben, antworten Sie vielleicht: »Er hat wirklich schön gesprochen.« An dieser Aussage ist nicht viel zu meckern, allerdings wirken Sie in dem Augenblick nicht professionell.
Hätten Sie statt dessen gesagt: »Er hat ausgezeichnet gesprochen« oder »Es war eine hervorragende Rede«, klingt das schon ganz anders.
Und hier noch ein Beispiel, in dem deutlich wird, wie aussagestark die richtige oder nicht ganz so passende Wortwahl sein kann.
Sie unterhalten sich mit einem Kollegen über ein neues Projekt. Welche Formulierung wirkt Ihrer Meinung nach kompetenter:
»Das ist aber eine tolle Idee.«
»Das ist ein ausgezeichneter Vorschlag.«
Der erste Satz ist stark emotional belastet und drückt Begeisterung aus. Leider bleiben die Kompetenz und die Seriosität auf der Strecke.
Auch an solchen Kleinigkeiten kann es beispielsweise liegen, daß die junge Frau, von der ich Ihnen vorhin erzählt habe – die Marketingassistentin, die in Sitzungen kein Gehör findet –, sich nicht genügend Respekt verschaffen kann.
Deshalb hier einige Wörter, denen Sie ab und an einmal den Vorzug geben sollten:

- ausdrucksstark,
- ausgezeichnet,
- außergewöhnlich,
- beeindruckend,
- exzellent,
- hervorragend,
- perfekt,
- sehr gut.

Beachten Sie bitte: Stellen Sie nicht Ihre gesamte Kommunikation auf »exzellent« und »außergewöhnlich« um. Dies würde zum einen Ihrer Umgebung merkwürdig vorkommen, zum anderen würden Sie wenig authentisch, unnatürlich und wenig überzeugend wirken.

Verwenden Sie die empfohlenen Worte in Maßen, dann, wenn Sie glauben, daß Ihr Gesprächspartner das »braucht« und die Situation es erfordert.

Negative, unnötige Abschlußfragen

Vielen Frauen gelingt es, ihrer Aussage auf den letzten Drücker die Wirkung und Durchschlagskraft zu nehmen.
Beispiel: Sie schlagen Ihrem Chef vor, eine andere Firma mit der Erfüllung einer Dienstleistung Ihres Unternehmens zu beauftragen. Sie sagen: »Herr Dr. Meyer, um Kosten zu reduzieren und um den Gesamtaufwand niedrig zu halten, schlage ich vor, ein anderes Unternehmen, das darauf spezialisiert ist, mit der Verpackung unseres Produktes zu beauftragen. Oder glauben Sie, daß das nur Ärger geben wird?« Es scheint, als sei die Rednerin selbst nicht von ihrem Vorschlag überzeugt.
Die unten aufgeführten Fragen ruinieren Ihre Kompetenz; sie resultieren häufig aus der Angst, Ihr Vorschlag könnte abgelehnt werden. Auch hier läßt frau sich also ein Hintertürchen offen für den Fall, daß keine Zustimmung erfolgt.
Was Sie nicht bedenken: Sie provozieren durch derartige Fragen geradezu eine Ablehnung. Ihre Gesprächspartner können kaum anders, als Ihnen nicht zuzustimmen.
Zwangsläufig führt dies dazu, daß Sie glauben, immer die falschen Vorschläge zu machen oder zuwenig akzeptiert zu werden. Folge: Minderung Ihres Selbstvertrauens. In Wahrheit aber ist es eine rein rhetorische Angelegenheit, die Sie trainieren können. Hören Sie auf, sich Ihr eigenes Grab zu schaufeln, in das Sie immer und immer wieder hineinfallen.

Finger weg von diesen Formulierungen:
- »... oder paßt das nichts ins Konzept?«
- »... oder ist der Termin ungünstig?«
- »... oder glauben Sie, daß das problematisch wäre?«
- »... oder ist das keine gute Idee?«
- »... oder paßt es Ihnen nicht?«

Es ist eindeutig: Egal wie gut Ihr Vorschlag war, mit diesen Fragen berauben Sie sich jeglicher Überzeugungskraft. Ihr Gesprächspartner wird antworten: »Da haben Sie recht – konzeptionell sehe ich da keine Chance«, oder: »Es ist tatsächlich höchst problematisch – schwer umsetzbar.«

So treten Sie selbstsicher auf, ohne arrogant zu wirken:

Formulieren Sie Ihre abschließende Frage so:
- »Was halten Sie davon?«
- »Wie ist Ihre Meinung dazu?«
- »Wie bewerten Sie die Chancen auf dem internationalen Markt?«
- »Geht das in Ordnung?«

Oder, anstatt mit einer Frage, beenden Sie Ihren Vorschlag so:
- »Ich halte das für eine gute Sache!«
- »Ich habe alles genau durchgerechnet/organisiert. Es wird keine Probleme geben.«
- »Alles wird glatt laufen.«
- »Ich bin mir sicher, daß ...«

Mit diesen Formulierungen demonstrieren Sie Selbstbewußtsein! Sie können sicher sein, daß man Ihnen zuhört und Ihren Worten mehr Bedeutung zumißt.

Antworten Sie auf den Kern einer Frage

Sie kennen doch sicher die Redewendung »zwischen den Zeilen lesen«. Sie meint, daß man, um die Bedeutung einer Aussage oder Frage wirklich zu verstehen, nicht nur auf die Worte, sondern auch auf Hintergrund und Zusammenhang, in dem sie gesagt werden, achtet.
Dies heißt allerdings für Sie, aktiv zuhören zu müssen. Sich wirklich für den anderen und seine Äußerungen, Wünsche, Anliegen oder was auch immer zu interessieren.
Beispiel: Ihr Chef kommt mit den Worten in Ihr Büro gestürmt: »Frau Müller, warum ist der Statusbericht noch nicht fertig? Ich hatte Sie doch darum gebeten, daß er heute morgen, bei meiner Ankunft, auf meinem Schreibtisch liegen soll.«
Möglicherweise antworten Sie auf diese Frage so: »Entschuldigen Sie, aber es ging heute morgen hier ziemlich turbulent zu. Hinzu kam, daß das gesamte Netzwerk zusammengebrochen ist – und Sie wissen ja, dann funktioniert hier gar nichts mehr. Alles war in hellem Aufruhr. Und dann rief noch Herr Dr. Schneider an und wollte sofort von mir die Statistik, die er eigentlich erst nächste

Woche haben wollte – also ich sage Ihnen ... Das Netzwerk tat es zu dem Zeitpunkt immer noch nicht.«
Halten Sie diese Art der Begründung für kompetent? Wohl kaum. Glauben Sie, daß Ihr Chef sich eine derartige Erklärung gewünscht hat, als er Sie fragte, warum der Statusbericht noch nicht fertig sei? Wahrscheinlich nicht. Es sei denn, er hat alle Zeit der Welt und ist in Ihre Stimme verliebt, von der er gar nicht genug bekommen kann.
Ihrem Chef reißt spätestens bei »... und dann rief noch Herr Dr. Schneider an« der Geduldsfaden: »So genau wollte ich es gar nicht wissen, Frau Müller.«
Er hat Sie gefragt, »warum« – also lieferten Sie eine Erklärung. So weit, so gut. Besser wäre es allerdings gewesen, Ihre Erklärung wäre um einiges kürzer ausgefallen und Sie hätten sich mit Ihrer Antwort auf das Wesentliche konzentriert. Was Ihr Boß nämlich eigentlich wissen wollte, war: »Wann bekomme ich den Bericht?« Sein Fehler war, daß er sich nicht konkret ausgedrückt hat, und Ihrer, daß Sie nicht zwischen den Zeilen gelesen haben.
Eine korrekte Antwort hätte so ausgesehen: »Es gab hier ein paar Schwierigkeiten mit dem Netzwerk – ich bin jetzt aber gerade dabei. In zehn Minuten bringe ich Ihnen den Bericht rein.«
Denken Sie jetzt vielleicht, dann soll sich mein Chef doch konkreter ausdrücken und sagen, was er will? Es steht Ihnen frei, diese klare Aussage einzufordern und sich selbst keine Schuld zu geben. Aber seien Sie einmal ehrlich: Kommunizieren Sie immer perfekt? Sagen Sie immer genau das, was Sie meinen? Bestimmt nicht.
Erkennen Sie sich in diesen Beispielen wieder:

- »Ist dir auch kalt?«

Sollten Sie nicht besser sagen: »Mir ist kalt – ich würde gern die Heizung höher drehen.«

- »Hast du Hunger?«

Sollten Sie nicht besser sagen: »Ich habe Hunger und mache mir etwas zu essen. Willst du auch etwas?«

- »Wir hatten schon so lange keinen Sex mehr ...«

Für Sie bedeutet das:
Da nicht alle Menschen zwischen den Zeilen lesen, wird es Ihnen immer wieder passieren, daß Sie nicht die Antwort erhalten, die Sie erwarten. Deshalb: Stellen Sie Ihre Frage konkret, damit Sie eine zufriedenstellende Auskunft erhalten. Seien Sie gegebenen-

falls bereit, Ihre Frage zu wiederholen oder anders beziehungsweise genauer zu stellen.
Und: Versetzen Sie sich in Ihr Gegenüber. Was will er? Was ist ihm wichtig? Welches Ziel verfolgt er?

Taktvoll reagieren, wenn Sie mißverstanden wurden

Was tun Sie, wenn Sie, obwohl Sie sich bemühen, eindeutig, verständlich und präzise zu formulieren, trotzdem mißverstanden werden? Wie verhalten Sie sich, wenn jemand Ihnen eine Frage stellt, auf die Sie gerade geantwortet haben? Wie vermeiden Sie es, den anderen vor den Kopf zu stoßen und bloßzustellen?
Wenn Sie der Ansicht sind, daß Sie nicht dafür verantwortlich sind, wenn der andere nicht richtig zuhören kann, oder Sie sich bisher mit dieser Problematik noch gar nicht auseinandergesetzt haben, dann rutschen Ihnen vielleicht Sätze wie diese heraus:

- »Sie haben mich falsch verstanden.«
- »Sie haben mich mißverstanden.«
- »Hör mir doch bitte mal richtig zu.«
- »Wenn Sie richtig zugehört hätten, ...«
- »Sie haben mir nicht richtig zugehört.«

Mit derartigen Aussagen stoßen Sie Ihren Gesprächspartner vor den Kopf. Er kommt sich gemaßregelt vor, könnte gar beleidigt sein und boykottiert vielleicht die weitere Zusammenarbeit. Wenn Sie sich ein gutes Betriebsklima wünschen und nicht den Eindruck erwecken möchten, als seien Sie die Oberschullehrerin vom Dienst, dann verhalten Sie sich auch nicht so.
Sagen Sie statt dessen:

- »Herr Meyer, was ich gemeint habe, ist folgendes ...«
- »Lassen Sie es mich anders formulieren ...«

Anstelle von »Das habe ich eben schon einmal gesagt!« antworten Sie einfach noch einmal in verkürzter Form, damit Sie die anderen Zuhörer nicht langweilen.
So lassen Sie den Fragesteller sein Gesicht wahren, was vor allen Dingen in Besprechungen oder generell, wenn Dritte anwesend sind, sehr wichtig ist. Denn wenn Sie jemanden vor Dritten bloßstellen oder blamieren, haben Sie sich möglicherweise einen Feind fürs Leben geschaffen.

Nicht klar Stellung beziehen – Unsicherheit

Wahrscheinlich kennen auch Sie Menschen, die sich scheuen, ihre Meinung klar zum Ausdruck zu bringen. Die darum herumreden und nicht in der Lage sind zu sagen: »So ist es« oder »So sehe ich es«.
Wie sieht es mit Ihnen selbst aus? Stehen Sie zu Ihren Ansichten? Oder verstecken Sie sie ebenfalls hinter umständlichen Formulierungen? Reden Sie um den heißen Brei herum? Wenn ja, dann denken Sie daran, daß Sie damit Unentschlossenheit, wenig Selbstvertrauen und mangelndes Durchsetzungsvermögen demonstrieren.
Vermeiden Sie deshalb folgende Formulierungen:

- »Ich will mal sagen ...«
- »Also, ehrlich gesagt ...«
- »Also, wenn Sie mich fragen ...«
- »Also, meine ganz persönliche Meinung ist, daß ...«
- »Laß mich nicht lügen, aber ...«
- »Also, wenn ich ehrlich sein soll, dann muß ich sagen, daß ich eigentlich ...«

Sagen Sie doch einfach, was Ihre persönliche Meinung ist – äußern Sie sie! Und wenn Sie eine einleitende Formulierung benutzen möchten, beispielsweise um Zeit zu schinden, dann sagen Sie lieber: »Ich sehe das so ...«

Wer fragt, der führt

Viele Menschen lassen sich von ihren Gesprächspartnern in die Enge treiben und werden dadurch unsicher. Selbst wenn Sie kompetenter sind als Ihr Gegenüber, mag es ihm trotzdem gelingen, Sie zu verunsichern, Sie in die Defensive zu drängen.
Wie machen diese Menschen das nur? Wie gewinnen diese Leute so schnell Oberwasser? Die Antwort ist ganz simpel: Sie stellen einfach nur Fragen. Und Sie können nur noch reagieren und nicht mehr selbst agieren, wenn Sie mit Fragen »beschossen« werden.
Ihr Gegenüber gewinnt durch seine Taktik, Fragen zu stellen, Zeit und muß selbst nicht Stellung beziehen. Wenn er nicht will, muß er selbst sich nicht äußern. Ziehen Sie daraus jedoch nicht den Schluß, daß jeder, der viele Fragen stellt, selbst nichts sagen

möchte oder keine Antworten parat hat. Seine Motivation, sehr viel zu fragen, könnte auch darin begründet sein, daß er ein außerordentliches Interesse an Ihnen oder Ihren Ansichten hat.
Merken Sie sich jedoch, daß Fragen ein rhetorisches Mittel sind, mit dem Sie Unsicherheiten überbrücken und Zeit gewinnen können. Zusätzlich bestimmen Sie den Verlauf des Gesprächs. Sie wählen die Themen, Sie geben den Kurs an und lenken das Gespräch in die von Ihnen gewünschte Richtung.
Also: Stellen doch mal Sie die Fragen, anstatt immer nur Rede und Antwort zu stehen.

Gegenfragen sind erlaubt

Haben Sie auch schon einmal jemanden sagen hören: Man antwortet auf eine Frage nicht mit einer Gegenfrage?
Warum eigentlich nicht? Ist doch ein wirksames Mittel, um nicht antworten zu müssen, wenn Sie die Antwort nicht kennen oder für verfänglich halten. Gleichzeitig signalisieren Sie Interesse an der Meinung der anderen Person und wirken kompetenter, als wenn Sie antworten würden: »Weiß ich nicht.«

Formulierungsvorschläge für Gegenfragen
- »Eine interessante Frage ...«
- »... wie sehen Sie das?« (... und richten das Wort an einen Dritten)
- »... welche Erfahrungen haben Sie denn damit gemacht?«
- »... gibt es Erfahrungswerte dazu aus anderen Abteilungen?«

Nehmen Sie sich Zeit

Frauen tendieren eher als Männer dazu, spontan auf eine Frage zu antworten. Wir Frauen haben häufiger als unsere männlichen Kollegen das Gefühl, daß eine sofortige Reaktion erforderlich ist. Das Resultat ist häufig leider unbefriedigend. Da wir uns nicht die Zeit nehmen, unsere Antwort ausreichend zu überdenken, wirkt das, was wir sagen, schon einmal unüberlegt und wenig kompetent. Einleitende »Ähs« oder »Ähms« sind dabei keine Seltenheit.
Good bye, Kompetenz.
Nehmen Sie für sich das Recht in Anspruch, nicht binnen einer

Zehntelsekunde antworten zu müssen. Denn zu schnelles Reagieren muß nicht zwangsläufig den positiven Effekt haben, den Sie sich wahrscheinlich erhoffen. Ganz im Gegenteil: Sie könnten unüberlegt, zu spontan, zu unbesonnen wirken.

Drei Tips für mehr Kompetenz

Ich habe drei Tips für Sie zusammengestellt, die Ihnen in Situationen weiterhelfen können, in denen Sie ein wenig Zeit für eine Antwort benötigen, um kompetent reagieren und wirken zu können.

1. Antworten Sie nicht so spontan, wie Sie es vielleicht sonst tun. Überlegen Sie, bevor Sie reagieren. So verhindern Sie, daß Sie zu emotional reagieren und daß Sie etwas sagen, was ihnen später leid tut.

2. Gönnen Sie sich ein paar Sekunden Denkpause. Diese Pause wird Ihnen länger erscheinen als Ihrem Gesprächspartner. Er wird nicht den Eindruck haben, daß Sie keine Antwort parat haben, sondern vielmehr, daß er von Ihnen eine wohlüberlegte Antwort erhält.

Schweigen Sie nicht einfach, wenn Ihre Reaktion aussteht, sondern überbrücken Sie die Zeit mit Äußerungen wie:

- »Hm, interessante Frage« oder
- »Lassen Sie mich kurz darüber nachdenken.«

3. Wenn Sie keine Antwort parat haben, man Sie auf dem falschen Fuß erwischt hat, dann sagen Sie es nicht sofort. Vermeiden Sie Äußerungen wie: »Das weiß ich nicht.« Auch wenn es stimmt, will Ihr Gesprächspartner das nicht hören. »Das weiß ich nicht« läßt Sie inkompetent erscheinen.

Sagen Sie statt dessen Dinge wie:

- »Das ist interessant – wie stehen Sie dazu?« Sie geben die Frage also zurück oder an jemand anderen weiter.
- Oder Sie sagen: »Ich erkundige mich« oder »Ich mache mich schlau«.

Sehr schön ist auch:

- »Ich möchte Ihnen auf jeden Fall eine korrekte Auskunft/Antwort geben. Ich schaue es mir gleich noch einmal an.«
- »Ich schlage es noch einmal nach und sage Ihnen heute nachmittag/morgen früh gleich Bescheid.«

Ist Ihnen aufgefallen, wie positiv es wirkt, daß die übliche Äußerung »Ich möchte Ihnen nichts Falsches sagen« vermieden wurde? Um zum einen Zeit für eine gelungene Antwort zu schinden und

zum anderen Mißverständnisse zu vermeiden, eignen sich folgende Formulierungen hervorragend:
»Habe ich Sie richtig verstanden?« – »Sie meinen, ...« – »Ihr Punkt ist, daß ...«
Mit all diesen Antworten wirken Sie souverän, und niemand merkt, daß Sie erhebliche Schwierigkeiten mit der Beantwortung hatten. Ist doch prima, oder?

Achten Sie dabei auf Ihre Körpersprache
Schauen Sie während Ihrer Denkpause nicht verdutzt. Vermeiden Sie also, beispielsweise die Augenbrauen hochzuziehen, den Mund offenstehen zu lassen und möglicherweise noch mit den Schultern zu zucken. Mit einer derart eindeutigen Körpersprache kann Sie dann auch eine halbwegs intelligente Antwort nicht mehr retten. Ihr Gegenüber hat bereits beim ersten Anzeichen eines dummen Gesichts beschlossen, daß Sie nicht die richtige Gesprächspartnerin sind.
Genauso schlimm wäre es, wenn Sie gar keine Reaktion zeigten. Geben Sie Ihrem Gesprächspartner ein Zeichen, indem Sie etwa leicht mit dem Kopf nicken, um zu signalisieren, daß Sie ihn gehört haben.

Lassen Sie sich nicht unter Zeitdruck setzen

Ist es Ihnen auch schon passiert, daß Sie Ihren Chef um ein Gespräch baten und er folgendermaßen reagierte: »Wenn's nicht lange dauert – ich muß in fünf Minuten weg.«
Sollten Sie sich bislang auf das gehetzte Fünf-Minuten-Gespräch eingelassen haben, so sollten Sie es in Zukunft rigoros ablehnen. Denn von Anfang an steht dieses Gespräch unter einem schlechten Stern. Glauben Sie, daß Ihr Chef Ihnen tatsächlich zuhört, wenn er weiß, daß er in wenigen Minuten das Haus verlassen muß? Nein! Können Sie Ihr Anliegen richtig formulieren, wenn er ständig auf die Uhr schaut? Nein! Lassen Sie sich durch diesen Zeitdruck verunsichern? Ja.
Sollten Sie also das nächste Mal in solch eine Situation geraten, reagieren Sie lieber so: »Ich würde gern in Ruhe mit Ihnen reden, wann paßt es Ihnen besser?«
Lehnen Sie »Hoppla-hopp-Gespräche« so lange ab, bis sich Ihr Chef wirklich ausreichend Zeit für Sie nimmt.

Die wichtigsten Punkte noch einmal auf einen Blick:
- Sehen Sie es ein: Sie müssen nicht von allen gemocht werden.
- Passen Sie sich nicht bedingungslos an.
- Prüfen Sie genau Ihre Wortwahl.
- Vermeiden Sie negative Einleitungen und Abschlußfragen.
- Reden Sie nicht drum herum.
- Finger weg von Füllwörtern und -sätzen.
- Beziehen Sie klar Stellung.
- Lassen Sie sich nicht unter Zeitdruck setzen.
- Nutzen Sie Gegenfragen, um Zeit zu gewinnen.
- Achten Sie auf Ihre Körpersprache.

Wie Sie in Besprechungen souverän Ihre Frau stehen

Sie erinnern sich an das Beispiel der Marketingassistentin, die Schwierigkeiten hatte, sich in Besprechungen durchzusetzen? Haben Sie sich in dieser kleinen Geschichte selbst wiedererkannt? Oder kennen Sie ähnliche Probleme, daß man Sie beispielsweise nicht ausreden läßt?
Konferenzen, Besprechungen und Teamsitzungen sind für alle Teilnehmer – für die Damen wie für die Herren – große Herausforderungen, obwohl die meisten sich dessen gar nicht bewußt sind. Besprechungen sind für jeden Teilnehmer die Gelegenheit, auf sich aufmerksam zu machen. Zu zeigen: ich kann was.
Da Sie an vielen Besprechungen nicht vorbeikommen, machen Sie ab sofort das Beste daraus. Zeigen Sie den anderen Teilnehmern, was Sie »draufhaben« und daß man Sie nicht so einfach übergehen oder ignorieren kann. Verschaffen Sie sich Respekt.

Fünf Tips, mit denen Sie sich Respekt und Anerkennung in Besprechungen – und nicht nur dort – verschaffen

1. Bleiben Sie gelassen
Egal was auch passiert, verlieren Sie nie vor den Augen anderer die Nerven. Bitte keine Gefühlsausbrüche, keine bissigen Bemerkungen, und bitte seien Sie auch nicht beleidigt. Wenn ein Mann die Nerven verliert, gilt er als autoritär, dominant oder schlimmstenfalls als Choleriker.
Eine Frau, die die Nerven verliert, wird gleich als hysterische Zicke

bezeichnet. Bleiben Sie also ruhig, arbeiten Sie an Ihrer Gelassenheit.
Was Sie unbedingt vermeiden sollten, sind Tränen in Gegenwart anderer. Wenn Sie spüren, daß Sie trotz allen Trainings und guter Vorsätze Ihre Tränen nicht zurückhalten können, entschuldigen Sie sich, und verlassen Sie sofort den Raum.

2. Finden Sie mehr heraus
Dieser zweite Tip hilft Ihnen, in Zukunft gelassener zu reagieren. Es ist Ihnen in einer Besprechung vielleicht auch schon passiert, daß Sie sich fürchterlich über die Bemerkung eines anderen Teilnehmers geärgert haben. Spontan haben Sie das Wort ergriffen, sich aufgeregt, den anderen attackiert. Bis Sie feststellten, daß Ihre Erregung auf einem Mißverständnis beruhte.
Deshalb: Finden Sie mehr heraus, bevor Sie »loslegen«. Stellen Sie Fragen, um sicherzugehen, daß Sie alles richtig verstanden haben:
»Wie meinen Sie das genau?«
»Worauf wollen Sie hinaus?«
Und sollte sich Ihr Verdacht bestätigen, bleiben Sie bitte gelassen und überzeugen Sie mit Argumenten und nicht mit Lautstärke und Gefühlen.

3. Lassen Sie sich nicht das Wort entziehen
Sie werden das eine oder andere Mal vielleicht schon festgestellt haben, daß man versucht hat, Sie in Besprechungen zu unterbrechen. Haben Sie sich unterbrechen lassen? Haben Sie zugelassen, daß man Ihnen das Wort entzieht, Sie einfach ignoriert oder übergeht?
Wie verhalten Sie sich in solchen Situationen? Ärgern Sie sich – aber ergreifen das Wort dann doch nicht wieder? Ärgern Sie sich – und führen Ihren Gedanken später fort, wenn er möglicherweise nicht mehr optimal in den Zusammenhang paßt?
Erlauben Sie nicht, daß andere Sie derart erniedrigen. Lassen Sie es sich nicht gefallen, daß man Sie nicht ausreden läßt. Denn nicht nur Ihr Gesprächspartner, dem es gelingt, Sie zu unterbrechen, empfindet Sie als schwach, sondern gegebenenfalls auch die anderen Teilnehmer, und Sie sich selbst mit Sicherheit ebenso.
Deshalb: Lassen Sie sich nie und nimmer das Wort entziehen. Bestehen Sie darauf, Ihren Wortbeitrag zu Ende zu bringen.
Das schwierige in dieser Situation ist, aufkommenden Ärger zu

unterdrücken, gelassen und souverän zu reagieren und den Faden nicht zu verlieren.
»Könnte ich vielleicht auch mal ausreden?« oder: »Müssen Sie mich ständig unterbrechen?« sind wenig empfehlenswerte Äußerungen. Damit wirken Sie nicht kompetent.
Statt dessen: Atmen Sie tief durch, zwingen Sie sich dazu, mit ruhiger Stimme zu sprechen. Reden Sie den »Unterbrecher« mit seinem Namen an, schauen Sie ihm in die Augen, seien Sie freundlich: »Herr Müller, lassen Sie mich meinen Punkt gerade zu Ende bringen, danke.« Oder: »Herr Müller, bevor wir zu Ihrem Thema kommen, lassen Sie mich meine Idee gerade noch zu Ende ausführen. Danke.«

4. Seien Sie bereit, Gesagtes zu wiederholen
Sollte Ihre wohlgemeinte Aufforderung, sie zu Ende reden zu lassen, nichts nutzen, wiederholen Sie das Gesagte Wort für Wort. Behalten Sie den freundlichen Ton bei, halten Sie den Augenkontakt, und setzen Sie Ihren Gedanken fort.
Falls dies wider Erwarten nicht funktioniert, müssen Sie den »Unterbrecher« nach der Besprechung zur Rede stellen und ihm sagen, daß Sie sein Verhalten unhöflich finden.

5. Rechnen Sie damit, daß andere negativ reagieren
Seien Sie darauf vorbereitet, daß, wenn Sie sich das Wort zurückholen, andere Besprechungsteilnehmer negativ reagieren – rechnen Sie also mit Gegenwehr.
Lassen Sie sich von mißbilligenden Blicken nicht irritieren. Führen Sie Ihren Gedanken zu Ende, und – wichtig – blicken Sie alle in der Runde abwechselnd an. So signalisieren Sie Stärke und: »Wagt es ja nicht, mich zu unterbrechen.«

Fazit
Ganz besonders wichtig für Talk Success – für eine erfolgreiche Kommunikation – ist es, nicht den Klischee-Erwartungen an Frauen zu entsprechen. Wie sehen diese aus? Man glaubt, daß Frauen leicht nervös werden, die Fassung verlieren, emotional argumentieren usw. Wenn Sie dazu neigen, emotional zu reagieren, dann wird Ihnen das auf Ihrer Karriereleiter nicht besonders dienlich sein. Jemand, der emotional wird und auch so argumentiert, wirkt nicht sehr kompetent. Versuchen Sie also ruhig und gelassen zu bleiben, selbst wenn es schwierig ist.

Lassen Sie mich die wichtigsten kommunikativen Tips noch einmal kurz zusammenfassen:

1. Stehen Sie zu Ihrem Können, und artikulieren Sie es klar und ohne Einschränkungen.
2. Leiten Sie Ihre Sätze nicht negativ ein – keine impliziten Dementis.
3. Lassen Sie nicht zu, daß man Sie unterbricht – ergreifen Sie wieder das Wort.
4. Versuchen sie ruhig und gelassen zu bleiben.
5. Gewinnen Sie Zeit, wenn Sie die Antwort nicht wissen.

Dieses Thema abschließend, zeige ich Ihnen noch einmal an einem kurzen Beispiel auf, wie Sie sich in ein und derselben Situation kompetent oder völlig inkompetent verhalten können.

Vor einiger Zeit bin ich im Fernsehen beim Umschalten bei einer Bundestagsdebatte hängengeblieben. Es ging gerade heiß her: Geschrei, Aggressionen – es war richtig interessant, welch eine Schlammschlacht sich die Herren auf dem Podium lieferten. Und dann ging eine Abgeordnete an eines der Mikrofone, die zwischen den Gängen standen, und sagte mit entnervter und fast weinerlicher Stimme: »Ich finde das total schrecklich, wie Sie sich hier anschreien. Sie müßten sich mal selber hören. Das ist ja schrecklich.«

Sie können sich sicherlich vorstellen, daß das keine überzeugende Präsentation war und daß die Dame keine Anerkennung, sondern mitleidiges Lächeln erntete.

Was hätte Sie statt dessen sagen können? Haben Sie eine Idee? Was halten Sie denn davon: »Meine Herren, Ihre Diskussion ist unsachlich und peinlich. Beschränken Sie sich bitte auf die Fakten!«

Das hätte kompetent geklungen. Für Sie bedeutet das: Seien Sie konkret und sachlich. Versuchen Sie, in solchen und ähnlichen Situationen Ihre Emotionen möglichst unter Kontrolle zu halten.

Lassen Sie Persönliches und Privates außen vor

Daß Frauen eher emotional reagieren, was nicht immer positiv ist, sehen Sie daran, daß wir dazu neigen, auch in geschäftliche Gespräche etwas Persönliches hineinzubringen. Wir glauben, daß es wichtig ist, sich gut mit dem anderen Menschen zu verstehen. Um

diese Harmonie zu schaffen, erzählt frau gern Privates, Persönliches und schneidet Themen an, die in geschäftlicher Runde nichts zu suchen haben.
Diese Vertraulichkeit ist den meisten Menschen unangenehm. Wenn es nur das wäre, könnten Sie sagen: »Haben wir nicht vorhin gelesen, daß wir uns nicht von der Meinung anderer Menschen über uns abhängig machen sollen?« Stimmt, doch hier geht es nicht nur darum, was der andere von Ihnen denkt – hier geht es um sehr viel mehr. Ihre Professionalität leidet. Es ist möglich, daß Ihr Gegenüber Sie unsympathisch findet, aber trotzdem mit Ihnen Geschäfte macht. Hält er Sie jedoch für unprofessionell, wird der Geschäftsabschluß nicht zustande kommen.
Was von Ihrer Seite gut gemeint war, entpuppt sich als Waffe, die Sie auf sich selbst gerichtet haben.
Folgendes passierte mir vor ein paar Monaten:
Ich telefonierte mit dem Personalreferenten eines großen Unternehmens bezüglich der Durchführung eines internen Seminars. Er bat mich um ein Angebot und inhaltliche Details, und zwar so schnell wie möglich, am besten noch am gleichen Tag. Allerdings hatte ich für ebendiesen Nachmittag wegen meiner Rückenschmerzen einen Termin bei meinem Arzt vereinbart. Und anschließend wollte ich ins Wasserbettengeschäft gehen, weil Wasserbetten gut gegen Rückenschmerzen sein sollen.
Ich erwischte mich dabei, wie ich dem Personalreferenten von meinen nachmittäglichen Plänen erzählte, quasi als Entschuldigung, daß ich ihm das Angebot nicht sofort faxen könne.
Sein Kommentar: »Ach so, ja – ehm, das tut mir leid, und wann können Sie es mir schicken?«
Er war leicht befremdet, ohne auf meine »Bettgeschichte« einzugehen.
Typisch Frau. Warum erzähle ich einem wildfremden Menschen von meinen Rückenschmerzen, Schlafgewohnheiten und von Wasserbetten? Peinlich und unprofessionell.
Wäre nicht folgende Reaktion klüger gewesen: »Ich mache es Ihnen gleich morgen früh fertig und faxe es Ihnen dann sofort durch.« Das wirkt professionell und ist informativ. Mit der vorherigen Aussage über Wasserbetten hatte ich ihm nur gesagt, wann er das Angebot nicht haben kann, aber nicht, wann er es haben kann.
Bei geschäftlichen Angelegenheiten völlig unerhebliche private Dinge mit ins Spiel zu bringen muß für Ihr Gegenüber nicht un-

bedingt angenehm sein. Vor allem bei Männern stößt ein solches Verhalten auf Unverständnis. Unsere männlichen Gegenüber halten uns in solchen Augenblicken womöglich eher für »Tratschweiber« als für ernstzunehmende Gesprächspartnerinnen.
Wie Männer das Hineinbringen von persönlichen Aspekten beurteilen, haben Sie vielleicht schon selbst erfahren. Hat Ihr Partner nach einer Party oder einem Abendessen bei Bekannten auch schon einmal zu Ihnen gesagt: »Was du immer alles erzählst« oder »Mußtest du das wieder alles erzählen«?
Wenn Sie solche Bemerkungen kennen, wissen Sie, daß Sie zu offenherzigen Enthüllungen neigen. Wenn es darum geht, sich Respekt und Anerkennung zu verschaffen, sollten Sie lieber nicht so viel Persönliches preisgeben.

Die sieben Tabuthemen, über die Sie im Büro nie sprechen sollten

Nicht nur im Umgang mit Geschäftspartnern ist es bedeutsam, daß Sie genau abwägen, was Sie offenherzig verkünden. Ebenso wichtig ist es, darüber nachzudenken, was Sie Ihren Kolleginnen und Kollegen erzählen.
Private Unterhaltungen gehören am Arbeitsplatz in der Regel dazu. Ein gelegentliches privates Wort fördert das Betriebsklima und sorgt für einen netten Umgang untereinander. Doch so wichtig private Unterhaltungen sind, so gefährlich sind sie auch. Sie begeben sich in Windeseile aufs Glatteis, wenn Sie zuviel von sich preisgeben. Wie heißt es so schön: Alle Aussagen können gegen Sie verwendet werden. Und genau das passiert, wenn Sie beispielsweise der Kollegin ein Dorn im Auge sind, weil sie befürchtet, Sie könnten ihr die Beförderung vor der Nase wegschnappen.

Vermeiden Sie diese Themen:

1. Sexuelle Vorlieben
Und wenn Sie sich noch so gut mit der Kollegin verstehen – behalten Sie es für sich, was Sie in Ihrem Sexualleben besonders schätzen oder schon ausprobiert haben. Mit solch intimen Enthüllungen liefern Sie Neidern und Mobbern Munition, die Sie »umbringen« kann.

2. Sie finden den neuen Mitarbeiter richtig süß

Sollten Sie sich für den neuen Mitarbeiter interessieren oder ihn lediglich richtig süß finden, behalten Sie das für sich. Ehe Sie sich's versehen, dichtet man Ihnen ein Verhältnis an oder unterstellt Ihnen, Sie würden sich mehr auf das männliche Geschlecht denn auf Ihre Arbeit konzentrieren.

3. Ihr Partner geht fremd

Sprechen Sie mit niemandem in der Firma darüber, wenn Sie vermuten, daß Ihr Partner sich anderweitig vergnügt. Wenn Sie sich mit jemandem darüber austauschen müssen, um sich den Kummer von der Seele zu reden, suchen Sie sich eine Person Ihres Vertrauens, die möglichst nicht in Ihrer Firma beschäftigt ist.

4. Sie leiden an einer Krankheit, zum Beispiel einem chronischen Magengeschwür

Wenn Ihr Chef davon Wind bekommt, daß Sie sich beispielsweise mit einem Magengeschwür herumschlagen, hält er Sie vielleicht nicht für ausreichend belastbar. Im Zweifelsfall zieht er bei der Beförderung Ihren kerngesunden Kollegen vor.

5. Wieviel Ihr schickes Kostüm gekostet hat

Auch wenn Sie jemand konkret danach fragt, wie teuer Ihr Hosenanzug oder Ihr Kostüm war, tun Sie so, als wüßten Sie es nicht mehr. Daß das Kleidungsstück teuer war, sieht man sowieso. Sagen Sie nicht, wie teuer es war, das verkraftet Ihre Kollegin nicht.

6. Wieviel Sie gespart haben

Über Geld wird in Deutschland, anders als beispielsweise in Amerika, kaum gesprochen. Der Neidfaktor ist in unserem Land leider sehr hoch. Wenn Sie andere nicht gegen sich aufbringen möchten, sagen Sie niemandem, wieviel Geld Sie auf der hohen Kante haben.

7. Sie können Ihren Chef nicht ausstehen

Auch wenn Sie es gar nicht so meinen – gesagt ist gesagt. Es läßt sich später nicht mehr nachvollziehen, ob Sie in Rage waren und Ihnen Ihre Beschimpfungen unmittelbar nach dem Ausrutscher schon wieder leid getan haben. Wenn Sie Groll gegen Ihren Chef hegen, dann besprechen Sie das mit ihm unter vier Augen, anstatt der ganzen Abteilung zu erzählen, daß sie ihn für einen Idioten halten.

Für Sie gilt: Finden Sie den goldenen Mittelweg zwischen absoluter Verschwiegenheit und übermäßiger Offenheit. Und machen Sie es sich zur Gewohnheit, im Büro nur über die Dinge zu sprechen, von denen es Ihnen egal ist, wenn jeder darüber Bescheid weiß.

Der Umgang mit schwierigen Gesprächspartnern

Die tagtägliche Kommunikation bietet zahlreiche Fallen und ist nicht immer ganz einfach. Ganz besonders aber wird Ihr kommunikatives Können herausgefordert, wenn Sie auf sogenannte schwierige Gesprächspartner treffen.
Menschen, die gemeinhin als schwierig bezeichnet werden, sind
- die Aggressiven,
- die Dauerschwätzer, die nur sich gern reden hören,
- Menschen, die gar nichts sagen, oder auch solche, die
- schnell beleidigend werden.

Dies ist sicher nur eine kleine Auswahl – aber wenn Sie diese Spezies in den Griff bekommen, dann können Sie sich auch gegenüber anderen souverän durchsetzen.

Meine zehn Strategien für den Umgang mit schwierigen Gesprächspartnern

Sie erhalten jetzt zehn Strategien, die Sie anwenden können, wenn Sie wieder einmal auf einen dieser Menschen treffen, die Ihre ganze Geduld herausfordern.
Strategie Nr. 1 und fast immer anwendbar
Entspannen Sie sich. Regen Sie sich nicht auf, und bleiben Sie ruhig. Atmen Sie bewußt tief ein und aus. Diese Strategie hört sich einfach an – ist aber, je nachdem wie impulsiv Sie sind, sehr schwierig. Vermeiden Sie, wenn Sie verbal angegriffen werden, spontane Reaktionen. Überlegen Sie kurz, bevor Sie antworten. Lassen Sie sich nicht zu emotionalen Äußerungen hinreißen.

Strategie Nr. 2 – Den anderen »ins Leere« laufen lassen
Besonders unangenehm sind die Situationen, in denen uns die Worte fehlen. Wir fühlen uns angegriffen, doch den zündenden Einfall, wie wir diesem Angriff begegnen können, haben wir erst

Stunden später. Sicher kennen Sie solche Situationen auch.
Unserem Selbstwertgefühl tut so etwas nicht besonders gut – wir fühlen uns klein und nicht ernst genommen. Um so wichtiger, daß Sie für solche Situationen eine Standardstrategie entwickeln. Denn wem fällt schon immer eine brillante, intelligente Antwort im entscheidenden Augenblick ein?
Verbesserung der Schlagfertigkeit ist in meinen Rhetorikseminaren ein vordringlicher Wunsch vieler Teilnehmerinnen. Was zeigt, daß viele Frauen Situationen der Sprachlosigkeit kennen.
Angenommen, jemand greift Sie verbal an und sagt Dinge zu Ihnen wie:
»Na, wieder mal mit dem falschen Bein aufgestanden?«
»Na, gestern zu lange gefeiert?«
Die Gefahr, auf solch kollegentypische Bemerkungen gereizt zu reagieren, ist groß:
»Wie kommen Sie denn darauf?«
»Ich wüßte nicht, was Sie das anginge.«
Wirken solche Reaktionen souverän? Nein!
Deshalb: Lassen Sie sich nicht ködern, gehen Sie auf solche Bemerkungen gar nicht ein. Ihre Standardstrategie, damit Sie sich nicht jedesmal einen kecken Spruch einfallen lassen müssen, lautet ab sofort: Lassen Sie es offen!
Sagen Sie beispielsweise: »Wenn Sie den Eindruck haben, ich sei mit dem falschen Bein aufgestanden – bitte. Ich hatte Sie aber gebeten, mir die Unterlagen bis heute reinzugeben. Legen Sie sie mir bitte bis fünfzehn Uhr auf meinen Tisch. Danke!«
Auf die Frage: »Na, zu lange gefeiert?« sagen Sie nur noch: »Wenn Sie den Eindruck haben«, und wenden sich wieder Ihrer Arbeit zu. So setzen Sie eindeutige Signale. Ihr Gegenüber weiß, daß Sie in der Lage sind, Grenzen zu setzen und dazu zu stehen. Man wird Sie weniger als Zicke beurteilen denn als Frau, die weiß, was sie will. Vorausgesetzt, Sie meistern andere kommunikative Herausforderungen ebenso souverän.

Strategie Nr. 3 – Tun Sie nichts
Es gibt noch andere Situationen, in denen wir häufig nach den richtigen Worten ringen.
Stellen Sie sich vor, ein Kollege kehrt den Macho oder »Chauvi« heraus. Er schmeißt mit schmutzigen Witzen um sich, über die Sie schon lange nicht mehr lachen können.

Zwei Verhaltensweisen, die immer wieder bei Frauen zu beobachten sind und die ich Ihnen nicht empfehle, sind folgende:
Entweder lacht die Frau aus Unsicherheit mit, ringt sich ein Lächeln ab, damit sie nicht für prüde gehalten wird.
Oder sie reagiert weiblich zickig: »Witzig, witzig, Herr Müller. Das ist ja unterste Schublade, kann ich nicht drüber lachen. Ich würde es sehr schätzen, wenn Sie solche Witze in meiner Gegenwart demnächst unterließen.«
Im ersten Beispiel setzen Sie keine Grenze. Ihr Kollege weiß nicht, daß Sie sich ärgern. Vielleicht denkt er sogar, Sie mögen seine Witze. Irgendwann wird Ihnen aber der Kragen platzen, und dann werden Sie ihm die Meinung sagen. Die daraus resultierende Konsequenz: Die Beziehung zwischen Ihnen beiden wird zerstört sein, weil Sie sich vermutlich in Ton und Wort vergreifen werden.
Im zweiten Beispiel leidet wiederum Ihr Ansehen, Ihre Kompetenz, Ihre Professionalität. Möglicherweise ernten Sie nach einem solchen kleinen Gefühlsausbruch nur Häme. Also: Verzichten Sie auf beide Arten der Reaktion.
Reagieren Sie ab sofort so: Tun Sie einfach nichts. Blicken Sie den »Witzemacher«, der sich noch genüßlich vor Lachen über seinen eigenen Witz auf die Schenkel schlägt, einfach an. Verziehen Sie keine Miene.
Glauben Sie, das wird ihn verunsichern? Ja! Glauben Sie, daß Sie damit eine eindeutige Grenze gesetzt haben? Ja.
Übrigens: Wenn Sie nach einem Witz keine Anstalten machen mitzulachen, könnte es Ihnen passieren, daß Sie gefragt werden: »Na, haben Sie den Witz nicht verstanden?« Wenden Sie dann Strategie Nr. 2 an: »Wenn Sie das so sehen …«
Souveräner könnten Sie wohl kaum reagieren.

Strategie Nr. 4 – Geben Sie dem anderen recht
Ja, Sie haben richtig gelesen. Um sich selbst durchzusetzen, geben Sie Ihrem Gegenüber einfach recht. Hat Sie schon einmal jemand mit den Worten angegriffen »Mein Gott, sind Sie empfindlich«? Wie haben Sie reagiert? Vielleicht so: »Das hat mit Empfindlichkeit überhaupt nichts zu tun« – Ihre Stimme ging leicht hoch und klang gereizt? Prima, dann sind Sie dem anderen, wie man so schön sagt, »voll auf den Leim gegangen«. Sie haben sich ködern lassen.
Ab sofort nicht mehr! Und zwar funktioniert Ihre Strategie so:

Geben Sie ihm recht, und sagen Sie: »Ja, ich bin empfindlich. Und darum möchte ich, daß Sie meine Gefühle respektieren.«
Das wirkt – verlassen Sie sich darauf. Die Diskussion ist beendet. Mit dieser Bemerkung entwaffnen Sie Ihren Gesprächspartner.

Strategie Nr. 5 – Senden Sie Ich-Botschaften
Bei Angriff tendieren die meisten Menschen dazu, zum Gegenschlag auszuholen. Doch damit beginnt ein Kampf, der zu nichts führt. Angriff, Gegenangriff, Angriff, Gegenangriff – bis jemand sich umdreht und geht, bis jemand die Nerven verliert.
Mit dieser Art der Kommunikation gelingt es keiner der beiden Parteien, daß die andere zuhört – aber genau das will man in der Regel doch erreichen.
Verzichten Sie auf Sie-Botschaften, mit denen Sie den anderen noch mehr herausfordern.
Sie sagen: »Sie haben mir aber gesagt, daß ich das so machen soll.«
Reaktion: »Sie müssen nicht immer alles so wörtlich nehmen.«
Sie sagen: »Sie geben keine Informationen an mich weiter.«
Reaktion: »Dann müssen Sie eben zusehen, daß Sie sich die Informationen besorgen.«
Sie sehen: Angriff erzeugt Gegenwehr. Senden Sie statt dessen Ich-Botschaften. Sagen Sie Ihrem Gesprächspartner, was in Ihnen vorgeht, wie Sie sich fühlen.
Sagen Sie beispielsweise: »Ich fühle mich verletzt.« Das überrascht den anderen meist, denn in der Regel wollte er Sie gar nicht verletzen. Eine Teilnehmerin erzählte einmal in einem Seminar, sie hätte zu ihrem Chef gesagt: »Ich fühle mich unwichtig.« Ihr Chef hat sie entgeistert angesehen, und die beiden haben das Problem aus der Welt geschafft.
So sehen Ihre Ich-Botschaften aus:
Nicht so: »Sie haben mir aber gesagt, daß ich das so machen soll.«
Besser so: »Ich hatte Sie so verstanden, daß ...«
»Ich hatte den Eindruck, daß Sie sich das so vorgestellt hatten.«
Nicht so: »Sie geben keine Informationen an mich weiter.«
Besser so: »Ich fühle mich übergangen.«
Wenn Sie so kommunizieren, wird das Ihr Harmoniebedürfnis aufs höchste befriedigen, und außerdem werden Sie bekommen, was Sie möchten.

Strategie Nr. 6 – Halten Sie dem anderen einen Spiegel vor

Je nachdem in welcher Branche oder welchem Bereich Sie tätig sind, haben Sie es mit mehr oder minder ausfallenden Menschen zu tun. Menschen, die die Kontrolle über ihre Gefühle verlieren und ihre Wut, ihren Ärger gnadenlos an der ersten ihren Weg kreuzenden Person auslassen. Und wenn Sie Pech haben, sind Sie das. Die nun folgende Taktik eignet sich für den Umgang mit cholerischen Kunden, aber auch Vorgesetzten und Kollegen.

Sie werden beschimpft? Dann wiederholen Sie ganz einfach die Worte Ihres Gegenübers.

Sagen Sie beispielsweise: »Sie haben gerade blöde Kuh zu mir gesagt.«

Was glauben Sie, wie die Reaktion Ihres Gesprächspartners aussehen könnte. Diese Variationen kommen in Frage:

»Habe ich überhaupt nicht.«

Er ist felsenfest davon überzeugt, daß er sich dazu nicht hat hinreißen lassen. Denn in seinem Gefühlstaumel fällt ihm gar nicht auf, was er alles sagt. Bestehen Sie in diesem Fall aber bitte nicht auf Ihrem Recht und sagen nicht: »Doch, das haben Sie gesagt, ich hab's doch gehört.« Lassen Sie es bei der Leugnung seinerseits bewenden.

»Hab' ich das? Oh, das tut mir leid. Das habe ich nicht so gemeint.« Diese Reaktion ist am wahrscheinlichsten. Nehmen Sie die Entschuldigung an, und vergessen Sie die Beleidigung.

»Ja, das habe ich auch so gemeint.« Er bleibt dabei – was tun? Müssen Sie sich alles gefallen lassen, nur weil es der Chef oder der Kunde ist? Nein. Zeigen Sie Rückgrat, man verliert sonst den Respekt vor Ihnen.

Sagen Sie: »Ich würde mich gern mit Ihnen weiter unterhalten. Aber bitte in einem ruhigen Ton.«

Ihr Gegenüber bevorzugt weiterhin den Angriff? Dann steigen Sie aus dem Gespräch aus:

»Ich komme später noch einmal zu Ihnen, dann können wir in Ruhe weiter darüber sprechen.« Oder: »Ich rufe Sie später noch einmal an.«

Wichtig: Stehen Sie zu Ihrem Wort, und nehmen Sie das Gespräch wieder auf. Sie verlieren sonst an Glaubwürdigkeit, man hält Sie für feige und schwach. Und: Verwenden Sie das vorangegangene Gespräch nicht als Aufhänger für den erneuten Einstieg in die Diskussion (»Na, haben Sie sich beruhigt?«). Auch wenn es schwerfällt, sollten Sie das Gespräch besser so beginnen: »Wir wollten noch über die Sache xy sprechen.« Siehe hierzu auch Strategie Nr. 9.

Strategie Nr. 7 – Nehmen Sie die Person ins Kreuzverhör
Die meisten von uns geraten in unserer nächsten Arbeitsumgebung früher oder später an einen Menschen, der dazu tendiert, alles zu dramatisieren.
Solche Menschen finden immer alles ganz grausam, schrecklich oder unmöglich. Typische Bemerkungen auf Konferenzen oder in Besprechungen sind:
- »Das ganze Projekt ist doch völlig sinnlos/ein Witz.«
- »Das ist ja utopisch – das klappt nie.«

Mitarbeiter oder Kollegen, die solche Schwarzweißmaler sind, können einen schnell zur Weißglut bringen. Lernen Sie, mit diesen Verhaltensweisen gelassen umzugehen, und nehmen Sie den »Übertreiber« ins Kreuzverhör.
Stellen sie ihm konkrete Fragen wie: »Finden Sie tatsächlich, daß wirklich das ganze Projekt völlig sinnlos ist?« Das setzt ihn in Zugzwang, über seine Äußerung nachzudenken, und er merkt ganz schnell, daß er maßlos übertreibt. Er wird relativieren und seine Bedenken detailliert darstellen müssen. Und Sie können sich normal mit ihm unterhalten.

Strategie Nr. 8 – Unerwartet laut werden
Sie gehören zu den eher ruhigen Zeitgenossinnen? Man kennt Sie als ausgeglichen und freundlich? Ihre Kolleginnen und Kollegen halten Sie für gutmütig? Und Sie können keiner Fliege etwas zuleide tun?
Dann versuchen Sie es doch einmal mit einem Überraschungsmoment, um sich gegen penetrante Kollegen durchzusetzen. Zwar ist Gelassenheit eine wundersame Gabe und hilft Ihnen, kompetent aufzutreten, doch zuviel davon kann dazu führen, daß Sie alles mit sich machen lassen.
Deshalb: Heben Sie Ihre Stimme ganz unerwartet. Schlagen Sie mit der Faust auf den Tisch. Die Nervensäge, die Sie immer und immer wieder mit dem gleichen Thema belästigt, wird zu Tode erschrocken sein. Aber endlich merkt sie, daß sie zu weit gegangen ist. Ein toller Effekt!
Wenn Sie hingegen ein eher lauter oder stark extrovertierter Typ sind, dann ist diese Strategie für Sie weniger wirksam.

Strategie Nr. 9 – Zeigen Sie Verständnis

Haben Sie es gelegentlich mit aufgebrachten Kunden zu tun? Kunden, die sich beschweren, die mit einer Dienstleistung oder dem Produkt nicht zufrieden sind?

Passiert es in Teambesprechungen schon einmal, daß ein Teammitglied heftigst seine Meinung zum Ausdruck bringt und Sie nicht wissen, wie Sie es wieder beruhigen können? Dann hilft Ihnen diese Strategie, solche Situationen in Zukunft gelassen und kompetent zu meistern.

Zeigen Sie Verständnis. Das bedeutet nicht, daß Sie tatsächlich Verständnis haben müssen, Sie tun lediglich so. Verständnis ist oft das einzige, womit Sie aufgebrachte, verärgerte Menschen wieder auf den Boden der Tatsachen zurückholen können.

Wenn Sie jemandem, der völlig außer sich vor Ärger ist, sagen: »Ich kann Sie gut verstehen«, dann wird er in der Regel brav sein wie ein Lamm. Denn mit Ihrem Verständnis nehmen Sie ihm jeglichen Wind aus den Segeln.

Strategie Nr. 10 – Gehen

Wenn alles nichts nützt: Treten Sie den Rückzug an. Wenn Sie alle rhetorischen Register gezogen haben und Ihr Gesprächspartner immer noch nicht kooperiert, ziehen Sie sich zurück. Führen Sie das Gespräch nicht weiter.

Beenden Sie solche Gespräche, in denen der Gesprächspartner uneinsichtig, verbohrt und verbockt ist. Denn solche Auseinandersetzungen – so muß man sie wohl nennen – führen zu nichts. Beenden Sie auch Unterhaltungen, in denen Sie gnadenlos angeschrien werden, und setzen Sie sie später fort. Egal mit wem Sie sprechen – auch wenn es ein Vorgesetzter ist –, niemand gibt diesen Menschen das Recht, andere Menschen lautstark einzuschüchtern. Betrachten Sie das Beenden einer Unterhaltung nicht als Flucht aus einer schwierigen Situation, sondern als Ihr gutes Recht. Bleiben Sie dabei ruhig.

Bemerkungen wie: »Das reicht mir jetzt« oder: »Das muß ich mir nicht bieten lassen« disqualifizieren Sie.

Sagen Sie statt dessen: »Ich möchte das Gespräch jetzt nicht fortsetzen. Lassen Sie uns später noch einmal darüber sprechen.«

Herausforderung: Hilfe, ich werde kritisiert

Für die meisten Menschen ist es eine schwierige und herausfordernde Situation, wenn sie kritisiert werden. Werden Sie gern kritisiert? Ja? Schwindeln Sie auch nicht?
Sie werden nicht gern kritisiert? Das kann ich mir schon eher vorstellen. Denn ich kenne niemanden, der gern kritisiert wird.
Was ist so schlimm an Kritik? Mit dem Wort Kritik verbinden wir unweigerlich etwas Negatives. Kritik zerstört in der Regel ein sorgsam inszeniertes Selbstbild oder eine Wunschvorstellung, die wir von uns selbst haben. Wenn wir kritisiert werden, tut es uns meistens weh!
Weh tut es auch, weil unsere Vorgesetzten, unsere Freunde und unsere Eltern oft so eine überaus charmante Art haben zu kritisieren: direkt heraus. Geradewegs ins Herz treffen Sie uns, da, wo es am meisten schmerzt.
Hätten alle, die es so furchtbar gut mit uns meinen, sich doch nur ein wenig mit Kommunikation beschäftigt, dann täte Kritik gar nicht so weh, sondern ganz im Gegenteil – sie würde motivieren und uns helfen, uns zu verbessern.
Selbst wenn Ihr Umfeld sich noch nicht mit der Kunst des konstruktiven Kritisierens auseinandergesetzt hat, sollten Sie sich anhören, was andere Ihnen netterweise ganz offen anvertrauen. Denn: Kritik bietet Ihnen die Möglichkeit, sich zu verbessern.
Ja, natürlich – Sie könnten sich von Zeit zu Zeit selbstkritisch unter die Lupe nehmen. Aber glauben Sie mir: Das, was Sie an sich auszusetzen haben, ist anderen wahrscheinlich noch gar nicht aufgefallen und für Ihren Erfolg irrelevant.
Andere Menschen betrachten Sie in einem ganz anderen Licht als Sie sich selbst und empfinden Sie auch ganz anders. Hören Sie deshalb hin, wenn andere Kritik üben – aber nehmen Sie nicht alles kritiklos entgegen.

So verbessern Sie Ihren Umgang mit Kritik

- Hören Sie sich in Ruhe an, was der andere zu sagen hat.
- Vermeiden Sie typische Körpersprache, wie zum Beispiel den Kopf zu schütteln, während Sie kritisiert werden. Ihr Gegenüber hält Sie dann nicht für kritikfähig. Außerdem meint der andere,

Sie noch heftiger kritisieren zu müssen, damit Sie verstehen, was er meint.

- Reagieren Sie nicht mit Gegenwehr.
- Vermeiden Sie Äußerungen wie:
  »Das stimmt doch überhaupt nicht.«
  »Das hat mir ja noch nie jemand gesagt.«
  Auch das deutet auf mangelnde Kritikfähigkeit hin.
- Stimmen Sie nicht sofort zu. Nur weil Kritik an Ihnen geübt wird, heißt das noch lange nicht, daß die Kritik berechtigt ist.
- Nehmen Sie sich Zeit, über das Vorgebrachte nachzudenken. Betrachten Sie das Gespräch mit etwas emotionalem Abstand.
- Überlegen Sie: Warum kritisiert mich mein Gesprächspartner überhaupt? Was ist seine Motivation? Will er mir helfen? Oder will er mich verletzen?
- Sie müssen Kritik nicht annehmen, wenn Sie zu dem Ergebnis kommen, daß Ihr Gegenüber Ihnen nichts Gutes wollte.
- Wenn Sie eingesehen haben, daß Ihr Gesprächspartner recht hatte, gehen Sie zu ihm hin und bedanken Sie sich für seine Offenheit.
- Sollte der angesprochene Punkt zwar zutreffend, die Kritik aber nicht sonderlich konstruktiv vorgebracht worden sein, sondern sehr verletzend, sagen Sie es Ihrem Gesprächspartner sofort.

Fazit
Lassen Sie Kritik zu – wägen Sie aber sorgfältig ab, ob Sie sich »jeden Schuh anziehen« sollten.

So meistern Sie kommunikative Herausforderungen

Damit Sie sich auf für Sie unangenehme oder schwierige Situationen optimal vorbereiten können, müssen Sie zuerst einmal wissen, wann Sie sich besonders herausgefordert fühlen.

- Wenn jemand Sie anschreit?
- Wenn jemand Sie zu Unrecht beschimpft?
- Wenn Kritik an Ihnen geübt wird?
- Wenn Sie selbst Kritik üben müssen?
- Wenn Sie vor Publikum sprechen müssen?
- Wenn Sie andere von Ihrer Idee überzeugen möchten?
- Wenn Sie eine Gehaltserhöhung durchsetzen möchten?

Oder stellt noch eine ganz andere Situation, an die ich jetzt nicht gedacht habe, eine besondere Herausforderung für Sie dar?
Nehmen Sie sich jetzt einige Minuten Zeit, um herauszufinden, welche Situationen Sie als besondere Herausforderung betrachten.

Das sind meine größten Herausforderungen:

____

____

____

____

____

____

Was hat Ihre Selbstanalyse ergeben? Empfinden Sie es als unangenehm, andere zu kritisieren? Versuchen Sie Kritikgespräche zu vermeiden?
Oder finden Sie es schrecklich, vor einer größeren Gruppe das Wort zu ergreifen? Sei es im privaten oder im beruflichen Bereich? Oder möglicherweise finden Sie es mühsam, Ihre Meinung zu vertreten, wenn Sie auf massive Gegenwehr treffen? Was immer Sie als kommunikative Herausforderung empfinden, wichtig ist: Nehmen Sie sie an – und zwar so häufig wie möglich.
Sie gehören zu den vierundfünfzig Prozent aller Menschen, die das Reden vor einer Gruppe mehr fürchten als den Tod? Dann müssen Sie die nächste Gelegenheit beim Schopf packen. Rufen Sie »Hier!«, wenn Ihr Boß jemanden sucht, der die Präsentation durchführt oder als Moderator fungiert. Lernen Sie aus den Fehlern, die Sie vielleicht begehen, und erfahren Sie Motivation aus den kleinen Erfolgen, die Sie erzielen.
Am Rande: Angenommen, Ihnen widerfährt bei Ihrer ersten Rede tatsächlich etwas ganz Schreckliches: Sie stolpern beim Hereinkommen und fallen tatsächlich zu Boden. Ihre Strumpfhose ist zerrissen, von den Schmerzen im Knie ganz zu schweigen. Was glauben Sie, wird passieren? Überleben Sie den Sturz? Vermutlich ja. Werden Sie bleibende Schäden davontragen? Vermutlich nein. Wovor also haben Sie Angst? Vor dem Versagen! Überwinden Sie Ihre Angst, ansonsten werden Sie nie herausfinden, ob Sie nicht vielleicht doch die beste Rednerin Ihres Unternehmens hätten sein können, was Ihnen sicher viel Anerkennung, wenn nicht eine Beförderung eingebracht hätte.

Merken Sie: Das Schlimmste, was Sie sich ausmalen, daß es Ihnen widerfahren könnte, ist nicht so schlimm, daß Sie sich die Chance, es auszuprobieren, entgehen lassen sollten.

Nachdem Sie dieses Kapitel gelesen haben, liebe Leserin, ist Ihnen eines sicher klar: Kommunikation bedeutet mehr als einfach nur sprechen. Wenn Sie an Ihrer Kommunikation feilen möchten, realisieren Sie, daß nur kleine Schritte den Meister machen. Nehmen Sie sich nicht zuviel auf einmal vor. Krempeln Sie nicht Ihre gesamte Art zu sprechen um, wenn Sie das eine oder andere Manko entdeckt haben. Setzen Sie Prioritäten, welche Schwächen Sie unbedingt so schnell wie möglich beheben möchten. Nehmen Sie kommunikative Herausforderungen an – die Übung macht's –, und freuen Sie sich über jeden kleinen Erfolg, den Sie erringen. Lernen Sie aber auch aus Ihren Fehlern, wenn Ihr Durchsetzungsvermögen trotz aller guten Vorsätze auf der Strecke geblieben ist.

Move Success

Abgerundet oder besser gesagt vervollständigt wird Ihr kommunikatives Geschick dadurch, wie Sie die Worte, die Sie verwenden, mit Ihrer Körpersprache unterstützen. Ihre Körpersprache ist ganz entscheidend für Ihre Wirkung, Ihren Erfolg und dafür, wie Sie von anderen gesehen werden.

- Wußten Sie, daß Ihre Wirkung auf andere Menschen nur zu sieben Prozent von dem tatsächlich gesprochenen Wort abhängt, nur zu sieben Prozent!
- Zu achtunddreißig Prozent hängt Ihre Wirkung davon ab, *wie* Sie etwas sagen. Wie Sie Ihre Stimme als Werkzeug gebrauchen, um eine Aussage zu transportieren. Ob Sie laut oder leise sprechen. Ob Sie an der richtigen Stelle die richtige Betonung finden, oder ob Sie etwas monoton herunterrasseln.
- Und zu fünfundfünfzig Prozent bestimmen Ihre Körpersprache und Ihr Äußeres, wie Sie wirken! Andere erlauben sich über Sie ein Urteil nur aufgrund Ihrer Gestik, Mimik und Ihrer Kleidung.

Damit Sie diese Zahlen noch besser nachvollziehen können, denken Sie doch einmal an sich selbst: Wenn Sie beispielsweise ein Restaurant betreten, welche Wirkung haben Sie auf die anderen Anwesenden, die Ihnen alle völlig fremd sind? Sie sprechen nicht, aber alleine mit der Art, wie Sie das Lokal betreten, wie Sie gekleidet sind, signalisieren Sie unglaublich viel. Ob Sie eher schüchtern oder selbstbewußt sind, ob Sie gut oder schlecht gelaunt sind usw. Die Leute in diesem Lokal kennen Sie nicht und gewinnen doch in den wenigen Sekunden, die Sie am Eingang stehen, einen Eindruck von Ihnen, ohne daß Sie irgend etwas gesagt haben.

Jetzt ließe sich leicht argumentieren: »Ja, dann ist es ja völlig irrelevant, was ich sage, Hauptsache, ich habe die richtige Körpersprache.« Nicht ganz. Es läßt sich nämlich folgendes dagegenhalten: Wenn Sie keine, mangelnde oder eine falsche Körpersprache einsetzen, dann verlieren Sie fünfundfünfzig Prozent Ihrer Wirkung auf andere.

Weil Ihre Körpersprache für Ihren Erfolg so wichtig ist, erhalten Sie in diesem Kapitel wertvolle Tips dazu. Dabei geht es sowohl um Ihre Gestik als auch um Ihre Mimik. Ich werde Ihnen aufzeigen, womit Sie bewußt und unbewußt bestimmte Eindrücke bei Ihren Mitmenschen hinterlassen.
Sie werden erfahren, woran es liegt, daß viele Sie für nicht durchsetzungsfähig halten. Sie werden erfahren, warum man Ihnen nicht genug zutraut, weshalb Sie sich möglicherweise im Außendienst schwertun und weshalb Ihre letzte Gehaltserhöhung schon so lange zurückliegt.
Ein freundliches Miteinander, ob Sie mit einem Menschen gut auskommen, sich verstehen, gute Geschäfte machen können, hängt unter anderem davon ab, ob Sie einander sympathisch sind. Gegenseitige Sympathie ist im Berufsleben zwar nicht entscheidend, aber auch nicht zu unterschätzen. Sie kaufen doch Ihre Brötchen auch lieber bei einem Bäcker, der Ihnen sympathisch ist, oder?
Was, glauben Sie, bewirkt Sympathie beim Gegenüber? Was macht einen anderen Menschen sympathisch?

Das Lächeln

Menschen, die freundlich blicken, die andere offen anschauen, sind sympathischer als ein Griesgram, der mit heruntergezogenen Mundwinkeln durchs Leben geht. Ein freundlicher Gesichtsausdruck und ein Lächeln sind Sympathieträger Nummer eins.
So positiv ein Lächeln ist, soviel Sie damit erreichen können – so viel kann es auch verderben. Ein Lächeln im falschen Augenblick, und Ihre Überzeugungskraft ist dahin.
Frauen tendieren dazu, mehr zu lächeln als Männer, was nicht unbedingt negativ sein muß. Hinzu kommt aber, daß frau sich dazu die unpassendsten Situationen aussucht. Das »Weibchengrinsen« läßt Sie zwar gefällig und nett erscheinen, jedoch wenig selbstbewußt, durchsetzungsstark oder gar kompetent wirken.
Eine Trainerkollegin beschreibt das Phänomen »Weibchengrinsen« so: »Frauen lächeln, um zu gefallen, Männer lächeln, wenn ihnen etwas gefällt.«
Ein Beispiel dafür, wann frau ein Lächeln im falschen Augenblick einsetzt. Sie sagt zu ihrem Vorgesetzten: »Herr Schröder, ich habe mir den Projektbericht noch einmal angesehen. Ich würde gern

mit Ihnen noch einmal drüberschauen, um ein paar kritische Punkte mit Ihnen zu besprechen«, und setzt ein gewinnendes Lächeln hinterher. Was glauben Sie? Unterstreicht das Lächeln die Ernsthaftigkeit des Vorschlags oder eher die holde Weiblichkeit? Wohl eher letzteres. Der Chef wird die gemeinsame Prüfung des Berichts wahrscheinlich nicht für nötig halten, da die Mitarbeiterin Ihren Vorschlag wenig überzeugend vorgetragen hat.
Frauen benutzen ein Lächeln sehr häufig sogar bewußt, um die Stärke einer Aussage zu mindern. Das Lächeln fungiert sozusagen als Angstventil. »O Gott, was habe ich gesagt?« Jetzt schnell was Nettes hinterher – LÄCHELN!
Versuchen Sie unbedingt, diese Art des Lächelns zu vermeiden, wenn Sie – in welcher beruflichen Situation auch immer – überzeugen möchten.

Der Blickkontakt

Kennen Sie vielleicht diesen Spruch: Wer einem nicht in die Augen schauen kann, der hat ein schlechtes Gewissen? Es ist sehr viel Wahres daran. Wer in einem Gespräch oder einer Diskussion immer wegschaut, Probleme hat, Blickkontakt zu halten, hinterläßt einen unaufrichtigen oder schüchternen und wenig selbstbewußten Eindruck.
Dies können Sie sich als erfolgreiche Frau nicht erlauben. Deshalb: Schauen Sie Ihren Gesprächspartnern in die Augen.
Menschen, die Blickkontakt halten können, hält man für aufrichtig und selbstbewußt.
Folgendes Beispiel demonstriert, wie wichtig der Blickkontakt für Ihren Erfolg und Ihr Durchsetzungsvermögen ist.
Eine amerikanische Abgeordnete wurde in einem Interview über ihre Erfahrungen als Frau im Kongreß befragt. Sie sagte, sie wüßte genau, was einige Männer dächten, wenn sie spräche. Dinge wie: Was will die eigentlich, die hat doch keine Ahnung usw. Und sie wüßte, daß sie ihr am liebsten sofort ins Wort fallen würden. Aber sie suche den direkten Blickkontakt und signalisiere: Denk erst gar nicht daran, mich zu unterbrechen. Durch diese nonverbale Kommunikation verschafft sie sich Respekt und läßt die Herren sie aus einem ganz anderen Blickwinkel betrachten. Wenn sie sich unterbrechen ließe, würden mögliche Vorurteile der Kongreßabgeordneten über »das schwache Geschlecht« bestätigt werden.

Unterschiedliche Situationen erfordern unterschiedliche Strategien! Deshalb erhalten Sie auf den nächsten Seiten für die unterschiedlichen Bereiche verschiedene Tips und Ratschläge, wie Sie sich bestmöglich verkaufen.

Das Gespräch unter vier Augen

Sie befinden sich in einem Gespräch mit nur einer Person und versuchen ein Produkt zu verkaufen, einen Vertrag abzuschließen oder einfach nur die Geschäftsbeziehung zu pflegen. Ihre »Augentaktik« sieht so aus: Schauen Sie Ihren Gesprächspartner fast unentwegt an. Achten Sie darauf, daß es nicht zum Starren wird. Um ein Starren zu vermeiden, schauen Sie, wenn Sie Ihre Gedanken sammeln oder über die Aussagen Ihres Gegenübers nachdenken, kurz weg – aber nur ganz kurz. Suchen Sie dann wieder den Blickkontakt.

Eine Dame im Seminar sagte mir einmal, daß Sie Ihrem Gegenüber lieber auf die Lippen schaue. Diese Taktik würde ich Ihnen in rein geschäftlichen Besprechungen nicht empfehlen. Stellen Sie sich vor, Ihr männliches Gegenüber schaute Ihnen auf die Lippen und nicht in die Augen. Würden Sie das nicht als erotisches Signal deuten?

Achtung:

Vermeiden Sie unbedingt, an Ihrem Gesprächspartner vorbeizuschauen. Das signalisiert Desinteresse und Unsicherheit. Es verunsichert zusätzlich die andere Person; sie denkt vielleicht: »Was ist los?« Oder: »Passiert irgend etwas hinter mir?«

Ebenso sollten Sie vermeiden, nach oben an die Decke zu schauen. Viele Menschen blicken zum Himmel oder zur Decke, um sich zu konzentrieren. Dies wirkt so, als warteten sie auf eine Eingebung von oben. Damit halten Sie Ihr Gegenüber nicht in Ihrem Bann gefangen. Der andere verliert das Interesse, hört nicht mehr zu und sucht schlimmstenfalls nach einer Fluchtmöglichkeit.

Die Besprechung mit mehreren Mitarbeitern

Schauen Sie, wenn Sie reden, jeden Teilnehmer abwechselnd an. Lassen Sie Ihren Blick von einem zum anderen schweifen.

Ihr Blick sollte nicht länger als zwei Sekunden auf einer Person haftenbleiben. Diese Person fühlt sich sonst möglicherweise irritiert, und die anderen Teilnehmer werden automatisch ausgeschlossen.

Die Gefahr, mit dem Blick an einer Person klebenzubleiben, ist besonders dann groß, wenn diese Sie freundlich anlächelt. Widerstehen Sie der Versuchung. Sie können diese Person gern häufiger als die anderen anschauen, aber nicht länger!

Der Vortrag in einer großen Runde
Wenn Sie einen Vortrag, eine Rede oder eine Präsentation vor großem Publikum halten, ist es wichtig, die Aufmerksamkeit so vieler Teilnehmer wie nur möglich zu erhalten und alle mit einzubeziehen.
Da Sie nicht jeden einzelnen anschauen können, benötigen Sie eine andere Taktik. Teilen Sie Ihr Auditorium vor Ihrem geistigen Auge in ein Zifferblatt ein. Zwölf Uhr ist ganz hinten in der Mitte, drei Uhr auf der rechten Seite, sechs Uhr ist vorn in der Mitte und neun Uhr ganz links. So entstehen vier gleich große Quadrate.
Schauen Sie Ihr Publikum so an, daß Sie Ihren Blick abwechselnd von Quadrat zu Quadrat wandern lassen, und suchen Sie sich innerhalb des Abschnitts immer wieder andere Gesichter heraus, die Sie anschauen.

Achtung:
Sollte in Ihrem Auditorium jemand sitzen, der
- ständig gähnt,
- eingeschlafen ist (kann alles vorkommen) oder
- immer wieder mit dem Kopf schüttelt,

dann lassen Sie sich auf gar keinen Fall davon irritieren. Vermeiden Sie es, diesen Zuhörer anzusehen, um sich nicht verunsichern zu lassen.
Wenn Sie Sicherheit und Bestätigung benötigen, dann suchen Sie sich ein freundliches Gesicht unter den Zuhörern heraus, das Sie immer mal wieder anschauen. Das baut auf und stärkt Ihr Vertrauen in Ihren Vortrag.

Aktives Zuhören

Sie schauen Ihr Gegenüber freundlich an, halten Blickkontakt. Was können Sie sonst noch tun, um sympathisch zu wirken, um eine Beziehung zu Ihrem Gesprächs- und Geschäftspartner herzustellen?

Heutzutage sind nur noch wenige Menschen in der Lage, anderen zuzuhören. Jeder ist viel zu sehr mit sich selbst beschäftigt, als daß er sich auch noch für andere interessieren könnte. Und genau da liegt Ihre Chance. Hören Sie zu – aktiv! Geben Sie dem anderen das Gefühl, daß Sie sich für ihn, seine Ideen, seine Ansichten, seine Bedenken interessieren.

So funktioniert aktives Zuhören
Nur hinschauen und ein freundliches Gesicht machen reicht nicht. Nicken Sie gelegentlich. Dies ist ein Zeichen dafür, daß Sie noch aufmerksam sind. Nicken Sie nicht zu häufig, das kann, besonders in Diskussionen, in denen verschiedene Standpunkte vertreten werden, mißverstanden werden. Zu häufiges Nicken bedeutet Zustimmung. Wenn Sie die Meinung des anderen nicht teilen: Nicken Sie nicht zu häufig!

Mein Spezialtip:
Wenn Sie ein Gespräch führen, in dem jeder einen unterschiedlichen Standpunkt vertritt, verkneifen Sie es sich, den Kopf zu schütteln, während Ihr Gegenüber Ihrer Meinung nach nicht nachvollziehbare Argumente anführt. Das ermuntert den anderen, Sie mit noch mehr Argumenten auf seine Seite zu ziehen.
Nicken Sie statt dessen – aber Vorsicht, wohl dosiert. Das läßt ihn eher schweigen; er glaubt, daß Sie seine Argumente zumindest nachvollziehen können, er kommt sich verstanden vor. Dann können Sie schneller das Wort ergreifen.

Kommentieren Sie
Sagen Sie gelegentlich »hmm« oder ähnliches. Besonders am Telefon ist das wichtig, da Ihr Gesprächspartner Ihr Nicken nicht sehen kann.
Als sehr positiv wird es empfunden, wenn Sie zusätzlich ein »Das ist ja interessant«, »Und das haben Sie alles alleine geschafft?« oder ähnlich Positives von sich geben.
Achten Sie auch da auf die richtige Dosierung. Übertreiben Sie es nicht.

Stellen Sie Zwischenfragen
Wenn Sie ehrlich an einem Gespräch interessiert sind, werden Sie ohnehin Zwischenfragen stellen. Sollte Sie der Gesprächsinhalt nicht interessieren, die Beziehung zu Ihrem Gegenüber Ihnen

aber sehr wichtig sein, dann heucheln Sie Interesse mit Fragen. »Wie genau haben Sie das organisiert?« Oder: »Und wie ist es dann letztendlich ausgegangen?«

Betonen Sie Gemeinsamkeiten
Haben Sie schon einmal bewußt wahrgenommen, mit welchen Menschen Sie sich am besten verstehen? Es sind in der Regel die Personen, mit denen Sie irgendwelche Gemeinsamkeiten haben: ähnliche Interessen, Hobbys und Ansichten.
Nutzen Sie diese Erkenntnis im geschäftlichen Bereich. Wenn Sie Gemeinsamkeiten feststellen – Vorliebe für gutes Essen, ein bestimmtes Urlaubsland –, könnten die Voraussetzungen für eine erfolgreiche Geschäftsbeziehung gar nicht besser sein. Tauschen Sie sich darüber aus – aber Achtung: Bitte nicht zu viele offenherzige Enthüllungen. Verraten Sie nicht zu viel Privates oder Intimes.

Mit Namen ansprechen
Nichts hört der Mensch lieber als seinen eigenen Namen. Profitieren Sie davon, und sprechen Sie die Menschen, mit denen Sie kommunizieren, immer mal wieder mit ihrem Namen an. Das sorgt für Aufmerksamkeit, gibt Ihnen die Möglichkeit, zum geeigneten Zeitpunkt höflich zu unterbrechen, und Ihre Gesprächspartner fühlen sich wichtig und aufgewertet.

Auf Ihre Körpersprache kommt es an

Ihr gesamtes Auftreten entscheidet, wie es scheint, darüber, ob man Sie sympathisch oder unsympathisch findet. Dazu gehört natürlich auch Ihre Körpersprache. Um es auf den Punkt zu bringen: Bemühen Sie sich um eine offene und positive Körpersprache. Das wird Ihnen viele Pluspunkte bringen.
Wie ausdrucksstark Ihre Körpersprache ist, was Sie alles mit Armen und Beinen ausdrücken können und welche Gefahren lauern, all das erfahren Sie in diesem Kapitel.
Sie erinnern sich? Ihre Wirkung auf andere Menschen hängt zu fünfundfünfzig Prozent von Ihrem Äußeren ab, wozu auch Ihre Körpersprache gehört.
Die männliche und die weibliche Körpersprache könnten unterschiedlicher nicht sein. Das fängt beim Sitzen an. Männer sitzen

und stehen anders als Frauen. Worin liegt der Unterschied, und warum sollte frau überhaupt zum Mann »rüberschielen«, wie er sich gebärdet?
Männer sind in ihrer Körpersprache tendenziell sehr großzügig. Sie machen sich breiter als Frauen, nehmen ganz selbstverständlich ausreichend Raum ein. Männer zeigen körperlich mehr Präsenz.
Frau hingegen hält sich naturgemäß und ihrer Erziehung entsprechend mehr zurück. Weibliche Körpersprache ist in der Regel eher zurückhaltend. Frauen machen sich sehr schmal. Sie halten ihre Beine eng beieinander, die Hände im Schoß gefaltet, den Kopf gesenkt und drücken so aus: »Entschuldigt, daß es mich gibt, entschuldigt, daß ihr mich ansehen müßt – dabei versuche ich doch schon alles, um übersehen zu werden.«
Ich möchte Sie nicht animieren, sich eine männliche, breitbeinige Körpersprache anzugewöhnen, auf gar keinen Fall. Wohl aber möchte ich Sie davon überzeugen, daß es für Ihr Auftreten unerläßlich ist, daß Sie Ihr körperliches Vorhandensein viel stärker zum Ausdruck bringen.
Ihr Motto sollte lauten: »Ab heute übersieht mich keiner mehr.«

Aus dem Leben gegriffen
Sie verreisen oder fahren zu einen Termin. Als Transportmittel haben Sie das Flugzeug gewählt. Sie nehmen in der Maschine Ihren Platz ein. Neben Ihnen sitzt schon jemand – ein Mann. Als Sie versuchen, es sich ein wenig gemütlich zu machen, stellen Sie fest, daß dies gar nicht so einfach ist. Denn Ihr Nachbar hat es sich auf beiden ihm zur Verfügung stehenden Lehnen bereits mit seinen Armen bequem gemacht. Sollten Sie einen Fensterplatz haben, ist Ihre Bewegungsfreiheit stark eingegrenzt.
Frau hätte sich wahrscheinlich nicht so hingesetzt. Mit Rücksicht auf ihren Nachbarn oder ihre Nachbarin hätte sie die mittlere Lehne entweder gar nicht oder nur teilweise belegt. So hätten beide Sitznachbarn über ausreichend Bewegungsfreiheit verfügt.
Das gleiche passiert Ihnen auch im Zug. In der Straßenbahn findet sich eine leichte Variation der Situation. Da sitzt Mann, Beine leicht gespreizt, Zeitung großzügig aufgeblättert, gemütlich auf der Sitzbank, die nur ganz knapp für zwei Personen reicht. Frau quetscht sich auf den übriggebliebenen Platz, macht ihre Schultern noch schmaler, als sie ohnehin schon sind, und faltet die Hände in ihrem Schoß zusammen.

Nein, es handelt sich hier nicht um Vorurteile. Ja, natürlich verhalten sich nicht alle Männer und Frauen so – aber ein Großteil tut es. Und wenn Sie sich in Ihrer Körpersprache ähnlich klein machen wie die Dame aus der Straßenbahn, dann wird es höchste Zeit, daß Sie beschließen: »Mich übersieht ab heute keiner mehr.«
Werfen Sie jetzt bitte nicht ein, daß es völlig egal sei, wie Sie im Flugzeug oder in der Straßenbahn sitzen. Schließlich führten Sie dort keine wichtigen Kundengespräche. Richtig, Sie führen dort keine für Ihren Job relevanten Gespräche, aber wenn Sie sich eine bestimmte Körpersprache angewöhnt haben, dann praktizieren Sie diese immer. Es ist höchst unwahrscheinlich, daß die in sich zusammengesunkene und auf ein paar Quadratzentimetern sitzende Abteilungsleiterin nach dem Flug im Gespräch mit ihren Kunden eine selbstbewußte Körperhaltung einnimmt.
Hinzu kommt: So, wie Sie sitzen, fühlen Sie sich. Sie sitzen eine Stunde in sich zusammengesunken? Dann fühlen Sie sich eher klein und schlecht als gut und bedeutsam. Ihre Körperhaltung wirkt sich also direkt auf Ihr Selbstwertgefühl, auf Ihr Auftreten und Ihre Wirkung auf andere aus. Je besser Sie sich halten, je besser Sie sitzen, desto wohler und stärker fühlen Sie sich nach einer gewissen Zeit.
Halten Sie sich so, wie Sie wirken möchten: stark und selbstbewußt! Dann fühlen Sie sich auch so.

So gehen Sie richtig

Ja, Sie haben richtig gelesen. Achten Sie auf einen korrekten Gang! Die Devise lautet: »Brust raus!« Gehen Sie aufrecht!
Mit einer zusammengesunkenen Haltung drücken Sie mehr aus als mit tausend Worten: »Ich arme kleine Maus. Keiner mag mich, und ich mich auch nicht.« Wenn Sie mit hängenden Schultern umhergehen, wirkt das so, als hätten Sie Ihr Selbstbewußtsein zu Hause gelassen.
Mit einer geraden, stolzen Haltung strahlen Sie Vertrauen und Sicherheit aus. Viele Frauen tendieren immer noch dazu, ihre Schultern hängenzulassen. Entweder weil sie sehr groß sind und so ein paar Zentimeter kleiner wirken möchten, oder weil sie einen großen Busen verstecken wollen.
Liebe Leserin: Wenn Sie groß sind, dann stehen Sie dazu. Nichts

ist schlimmer, als wenn eine große Frau in sich zusammengesunken umherschleicht. Legen Sie die Komplexe aus der Jugend – als die meisten Jungs kleiner waren als Sie – ab. Andere Frauen beneiden Sie um Ihre Größe, und viele Männer schauen großen Frauen sehnsüchtig hinterher. Also: Seien Sie stolz auf Ihre Größe (spricht die Autorin, selbst 183 cm groß).
An alle Damen mit großer Oberweite: Glauben Sie wirklich, daß Ihren Busen niemand mehr sieht, wenn Sie ihn zwischen hängenden Schultern zu verstecken versuchen? Ich glaube, das Gegenteil ist der Fall. Je gebückter Sie gehen, desto mehr wird man versuchen herauszufinden, was genau Sie verstecken. Deshalb: Brust raus – wenn Sie selbstsicher wirken möchten.
Auch vom medizinisch-orthopädischen Standpunkt her ist der aufrechte Gang der gebückten Haltung vorzuziehen.

Mit dem Händedruck fängt es an

Sie haben sicher schon einmal eine Hand geschüttelt, die sich locker in die Ihre legte. Wie haben Sie das empfunden? Fanden Sie es ekelig? Und was noch? Welchen Eindruck hinterließ Ihr Gegenüber innerhalb einer Sekunde bei Ihnen? Hielten Sie es für durchsetzungsstark und erfolgreich? Oder drängte sich Ihnen folgender Gedanke auf: »Was für eine Memme.«
Obwohl es so offensichtlich und allgemein bekannt ist, kann es gar nicht oft genug gesagt werden, wie wichtig der Händedruck ist. Behaupten Sie nicht leichtfertig von sich, sie besäßen einen festen Händedruck. Fragen Sie lieber einmal Ihre Freundin oder einen Bekannten, wie die Ihren Händedruck empfinden. Bitten Sie um eine aufrichtige und offene Meinung.
Ich schüttele aufgrund meiner Trainertätigkeit viele »Teilnehmerhände« und »Bankettleiterinnenhände« und bin immer wieder überrascht, wie viele Damen ihre Hand schlapp in meine legen. Ich empfinde dies als so unangenehm, daß sich mir diese Damen stark eingeprägt haben. Ich vertraue diesen Damen mein Seminar oder meine Tagung an, und ich möchte diese Aufgabe in guten Händen wissen. Der schlappe Händedruck wirkt weder auf Anhieb sympathisch, noch weckt er Vertrauen.
Ein kräftiger, aber nicht übertriebener Händedruck, bei dem Sie Ihr Gegenüber freundlich, aber nicht übertrieben lächelnd anschauen,

läßt Sie stark, selbstsicher und entschlossen wirken. Ist es das, was Sie möchten? Dann üben Sie sich darin.

So stehen Sie richtig

Ich bin bereits kurz darauf eingegangen, daß frau sich in ihrer Körpersprache tendenziell klein macht. Lassen Sie mich hier im einzelnen aufzeigen, welche konkreten Fehler sie begeht, welche Körperhaltungen was ausdrücken.
Eines vorweg: Es liegt ein himmelweiter Unterschied zwischen dem, wie Sie sich fühlen, und dem, wie Sie auf andere wirken. Die folgenden Beispiele werden das verdeutlichen.

Feigenblatthaltung hinten (Bild 1 und 1a, s. S. 154)
Ihre Füße stehen parallel nebeneinander und berühren sich, beide Hände sind auf den Rücken gelegt.
Mit dieser Körperhaltung drücken Sie in jedem Fall aus: »Rühr mich nicht an«; ob tendenziell sehr selbstsicher oder weniger selbstbewußt, hängt letztendlich von der Haltung Ihres Kopfes ab. Wenn Sie Ihren Kopf gerade halten, ergänzt dies den Gesamteindruck, den Sie mit der »Feigenblatthaltung hinten« ausdrücken. Sie wirken verschlossen.
Halten Sie Ihren Kopf hingegen leicht hoch, das Kinn also ein wenig in die Luft gereckt, wirken Sie verschlossen und zusätzlich arrogant. Ist der Kopf hingegen leicht zur Seite und gleichzeitig leicht nach unten geneigt, wirken Sie so unsicher, wie es nur geht. Jeder, der Sie anschaut, sieht keine Frau vor sich, sondern ein Mädchen. Und wer traut einem Mädchen wohl Kompetenz zu. Niemand!
Eine Meisterin dieser zuletzt beschriebenen Körperhaltung war Prinzessin Diana. In den ersten Jahren ihrer Ehe mit Prinz Charles trat sie nur so in der Öffentlichkeit auf. Erst sehr viel später emanzipierte sie sich, fand zu mehr Selbstbewußtsein und drückte das in ihrer Haltung aus.

Feigenblatthaltung vorne (Bild 2, s. S. 155)
Die Arme hängen herunter, die Hände sind vor dem Körper gefaltet.
Erinnert Sie diese Haltung an Fotoaufnahmen in der örtlichen Presse: Die Kaninchenzüchter mit den dicksten und schönsten Ka-

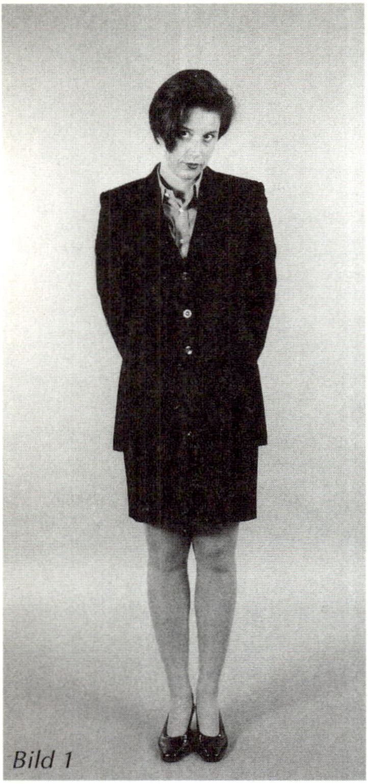
Bild 1

Bild 1a

ninchen wurden zum Gruppenfoto gebeten. Wie stehen die Herren? Feigenblatthaltung vorne.
Wie wirkt das auf Sie? Kompetent, aufgeschlossen, positiv, erfolgreich? Wohl kaum. Diese Körperhaltung wirkt eher unbeholfen.

Arme vor der Brust verschränkt (Bild 3)
So stellt sich jeder gerne hin, der nicht weiß, wohin mit seinen Armen. Diese Haltung ist bequem, die Arme sind in Sicherheit.
Eine Seminarteilnehmerin erzählte mir folgendes: Sie sei zu einer Party eingeladen gewesen und habe sich dort sehr unwohl und unsicher gefühlt. Plötzlich sei sie von einer anderen jungen Frau mit den Worten angesprochen worden: »Bist du so arrogant, oder tust du nur so?«
Wie kommt es, daß jemand arrogant wirkt, obwohl er sich unsicher fühlt? Die Körperhaltung ist schuld. Da meine Teilnehmerin

Bild 2

Bild 3

nicht wußte, wohin mit ihren Händen, verschränkte sie ihre Arme vor der Brust. Auf die anderen Partygäste wirkte dies aber nicht unsicher, sondern ganz im Gegenteil. Verschränkte Arme signalisieren:

- extreme Abwehrhaltung,
- sprich mich nicht an,
- feindliche Haltung.

Sei diese Armhaltung also noch so bequem, stellen Sie sich niemals so hin, es sei denn, Sie wollen genau dies erreichen, nämlich Abwehr und »Rühr mich nicht an« ausdrücken. Dies könnte dann der Fall sein, wenn Sie beispielsweise ungestört in einer Kneipe ein Glas Wein trinken oder in der Diskothek von niemandem angesprochen werden möchten – es funktioniert! Sie werden mit Sicherheit den ganzen Abend keine Unterhaltung finden, geschweige denn jemanden kennenlernen.

Ein Bein ist seitlich abgespreizt (Bild 4)

Bild 4

Ein Bein seitwärts zu stellen ist die bevorzugte Frauen-Steh-Haltung. Die Arme hängen teilnahmslos herunter, oder die Hände sind vor dem Körper gefaltet.

Das abgespreizte Bein wirkt zugegebenermaßen schlank und elegant. Doch sicher wirkt frau so nicht. Sie steht nur auf einem Bein – da kann man schon einmal ins Wanken geraten. Die körperliche Instabilität überträgt sich in Windeseile auf Ihr Selbstempfinden. Ein gutes, sicheres Gefühl wird dadurch nicht gefördert.

Nachdem all die ach so bewährten und jahrelang praktizierten Körperhaltungen in der Luft zerrissen wurden, können Sie eigentlich nur noch sitzen, oder? Egal wie Sie stehen, es ist ja doch alles falsch?

Nicht ganz: Das Hauptproblem beim Stehen scheinen die Arme zu sein. Irgendwie sind sie immer im Weg oder erscheinen unpassend. Wären keine Arme vorhanden, wäre auch das Stehen kaum problematisch. Denken Sie einmal an Empfänge und Partys, an denen Sie teilgenommen haben und auf denen hauptsächlich gestanden wurde. Was konnten sie beobachten? Wahrscheinlich, daß sich die Gäste entweder auf die zur Verfügung stehenden Stehtische stürzten – ideal, um sich daran festzuhalten. Voilà, Arm-Handicap gelöst. Als »Freisteher« hält man möglichst in der rechten Hand eine Zigarette und in der linken das häufig leere Glas.

Kettenrauchen, zu viele alkoholische Getränke, all das kann nicht die Lösung sein, nur damit Ihre Arme und Hände beschäftigt sind und nicht teilnahmslos in der Gegend herumhängen.

Bild 5

Der Tip (Bild 5 und Bild 6)
Stehen Sie gerade, mit beiden Beinen fest auf dem Boden. Winkeln Sie Ihre Arme rechtwinklig an, und lassen Sie die Hände sich vor dem Körper leicht berühren, ohne daß Sie sie ineinander falten.
Stehen Sie doch einmal auf und probieren Sie es aus. Wie fühlen Sie sich? Sie fühlen sich etwas merkwürdig dabei – die Haltung kommt Ihnen unnatürlich vor? Das ist verständlich, weil Sie vermutlich noch nie so gestanden sind. Sie werden sich aber mit der Zeit um so schneller an diese Haltung gewöhnen, je häufiger Sie üben.
Wenn Sie Ihre Arme im rechten Winkel anheben, ist dies für Ihr Gegenüber eine der sympathischsten, offensten und vertrauenerweckendsten Haltungen, die Sie einnehmen können. Sie läßt Sie freundlich und aufgeschlossen wirken. Aus dieser Position heraus haben Sie die bestmögliche Körpersprache.
Vergessen Sie nicht: Ihre Wirkung auf andere hängt zu fünfundfünfzig Prozent von Ihrem Äußeren und Ihrer Körpersprache ab.
Also: Auch wenn Ihnen diese Armhaltung zunächst unnatürlich vorkommt, denken Sie daran, daß Ihr Gegenüber sie als ausgesprochen natürlich empfindet.
Gewöhnen Sie sich schnell an diese Körperhaltung, denn sie läßt Sie in allen Situationen professionell wirken. Egal ob Sie Besucher begrüßen und bislang nicht wußten, wohin mit den Händen nach dem Händeschütteln, oder ob bei einer Präsentation oder Rede.
Sollten Sie diese Art zu stehen zu Anfang als unangenehm empfinden, greifen Sie zu Hilfsmitteln. Sehr beliebt sind, wie gesagt, bei gesellschaftlichen Anlässen Gläser und Zigaretten. Da dies aus nachvollziehbaren Gründen während einer Präsentation oder

Bild 6

eines Vortrags nicht realisierbar ist, halten Sie etwas Unsichtbares in der Hand. Geeignet ist ein sehr kleines Papierkügelchen, das niemand sieht, oder eine Büroklammer. Vorsicht: Wenn Sie sehr nervös sind, beginnen Sie möglicherweise, die Büroklammer aufzubiegen.

Kleine Abweichungen in der Handhaltung können den guten Eindruck verderben. Falls Sie die Hände ineinander falten, verringert sich der Eindruck von Dynamik.

Ebenso ungünstig, wenn nicht noch schlimmer, wirken Sie, wenn Sie Ihre Arme zwar rechtwinklig halten, Ihre Hände aber schlapp herunterhängen. Die Dynamik geht vollends verloren.

Auf nebenstehendem Foto sehen Sie, wie natürlich und offen Ihre Körpersprache wirkt, wenn Sie aus dieser Grundposition heraus gestikulieren (Bild 6).

Achtung: Einige Redner halten zwar Ihre Arme perfekt und verfügen über eine schöne Körpersprache, neigen allerdings dazu, nervös hin- und herzuwippen, also über die Füße mal nach vorn und mal nach hinten zu schwanken. Für den Zuschauer und Zuhörer drückt auch hier die Instabilität der Körperhaltung Nervosität aus. Also aufpassen!

Reden Sie sich mit Händen und Füßen zum Erfolg

Vielen Frauen wurde in ihrer Jugend erzählt, daß sie nicht so mit ihren Händen herumfuchteln sollen. »Kind, jetzt zappel doch nicht so rum und halt die Hände ruhig.« Was haben wir heute davon? Viele von uns sind nicht gewohnt, ihre Hände zum Reden zu gebrauchen. Sie halten Körpersprache für aufdringlich und für ande-

re unangenehm. Doch was diese Frauen nicht bedenken und auch deren Mütter nie bedacht haben: Sie verschenken Wirkung!
Stellen Sie sich vor, Sie säßen in einem Eiscafé. Linker Hand sitzt ein deutsches Paar, rechter Hand ein italienisches. Was würde Ihnen wohl mehr Spaß bereiten: das deutsche oder das italienische Paar zu beobachten? Die Antwort wird lauten: Das italienische. Warum? Weil dort vermutlich mehr passiert; es ist viel spannender, ausdrucksstarken Gesten zu folgen als einer ruhigen, besonnenen Unterhaltung.
Deshalb frage ich Sie jetzt: Warum sollte Ihnen jemand aufmerksam zuhören, wenn Sie Ihrer Körpersprache keinen freien Lauf lassen, wenn Sie sich in Zurückhaltung üben? Wie sollten Sie Menschen mit Ihrer Rede begeistern können, wenn Sie sich scheu hinter einem Pult verstecken und sich daran festhalten?
Machen Sie sich frei von dem Vorurteil, daß Körpersprache etwas Schlechtes sei. Akzeptieren Sie, daß Sie ohne die entsprechende Körpersprache Ausdrucks- und Überzeugungskraft verschenken.
Denken Sie an all die Redner, denen Sie schon zugehört haben. Überlegen Sie, warum diese Redner gut, warum jene Redner weniger gut waren? Die guten haben es geschafft, ihre Zuhörer zu begeistern, den Funken überspringen zu lassen. Ihre gesamte Rhetorik war überzeugend – und sicher verfügten diese Redner auch über ein gewisses Maß an Körpersprache. Denn mit jeder Geste unterstützen und betonen Sie Ihre Worte, geben ihnen mehr Bedeutung. Sie wirken ausdrucksstärker und überzeugender.
Tip: Damit Sie sich an diese Haltung gewöhnen, die Sie auf jeder Party und bei jedem geschäftlichen Treffen natürlich und doch souverän wirken läßt, sollten Sie sie bei jeder Gelegenheit üben. Gewöhnen Sie sich daran, so zu stehen, wie auf Seite 158 dargestellt.
Versuchen Sie einmal folgendes: Stehen Sie jetzt bitte auf und tun Sie so, als seien Sie eine Referentin, die zwanzig Damen zu einem Seminar begrüßt. Lassen Sie Ihre Arme herunterhängen und falten Sie die Hände vor dem Körper ineinander. Sie wissen schon, diese typische Fußballerhaltung, das, was ich vorhin »Feigenblatthaltung vorne« genannt habe, und sagen Sie: »Guten Morgen, meine Damen, herzlich willkommen zum Seminar ›Frau und Karriere‹.«
Legen Sie das Buch beiseite, und spielen Sie die Situation einmal nach. Jetzt treten Sie noch einmal vor die Gruppe. Lächeln Sie, strahlen Sie und sagen Sie den gleichen Satz noch einmal. Jetzt allerdings sind Ihre Arme nicht hängend vor dem Körper verschränkt,

sondern locker angewinkelt. Wenn Sie sprechen, öffnen Sie sie – als ob Sie die Anwesenden umarmen wollten. Versuchen Sie es einmal.
Haben Sie einen Unterschied gespürt zwischen Ihrem ersten und dem zweiten Auftritt. Wie haben Sie sich gefühlt? Wie glauben Sie, haben Sie gewirkt? Ich bin sicher, Sie haben beim zweiten Mal gespürt, wie Ihre Körpersprache Sie mitreißt und Ihrer Rede viel mehr Ausdrucksstärke verleiht und sogar Ihre Stimmlage positiv beeinflußt.
Wenn Sie es genau wissen wollen, dann machen Sie die beiden Übungen vor einem Spiegel oder, noch besser, nehmen Sie sich auf Video auf. So können Sie sich am besten mit Ihrem eigenen Auftreten und Ihrer Wirkung auf andere auseinandersetzen.

Die Haltung Ihres Kopfes

Es mag sich etwas merkwürdig für Sie anhören, daß selbst die Haltung Ihres Kopfes für die Wirkung auf andere relevant sein sollte. Sie erinnern sich, daß eine schräge Kopfhaltung Sie wie ein kleines Mädchen wirken läßt?
Stellen Sie sich vor, Sie stehen im Anschluß an eine Besprechung mit mehreren Herren in einer Runde zusammen und versuchen, Ihre Kollegen von Ihrer Idee zu überzeugen. Sie haben Ihren Kopf leicht zur Seite geneigt und müssen die meisten Herren von unten nach oben anschauen, da diese etwas größer sind. Sie stehen etwa so wie auf diesem Foto da (Bild 7)?
Ganz schnell kann Ihr Gegenüber den Eindruck erhalten, daß es ein Mädchen vor sich hat und

Bild 7

keine gestandene Frau. Doch Sie wollen in diesem Augenblick nicht als Mädchen, nicht als Frau, sondern als kompetente Gesprächspartnerin akzeptiert werden, der man zuhört, deren Ideen man Aufmerksamkeit schenkt.
Der etwas geneigte Kopf an sich wirkt noch nicht mädchenhaft. Ganz im Gegenteil: Er signalisiert Ihrem Gesprächspartner, daß Sie interessiert sind, daß Sie zuhören.
Nur wenn Sie mit großen Augen von unten nach oben schauen, wecken Sie Beschützerinstinkte und verlieren an Überzeugungskraft.

Machen Sie es nicht noch schlimmer!
Sie verschlimmern Ihre Situation, wenn Sie zusätzlich zu Ihrem mädchenhaften Blick mit Ihren Haaren spielen (Bild 8).
Haben Sie langes oder halblanges Haar? Dann ist die Versuchung groß, hin und wieder verloren an einer Locke oder Strähne zu drehen. Wie, glauben Sie, wirkt das auf Ihr Gegenüber? Ja, richtig – verspielt, süß, niedlich, unsicher. Alle Beschützerinstinkte werden wach. Behalten Sie sich derartige Körperspiele für andere Gelegenheiten vor. Im Job haben sie nichts zu suchen, wenn Sie ernst genommen werden und erfolgreich sein möchten.
Nicht nur Männern fällt es auf, wenn Sie scheinbar gedankenverloren an einer Strähne drehen. Auch auf Frauen, mit denen Sie geschäftlich zu tun haben, wirken Sie unsicher. Nur daß diese Sie nicht beschützen möchten, sondern Sie ganz einfach für inkompetent halten. So schnell drückt man sich seinen eigenen Stempel auf.

Bild 8

Ohrringe und Ketten

Bild 9

Bild 10

Eine ähnliche Wirkung wie das Lockendrehen hat das Spielen mit Ohrringen (Bild 9) oder das Ziehen an der Halskette (Bild 10). Wenn Sie mit Ihrem Schmuck spielen, ist das eine nicht zu übersehende Tätigkeit, die mehr Aufmerksamkeit auf sich zieht als jedes Wort, das Sie sagen. Finger weg von Ohrringen, Halsketten und Ringen.

Unterlegenheit durch Körpergröße – was tun?

Die meisten Damen sind nun einmal kleiner als die Herren. Müssen Sie nun zwangsläufig zu den Männern hinaufsehen oder alternativ auf einen Stuhl klettern? Es gibt noch eine andere Möglichkeit. Halten Sie Abstand! Lassen Sie Ihr Gegenüber bereits beim Händedruck nicht so nah an sich heran. Die Distanz bestimmen Sie, wenn Sie Ihren Arm ausgestreckt halten. Oder aber Sie treten einen Schritt zurück. Der größere Abstand ermöglicht einen geraderen Blickwinkel, was Sie weniger devot wirken läßt.

So sitzen Sie richtig

Das Thema Stehen haben wir erfolgreich absolviert. Darüber hinaus sollten Sie noch einige Tips zum Thema richtiges Sitzen mit in Ihr nächstes Verkaufsgespräch, in die nächste Gehaltsverhandlung oder in Ihre nächste Konferenz nehmen, damit Sie in diesen Situationen überzeugend sind.

Nehmen Sie die gesamte Sitzfläche ein
Wichtig ist, daß Sie die gesamte Sitzfläche des Stuhls einnehmen. Damit signalisieren Sie Sicherheit und: »Hier passe/gehöre ich hin.« Wesentlich beliebter ist bei Frauen das Sitzen auf nur einem Teil der Sitzfläche, nämlich der Kante. Ihr Gegenüber gewinnt dadurch den Eindruck, daß Sie so schnell wie möglich wieder weg möchten. Sie wirken unsicher und wie auf der Flucht.
Stellen Sie sich vor, Sie bewerben sich um einen neuen Job, der Sie ein Stück auf der Karriereleiter weiterbringen soll. Nach dem Gespräch erhalten Sie eine Absage. Möglicherweise reichte Ihre Qualifikation nicht aus, oder aber Sie haben sich nicht gut genug verkauft. Schuld kann sogar Ihre Sitzhaltung gewesen sein: Sie hat zuviel Unsicherheit ausgedrückt. Und wenn Sie zusätzlich dazu tendieren, an Ihren Gesprächspartnern vorbeizuschauen, anstatt ihnen in die Augen zu sehen, dann hängt die Absage mit Sicherheit mit Ihrer Körpersprache zusammen.
Würden sich mehr Menschen mit ihrer Körpersprache auseinandersetzen, wäre manches klarer. Beispielsweise weshalb einige Verkäufer bei gleicher Qualifikation mehr verkaufen als ihre Kollegen. Es könnte an ihrer positiven Körpersprache liegen.

Wohin mit den Beinen?
Die Möglichkeiten, wie Sie Ihre Beine halten, scheinen auf den ersten Blick nicht besonders groß und das Thema auch nicht besonders wichtig zu sein. Wenn Sie sich aber einmal die nächsten Fotos anschauen, dann werden Sie sehr schnell feststellen, daß es doch große Unterschiede in der Wirkung gibt.

Bild 11

Bild 12

Mit der Sitzhaltung auf dem linken Bild (Bild 11) drücken Sie sehr viel Sicherheit aus. Fragen Sie sich jedoch, ob eine derartig ausladende Beinhaltung angemessen ist! Selbst wenn Sie, wie die Dame auf diesem Foto, eine Hose tragen, ist diese Sitzhaltung nicht ladylike. Ihr Gesprächspartner ist möglicherweise irritiert, empfindet Unbehagen, wenn nicht sogar Antipathie. Sitzen Sie so auf gar keinen Fall!

Die Sitzhaltung auf dem rechten Bild (Bild 12) drückt nahezu das genaue Gegenteil aus: Unsicherheit und Zurückhaltung. Schuld sind die ineinander verschlungenen Füße und die im Schoß vergrabenen Hände. Wenn Sie nicht verklemmt wirken möchten, dann sollten Sie so nicht sitzen!

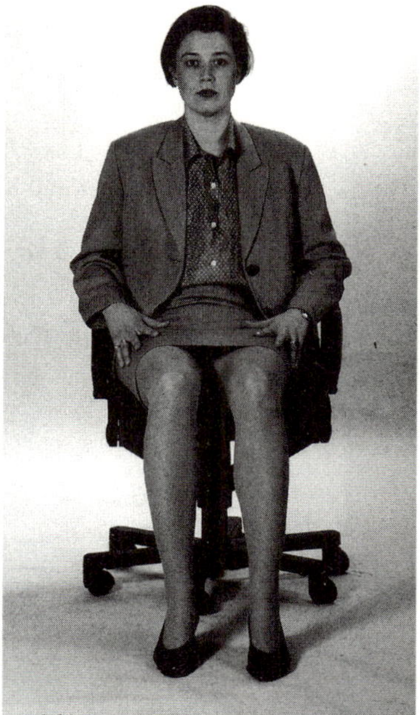
Bild 13

Wenn Sie sich für das Tragen eines kurzen Rockes entscheiden, müssen Sie sich darüber im klaren sein: Wenn Sie an diesem Tag hauptsächlich sitzen und Ihre Beine nicht durch Tische verdeckt sind, haben Sie möglicherweise ein »kleines« Problem. Sie müssen sich ständig Gedanken darüber machen, wie Sie sitzen.
»So sitzt doch niemand« – denken Sie vielleicht, wenn Sie das Foto betrachten (Bild 13). Doch die dargestellte Beinhaltung ist öfter zu beobachten, als Sie denken. In vielen Seminaren, Konferenzen und Besprechungen tragen die Damen kurze Röcke, obwohl sie die meiste Zeit sitzen. Diese Beinhaltung tritt nach ein paar Stunden fast automatisch ein, wenn es zu anstrengend wird, die Beine übereinanderzuschlagen. Angenehme Entspannung macht sich mit leicht gespreizten Beinen breit – aber: Man(n) kann Ihnen natürlich unter den Rock gucken.
Deshalb: Verzichten Sie möglichst auf das Tragen eines kurzen Rockes, wenn Sie sehr viel sitzen müssen und Ihre Beine dabei beobachtet werden können. Gönnen Sie sich selbst die Freiheit und Gelassenheit, nicht ständig darüber nachdenken zu müssen, wie Sie sich am besten hinsetzen, damit niemand unter den Rock schauen kann.

Bild 14

Bild 14a

Wow! Tolle, schlanke Beine. Das Bild auf der linken Seite (Bild 14) zeigt eine Sitzposition, die Ihre Beine von der besten Seite präsentiert!
Doch Vorsicht: Erstens ist diese Beinhaltung anstrengend. Anstatt sich auf die Beinhaltung zu konzentrieren, rate ich Ihnen, Ihre ganze Aufmerksamkeit dem Gespräch zu widmen, das Sie gerade führen.
Zweitens: Mit dieser Haltung Ihrer Beine rücken Sie zweifellos Ihre Weiblichkeit stark in den Vordergrund. Sie müssen und sollten Ihre Weiblichkeit nicht verstecken, aber Sie sollten auch nicht so damit kokettieren, spielen oder angeben, daß Ihre Kompetenz zweitrangig wird.
Wenn Sie sich entschieden haben, aufgrund Ihrer Kompetenz zu überzeugen, dann verzichten Sie auf diese Beinhaltung!

Bild 14a zeigt die Sitzposition, mit der Sie wohl den besten Eindruck machen: Ihre Beine sind übereinandergeschlagen. Egal ob Sie eine Hose, einen langen oder einen kurzen Rock tragen, so sehen Sie gut aus.
Achten Sie darauf, daß Sie Ihre Hände nicht zusammengefaltet in Ihrem Schoß liegen haben. Das würde wieder zu zurückhaltend und bescheiden aussehen. Außerdem würden Sie sich jeder möglichen Körpersprache berauben.
Entweder lagern beide Arme auf den Stuhllehnen, wie dargestellt – was sehr, sehr sicher wirkt –, oder nur ein Arm auf der Lehne, der andere locker auf den Beinen.

Merke:
Frau hat in ihrem Aussehen und ihrem Ausdruck wesentlich mehr Möglichkeiten als ein Mann, zumal sie zwischen Rock und Hose variieren kann. Am unproblematischsten ist es sicherlich, wenn Sie bei einem wichtigen Gespräch eine Hose tragen. Sie können sich in diesem Beinkleid voll und ganz auf das Gespräch konzentrieren – Ihr männliches Gegenüber übrigens auch – und müssen nicht ständig an Ihrem Rock zupfen, ihn glattstreichen oder überlegen, ob Sie jetzt etwas zu freizügig sitzen.

Thema Rock

Sie tragen gern Röcke? Ich auch. Ich bin mir allerdings der »Problematik« bewußt und überlege mir sehr genau, wann der kurze Rock angemessen ist und wann er mir eher ein ungutes Gefühl geben wird.
Angenommen, Sie sind mit einem Kunden in dessen Unternehmen verabredet. In seinem Büro steht eine Besuchercouch, auf der er Sie bittet Platz zu nehmen. Und schon beginnt das Dilemma. Mit einem kurzen Rock ist es fast unmöglich, sich hinzusetzen, ohne gleichzeitig zu viel Einblick zu gewähren. Sie werden die meiste Zeit damit beschäftigt sein, Ihre Hände im Schoß zu halten, um zu vermeiden, daß der Rock zu sehr spannt oder gar hochrutscht. Oder Sie werden sich alle drei Minuten erheben, um Ihren Rock herunterzuziehen. Ihr Gesprächspartner nimmt dieses »Gezuppele« sehr bewußt wahr. Möglicherweise wird er dadurch vom eigentlichen Thema abgelenkt.

Bei Ihnen selbst macht sich wahrscheinlich Unsicherheit breit und Ihre Konzentration läßt nach, weil Sie sich mit zwei Dingen gleichzeitig beschäftigen müssen.
Tip: Wenn Sie wissen, daß Sie sehr viel sitzen werden, zum Beispiel im Verkaufsgespräch oder in einer Besprechung, entscheiden Sie sich entweder für eine Hose oder für einen langen Rock.

Achten Sie auf Übereinstimmung zwischen Wort und Körpersprache

Wenn Ihre Körpersprache das Gegenteil von dem ausdrückt, was Sie sagen, dann können Sie reden und reden und reden. Man wird nicht Ihren Worten Glauben schenken, sondern Ihrem körperlichen Ausdruck. Um überzeugend zu sein, muß Körpersprache Ihre Worte unterstützen.
Beispiel: Sie haben Ihrer Freundin ein Geschenk gemacht. Sie nimmt es in Empfang, verschränkt die Arme vor der Brust und sagt: »Das ist ja eine tolle Überraschung, vielen Dank!« Glauben Sie ihr, daß sie sich freut?
Ihre Freundin freut sich wahrscheinlich tatsächlich nicht. Ihre Körpersprache ist eindeutig.
Noch ein Beispiel: Sie gehen mit Ihrem Partner in ein Restaurant essen. Als Sie ihm von einem Ereignis erzählen möchten, das Ihnen bei der Arbeit widerfahren ist, lehnt er sich in seinem Stuhl zurück, verschränkt die Arme vor der Brust und sagt: »Da bin ich aber mal gespannt.« Haben Sie dann den Eindruck, er würde sich für Sie oder Ihre Geschichte interessieren?
Hierbei handelt es sich um eine Kluft zwischen dem, was Ihr Partner sagt, und dem, wie er aufgrund seiner Körpersprache auf Sie wirkt. Sie empfinden das Zurücklehnen wie eine Flucht vor Ihrer Geschichte, deuten seine Körperhaltung als Desinteresse. Sie haben den Eindruck, als wollte Ihr Partner sagen: »Bloß nicht schon wieder.« Unterstützt wird Ihr Eindruck durch die verschränkten Arme vor der Brust, die auch ohne das Zurücklehnen ablehnend wirken. Der Gesamteindruck Ablehnung ist perfekt!
Beachten Sie: Es entsteht für Sie als Betrachter der Eindruck, daß Ihr Partner nicht an Ihrer Geschichte interessiert ist. Tatsächlich aber ist es möglich, daß er sich nur entspannt zurücklehnt, um Ihnen aufmerksam zuhören zu können.

Sammy Molcho sagt, daß es sogar darauf ankäme, in welche Richtung Sie Ihre Beine übereinanderschlagen. Zeigt das übergeschlagene Bein in Richtung Ihres Gesprächspartners, signalisieren Sie Interesse. Zeigt das Bein hingegen vom Gesprächspartner weg, so zeugt das von Desinteresse. Sie sehen, die Körpersprache verrät Sie wesentlich schneller als Ihre Worte.

Lernen Sie aus solchen Beispielen für Ihre tägliche Praxis
Wenn Sie sich im Gespräch mit einem Kunden, Geschäftspartner oder auch Ihrem Chef befinden, lautet die klare Empfehlung: Lehnen Sie sich nie zurück, wenn Ihr Gesprächspartner etwas erzählt – und sei es für Sie noch so gemütlich. Ihr Gegenüber wird Ihre Körpersprache mit Sicherheit falsch verstehen. Also, geben Sie Ihrem Wunsch, sich zurücklehnen zu wollen, nicht nach, sondern verhalten Sie sich genau gegenteilig: Kommen Sie mit Ihrem Oberkörper leicht nach vorn. So signalisieren Sie Interesse.
Stellen Sie sich vor, Sie eröffnen eine Konferenz und begrüßen die Anwesenden mit den Worten: »Herzlich willkommen, meine Damen und Herren, ich freue mich sehr auf zwei interessante und spannende Tage mit Ihnen ...« Dabei halten Sie, weil Sie nicht wissen, wohin mit Ihren Händen, die Arme vor der Brust verschränkt. Die Teilnehmer werden mit an Sicherheit grenzender Wahrscheinlichkeit nicht das Gefühl haben, daß Sie sich tatsächlich freuen, da Ihre Körpersprache das Gegenteil von dem ausdrückt, was Sie sagen.

Trickkiste
Um eine positive Beziehung zu einem Menschen aufzubauen, empfiehlt es sich, ihn genau zu beobachten und seine Körpersprache zu spiegeln – ihn quasi in seiner Körpersprache zu imitieren. Dies funktioniert allerdings nur bei positiver Körpersprache und nicht bei Signalen, die etwas Negatives ausdrücken.
Die folgenden Beispiele werden Ihnen verdeutlichen, worum es geht.

Nicht empfehlenswert:
Jemand schaut Sie mißmutig an – sie schauen ebenso zurück.
Jemand verschränkt die Arme vor der Brust – Sie tun es ihm gleich. (Da können Sie das Gespräch, das Sie führen wollten, gleich an den Nagel hängen.)

Ihr Gegenüber schlägt die Beine übereinander, das übergeschlagene Bein zeigt von Ihnen weg – Sie tun es ihm gleich.
Ihr Gesprächspartner gähnt – Sie auch. Beenden Sie das Gespräch lieber.

Schon besser:
Jemand lächelt Sie an – Sie lächeln zurück.
Ihr Gegenüber lehnt sich nach vorn – Sie auch.

In einem Seminar erzählte mir eine Teilnehmerin ein schönes Beispiel für gespiegelte Körpersprache, die den gewünschten positiven Effekt hatte. Die Dame hatte einen Termin für ein Vorstellungsgespräch. Sie war in ein Kostüm geschlüpft, hatte ihre Haare gekonnt frisiert und sich dezent geschminkt. So saß sie nun da, geschniegelt und gebügelt, und wartete auf den möglicherweise zukünftigen Vorgesetzten, der nicht kam und nicht kam.
Endlich stürzte jemand ins Büro – der ersehnte Gesprächspartner war endlich eingetroffen. Er machte einen abgehetzten Eindruck – entschuldigte sich für sein Verspäten und sagte, daß er einen stressigen Tag gehabt habe. Als erstes zog er sein Sakko aus, dann lockerte er seine Krawatte. Während ihr Gegenüber sich sichtlich entspannte, fühlte sich meine Seminarteilnehmerin immer unwohler. Der Gegensatz zwischen dem Gesprächspartner, der eine entspannte Atmosphäre suchte, und ihr, die sich in einem angespannten Zustand befand, war zu groß. Bis sie sich entschloß, einfach ihren Blazer auszuziehen und über ihren Stuhl zu hängen. Da es sehr warm war, krempelte sie die Ärmel ihrer Bluse etwas hoch. Ihre verkrampfte Sitzhaltung lockerte sie und setzte sich bequemer hin.
Von da an, sagte sie, fühlte sie sich einfach wohler, und zwischen ihr und dem Chef stimmte die Chemie. Sie hatte einfach nur seine Körpersprache gespiegelt, anstatt durch ihr gegenteiliges Verhalten eine Kluft aufzubauen.

Vermeiden Sie Gespräche in der Nähe des Throns

Als Thron bezeichne ich all die Orte, an denen sich Ihr Gesprächspartner wie ein König fühlt. Dazu gehört, wenn wir von Ihrem Chef sprechen, selbstverständlich sein Schreibtisch.

Angenommen, Sie möchten Ihren Vorgesetzten davon überzeugen, daß Sie mehr Gehalt bekommen sollten, oder Sie streben eine neue Position im Unternehmen an. Die meisten Menschen fühlen sich in solchen Situationen unsicher, weil sie glauben, daß der andere am längeren Hebel sitzt und sie irgendwie auf ihn angewiesen sind.
Führen Sie das in Ihren Augen schwierige Gespräch an einem Ort, an dem sich Ihr Gesprächspartner sehr sicher und Ihnen möglicherweise sogar überlegen fühlt, empfinden Sie die Situation wahrscheinlich doppelt unangenehm. Ihr Chef lehnt sich – da er sich an seinem Schreibtisch so richtig heimisch fühlt – entspannt zurück. Verschränkt möglicherweise noch die Arme. Sie werden sich vermutlich noch kleiner fühlen als zuvor, werden noch unsicherer, lassen sich von der Sicherheit ausstrahlenden Körpersprache des anderen beeinflussen.
Wählen Sie für solche Gespräche einen neutralen Ort, beispielsweise ein Besprechungszimmer oder die Besprechungsecke im Chefbüro. Dort ist niemand König. Idealerweise führen Sie schwierige Gespräche an einem Ort, an dem Sie sich sehr sicher fühlen, zum Beispiel an Ihrem Schreibtisch. Dort haben Sie die Oberhand. Dort ist Ihr Thron.
Achtung: Anders verhält sich die Sachlage, wenn Sie mit Kunden sprechen. So schreibt Daniel Goeudevert, ehemaliges Vorstandsmitglied unter anderem bei Citroën und VW, in seinem Buch »Wie ein Vogel im Aquarium«: »Bei Citroën war es damals gängige Praxis, den kaufwilligen Kunden in den Schauraum mit den funkelnden Neuwagen einzuladen. Davon hielt ich nichts. Ich verkaufte meine Autos fast ausschließlich am Küchentisch. In dem Schauraum fühlte sich der Kunde von allen Seiten attackiert – der Ort mußte ihm in meinen Augen wie ein Gefängnis vorkommen, aus dem es kein Entkommen gibt ... Bei sich zu Hause dagegen war er in seinem eigenen Revier. Die Gewißheit, mich jederzeit rauswerfen zu können, vermittelte ihm ein Gefühl der Sicherheit. Das machte ihn nachgiebig. Er entwickelte kein Abwehrverhalten gegen den Verkäufer, und ich konnte ihn müheloser zu einem Kauf überreden.«
Für Sie bedeutet das, die Lokalität für wichtige Gespräche sorgsam zu wählen – oder zumindest zu versuchen, darauf Einfluß zu nehmen. Essen Sie beispielsweise mit dem Kunden in seinem und nicht in Ihrem Lieblingsrestaurant.

Hüten Sie sich vor zu viel Sicherheit

In diesem Buch geht es von Anbeginn an um Erfolg, positive Ausstrahlung, selbstbewußtes Auftreten und Körpersprache. Es kann aber auch zuviel des Guten sein. Einige Menschen haben eine derart ausgeprägte, aufdringliche und bedrohliche Körpersprache, daß andere Menschen vor ihnen zurückweichen.
Vor allen Dingen hohe, ausholende, sehr großzügige Bewegungen wirken selbstgefällig und bedrohlich. Achten Sie darauf, daß Ihre Körpersprache sich im positiven Bereich abspielt. Etwa in Höhe zwischen Taille und Brust. Höher oder tiefer könnte vom Betrachter als negativ und unangenehm empfunden werden.
Vermeiden Sie eine zu ausladende Sitzhaltung. Sie haben eben gelesen, daß es wichtig sei, die ganze Sitzfläche eines Stuhls einzunehmen. Wenn Sie nun aber auf einer Couch Platz genommen haben und Ihren Arm langgestreckt auf der Rückenlehne ablegen, kann das auf Ihren Gesprächspartner selbstgefällig wirken und Antipathie hervorrufen.

Beachten Sie Distanzzonen

Das Wichtigste überhaupt ist, Distanzzonen anderer Menschen zu akzeptieren. Haben Sie auch einen Bekannten oder Kollegen, von dem Sie immer sagen: »Muß der mir so auf die Pelle rücken?« Ähnlich empfinden viele Menschen, wenn sie in einer überfüllten Straßenbahn oder einem Aufzug stehen. Ihre sogenannte Intimdistanz wird verletzt.
Einige Menschen kommen einfach zu nah heran, unabhängig davon, ob ausreichend Platz vorhanden ist oder nicht. Viele reagieren auf diese Nähe sehr empfindlich. Privat und im Job ist es für Sie wichtig, daß Sie die Distanzzonen respektieren, damit Ihr Gesprächs-/Geschäftspartner gern mit Ihnen spricht und kein unangenehmes Gefühl hat, wenn Sie sprichwörtlich »in der Nähe sind«, oder sogar den Kontakt ganz meidet.
Orientieren Sie sich an folgenden Richtwerten, damit Sie andere Menschen nicht durch Ihre bloße Anwesenheit vertreiben.

Ansprachedistanz
Die Ansprachedistanz gilt für Vorträge, Reden und Präsentationen.

Sie sollte mindestens drei Meter betragen. Wenn diese Distanz – aufgrund der Räumlichkeiten – nicht eingehalten wird, kann es sein, daß einige Zuhörer sich bedrängt fühlen.

Persönliche Distanz
Sie begrüßen jemanden mit Handschlag? Sie führen ein Verkaufs- oder Mitarbeitergespräch? Es ist in diesen Fällen zwar eine gewisse Nähe erforderlich, aber zu viel tut nicht gut. Achten Sie darauf, daß Sie etwa einen Meter entfernt bleiben. Sehr introvertierten Menschen könnte selbst das noch zu nah sein. Die extrovertierten Zeitgenossen hingegen können auch mit einem halben Meter gut leben.

Intimdistanz
Alles unter einem halben Meter Abstand muß zur Intimdistanz gezählt werden. Diese Nähe ertragen nur sehr extrovertierte Menschen oder Personen, mit denen Sie gut bekannt sind.

Die Brille als rhetorisches Ausdrucksmittel

Was bevorzugt bei Männern zu beobachten ist, frau sich aber durchaus abschauen könnte, ist der Brillentrick. Beobachten Sie doch einmal Ihre brillentragenden Kollegen und Vorgesetzten. Was einige dieser Herren mit ihren Sehhilfen veranstalten, ist sehenswert und eindrucksvoll.
Mann wird beispielsweise in einer Sitzung um eine Stellungnahme gebeten. Anstatt unmittelbar zu antworten, nimmt er seine Brille ab und blickt nachdenklich in die Runde. Er schindet Zeit und macht gleichzeitig einen besonnenen und intelligenten Eindruck.
Frauen, die Brillen tragen, sollten sich diese Taktik ruhigen Gewissens zu eigen machen. Sie gewinnen Zeit, in der Sie in aller Ruhe Ihre Antwort, Ihre Reaktion überdenken können (Bild 15).
Ganz gewiefte Zeitgenossen gehen noch einen Schritt weiter: Nachdem sie ihre Brille abgenommen haben, lassen sie sich ein wenig Zeit, nicken bedächtig und sagen: »Das ist ein sehr interessanter Aspekt. Dazu würde ich gern Ihre Meinung hören, Herr Müller.« Und schon haben sie das Wort an einen anderen Sitzungsteilnehmer weitergegeben. Daß der zuerst Angesprochene mögli-

cherweise keine Ahnung hatte, wie er hätte antworten können, fällt dabei niemandem auf.
Auf die Spitze getrieben wird diese Taktik, wenn der Brillenträger nach der Äußerung von Herrn Müller sagt: »Ja, so sehe ich das auch!« Null Ahnung – sehr kompetentes Auftreten. Natürlich ist dieses Verhalten nicht auf immer und ewig fortsetzbar. Irgendwann fiele es auf, daß da jemand ganz geschickt seine mangelnden Fachkenntnisse kaschiert. Doch als Hin-und-wieder-Taktik ist es durchaus akzeptabel.

Bild 15

Wenn Sie Brillenträgerin sind, haben Sie noch eine weitere Möglichkeit, Eindruck zu schinden. Und zwar erlaubt Ihnen Ihre Brille, auf andere überlegen zu wirken.
Ein Beispiel dazu aus einem meiner Seminare: Wir führten ein Rollenspiel durch. Eine Dame aus der Gruppe, Brillenträgerin, erklärte sich bereit, die Chefin zu spielen. Die andere Dame mimte die Sekretärin, die eine Gehaltserhöhung anstrebte. Die Damen nahmen einander gegenüber Platz. Das Rollenspiel konnte beginnen. Kaum hatte die Sekretärin gesagt: »Ich möchte mehr verdienen«, nahm die Chefin ihre Brille ab und lehnte sich zurück. Sie sagte nur: »Jaah?« Man sah, daß die Sekretärin in sich zusammensank und sich ihrer Chefin stark unterlegen fühlte – dabei war es nur ein Spiel.
Die »Chefin« sagte mir im Anschluß an das Rollenspiel, daß Sie das Abnehmen der Brille in Situationen, in denen Sie sich gegenüber ihren männlichen Vorstandskollegen behaupten müsse, bewußt einsetze.
Sie sehen, liebe Leserin, wie stark Körpersprache wirkt, und wenn es nur die Kleinigkeit ist, die Brille abzunehmen.

Move Success auf einen Blick

- Gehen Sie aufrecht – halten Sie sich gerade. Die Devise lautet: Brust raus!
- Schauen Sie anderen in die Augen – das zeugt von Selbstbewußtsein und Aufrichtigkeit.
- Schauen Sie freundlich, ohne sich ein Dauergrinsen anzugewöhnen.
- Wenn Sie nicht wissen, wohin mit Ihren Armen, tun Sie so, als hielten Sie zwei Gläser (ohne die Gläser tatsächlich festzuhalten) – die Arme befinden sich angewinkelt in Taillenhöhe. Ihre Hände berühren sich leicht.
- Machen Sie sich in Ihrer Körpersprache nicht unnötig schmal. Sie dürfen gesehen werden – nehmen Sie Raum ein!
- Gewöhnen Sie sich an den Gedanken, daß es positiv ist, Körpersprache zu haben, und handeln Sie danach.
- Vermeiden Sie unbewußt abwehrende Körperhaltungen, wie zum Beispiel das Verschränken der Arme vor der Brust oder das Zurücklehnen während eines Gesprächs.
- Nehmen Sie beim Sitzen möglichst die gesamte Sitzfläche ein.
- Verschränken Sie Ihre Arme nicht, sondern legen Sie sie locker in den Schoß oder einen Arm auf die Stuhllehne.
- Unterschätzen Sie nie die Wirkung Ihrer Körpersprache!

Look Success

Wir haben bisher darüber gesprochen, wie wichtig Ihre Körpersprache für Ihren Erfolg ist und wie Sie überzeugend kommunizieren. Doch egal wie geschickt Sie rhetorisch sind und wie souverän Sie auftreten: Der falsche Look zur falschen Zeit, das unpassende Outfit am falschen Platz, macht zumindest den ersten Eindruck kaputt. Kleider machen leider immer noch Leute.
Stellen Sie sich vor, Sie würden mein Seminar »Entdecken Sie Ihr persönliches Erfolgspotential« besuchen. Ich als Ihre Trainerin trage an diesem Seminartag eine ausgewaschene Jeans mit einem Loch an den Knien, einen kurzen, geringelten Pullover, der den gepiercten Bauchnabel zeigt. Welchen Eindruck mache ich auf Sie? Einen kompetenten, sachkundigen? Oder würden Sie eher glauben, im falschen Seminar zu sitzen? Die Sache ist die: Natürlich kann ich mich so anziehen, wenn ich das möchte, aber ich müßte ganz schön viel reden, machen und tun, um Sie von meiner Kompetenz zu überzeugen. Durch die richtige Kleidung wirke ich von Anfang an professionell, habe einen besseren Einstieg, was letztendlich mir selbst die Sache erleichtert.
Wenn Sie den richtigen Look wählen, machen Sie auf den ersten Blick bereits einen kompetenten Eindruck. Zusätzlich hilft Ihnen das angemessene Äußere, sich von Anfang an in der jeweiligen Umgebung wohl zu fühlen. Weder under- noch overdressed zu sein verleiht Ihnen ein gutes Gefühl. Ihre Kleidung trägt dazu bei, daß Sie sich besser fühlen und selbstbewußter wirken.
Stellen Sie sich vor, Sie nähmen an einem geschäftlichen Abendessen teil, von dem Sie glaubten, es würde in einer urigen Kneipe stattfinden. Als Sie eintreffen, entpuppt sich die Kneipe als nicht so urig; alle anderen Teilnehmer scheinen das gewußt zu haben und sind dementsprechend in Anzug, Kostüm oder Hosenanzug angereist. Wie fühlen Sie sich in Ihrer saloppen Aufmachung? Unwohl? Wahrscheinlich! Denn Sie haben beim Griff in den Kleiderschrank offensichtlich voll daneben gelangt. Hätten Sie richtig gegriffen, würden Sie sich jetzt besser und selbstbewußter fühlen. Ihr

»Fehlgriff« wird Sie vielleicht das ganze Abendessen hindurch verfolgen.

Doch was heißt schon falsche oder richtige Kleidung? Was verbirgt sich hinter Look Success? Pauschal zu sagen, Look Success bedeutet, diese und jene Farben zu tragen oder nur Röcke oder nur Hosen, wäre sicherlich falsch. Richtig hingegen ist erst einmal die folgende Aussage:

Tragen Sie nur Kleidung, in der Sie sich wohl fühlen. Das ist oberstes Gebot und Voraussetzung für Ihren Look, für Ihre Überzeugungskraft. Stellen Sie sich vor, Sie zwängten sich anläßlich eines geschäftlichen Termins zum erstenmal in einen Rock. Sie werden den ganzen Termin über an Ihrem Rock ziehen und völlig verunsichert sein, weil Sie nicht wissen, wie man sich in so einem Ding richtig bewegt. Und die Arbeit und die Mühe, die Sie investieren müssen, um das Bild wieder geradezurücken, ist unnötig verpuffte Energie. Warum nicht von Anfang an einen kompetenten Eindruck machen?

Lassen Sie solche Experimente: Tragen Sie keine Röcke, wenn Sie ansonsten Hosenträgerin sind. Ebenso gilt: Wenn Sie sich anziehen und spüren, daß Sie sich heute in diesem Hosenanzug, den Sie sonst mögen, irgendwie unwohl fühlen, dann ziehen Sie ihn auf der Stelle wieder aus und entscheiden Sie sich für ein anderes Kleidungsstück. Ansonsten passiert es Ihnen vielleicht, daß Sie sich den ganzen Tag nicht leiden mögen – und genau das sollten Sie vermeiden.

Sich wohl zu fühlen ist für den richtigen Look ganz entscheidend. Wie aber sieht es aus im Hinblick auf Farbe und Stil? Gibt es da irgend etwas zu beachten?

Sammy Molcho geht sogar so weit zu behaupten, daß man eine Frau, die sich mit einer freizügigen Rocklänge und einem tiefen Dekolleté präsentiert, nicht mit Gelddingen beauftragen würde.

Natürlich hat das Dekolleté nichts damit zu tun, ob diese Frau zuverlässig ist oder nicht – aber Sie wirkt unzuverlässig. Sie sehen, wie platt und wie schnell wir/Sie oft von anderen Menschen beurteilt werden. Es deutet einiges darauf hin, daß im Beruf ein gewisser Grad an Seriosität nicht verkehrt ist. Sie sollten aber auch nicht zu langweilig wirken. Und Sie möchten Ihren eigenen Typ verkörpern, oder?

Wie also kleidet frau sich richtig?

Dresscode-Test

Hier haben Sie die Möglichkeit, auf einen Blick zu testen, ob Sie sich professionell kleiden oder nicht!

	Ja	Nein
Tragen Sie im Sommer Strumpfhosen zum Rock?	❑	❑
Tragen Sie im Job immer ein leichtes Make-up?	❑	❑
Mögen Sie großzügige Ausschnitte, weil Sie ein schönes Dekolleté haben?	❑	❑
Achten Sie darauf, daß Ihre Absätze weder abgelaufen noch abgestoßen sind?	❑	❑
Tragen Sie hohe Absätze, weil sie ein schönes Bein machen oder Sie größer wirken möchten?	❑	❑
Mögen Sie Verspieltes, wie zum Beispiel Rüschenblusen oder Puffärmel?	❑	❑
Tragen Sie im Sommer ärmellose Blusen oder Kleider?	❑	❑
Besitzen Sie zu Ihrer Kleidung passende, hochwertige Handtaschen?	❑	❑
Besitzen Sie eine qualitativ hochwertige Aktentasche?	❑	❑
Tragen Sie einen Gürtel durch die Schlaufen Ihres Rocks oder Ihrer Hose?	❑	❑
Verwenden Sie hochwertige Accessoires? Zum Beispiel einen edlen Kugelschreiber (Montblanc, Pelikan, Cross etc.) oder ein elegantes, in Leder gebundenes Zeitplansystem.	❑	❑

Die Auflösung dieses Tests erhalten Sie auf Seite 183.

Gibt es den Branchenlook?

Der richtige Look hängt sicherlich davon ab, in welcher Branche Sie arbeiten und welche Unternehmenskultur herrscht. Generell gilt, daß der allgemeine Look in den Büros seriöser geworden ist. Das professionelle Business-Outfit – Kostüm, Hosenanzug oder Kombinationen mit einem Blazer – ist heutzutage nicht mehr nur in der Bank ein Muß. Selbst in den Werbeagenturen laufen die Beschäftigten längst nicht mehr flippig oder ganz in Schwarz gekleidet herum.

Beachten Sie
Aus dem Finanzwesen oder dem Versicherungsgeschäft ist konventionelle Kleidung nicht wegzudenken. Wenn Sie in diesen Branchen bestehen möchten, kommen Sie um das Tragen von Kostümen und Hosenanzügen nicht herum.
Bekleiden Sie allerdings eine führende Position im Bauwesen, muß differenziert werden. Sie verhandeln nur im Büro mit anderen leitenden Angestellten der eigenen oder anderer Firmen? Dann entscheiden Sie sich für Kostüm oder Hosenanzug. Sie haben vorrangig mit den Arbeitern und den Ingenieuren vor Ort zu tun? Dann wirken Sie mit einem Rock eher fehl am Platz.
Beziehen Sie die Unternehmenskultur in Ihre Kleiderfrage ein! Wenn alle sehr business-like gekleidet sind, ist die Frage wohl geklärt. Wie aber verhalten Sie sich, wenn Sie Businesskleidung mögen und alle um Sie herum sich extrem leger kleiden?
Tip: Übertreiben Sie nicht, und nähern Sie sich ein wenig an. Tragen Sie weiterhin das, worin Sie sich wohl fühlen, aber lassen Sie beispielsweise das sehr teure und auffällige Seidentuch weg. Lockern Sie sehr strenge Kleidung, wie ein graues Kostüm, mit einer frischen Farbe Ihrer Bluse auf – das läßt Sie weniger konservativ, dafür lockerer wirken.
Sie sehen: Es gehört ein wenig Fingerspitzengefühl dazu, für welche Kleidung Sie sich zu welcher Gelegenheit entscheiden.

Quantität oder Qualität?

Ihr Ziel sollte nicht sein, soviel Kleidung wie möglich zu besitzen. Seien Sie eher bescheiden, was die Menge angeht, setzen Sie statt dessen auf Qualität – man sieht es dem Kleidungsstück an, Sie haben mehr davon und müssen nicht schon nach der halben Saison wieder nach einem Kostüm suchen, das Ihnen gefällt.

Und noch ein Wort zu Ihrer Kleidung
Lassen Sie im Berufsleben lieber die Finger von tiefen Dekolletés, zu kurzen Röcken und durchsichtiger Kleidung. Auch wenn dies sexy und verführerisch aussieht, so verfehlen Sie, was das Berufliche angeht, die gewünschte Wirkung. Denn wenn Sie zuviel Bein oder Ausschnitt zeigen, rücken Sie Ihre Weiblichkeit ungewollt (?) stark in den Vordergrund. Ihre Weiblichkeit ist vorrangig, und Ihr Gegenüber sieht in erster Linie eine attraktive Frau und nicht die kompetente Gesprächspartnerin. Natürlich dürfen Sie attraktiv aussehen, aber nicht zu sexy.
Ein Personalchef eines großen Chemieunternehmens sagte in einem Interview: »Eine Frau, die in der Wirtschaft ernst genommen werden will, wird auf Miniröcke und grelle Schminke verzichten …«
Je mehr Haut Sie zeigen, desto mehr büßen Sie an Autorität ein.
Außerdem: Wenn ständig jemand versucht, Ihnen unter den Rock zu schauen oder in den Ausschnitt, irritiert Sie das vermutlich. Und das wird sich wenig positiv auf Ihr sicheres Auftreten während des Gesprächs auswirken. Also, Weiblichkeit ja, aber bitte keine geballte Ladung davon, sondern eher dezent und unaufdringlich.

Fazit
Zuverlässigkeit, Seriosität und Vertrauenswürdigkeit stehen in einer Geschäftsbeziehung ganz obenan. Und genau das sollten Sie versuchen mit Ihrer Kleidung, mit Ihrem gesamten Äußeren zum Ausdruck zu bringen.

Farben

Wenn es um die Farben geht, haben Sie relativ freie Wahl. Tragen Sie die Farben, die Ihnen stehen. Falls Sie kräftige Farben lieben, dann achten Sie darauf, daß Sie sie nicht zu bunt kombinieren. Ihre Accessoires sollten bei einem roten Hosenanzug oder einem apfelgrünen Kostüm recht schlicht sein, damit Sie nicht wie ein Paradiesvogel aussehen. Lassen Sie starke Farben allein für sich wirken.

Lassen Sie sich am besten einmal von einem Profi beraten, welche Farben Ihnen optimal stehen.
Buchtip: Wenn Sie, ohne eine persönliche Beratung in Anspruch nehmen zu wollen, mehr über Kleidung, Farben, Accessoires und ähnliches erfahren möchten, empfehle ich Ihnen: Mary Spillane, Der Imageguide für die Frau, erschienen im Hallwag Verlag.

Die nun folgenden Tips für »Look Success« passen in jede Branche und sind auf jede geschäftliche Gelegenheit übertragbar.

Schmuck

Mit Schmuck runden Sie Ihr Outfit ab – mal ganz abgesehen davon, daß sich viele Frauen ohne Schmuck irgendwie nackt fühlen. Welchen Schmuck Sie tragen, bleibt natürlich Ihnen überlassen und ist reine Geschmackssache. Beachten Sie jedoch: Weniger ist mehr, und echt sollte er sein – oder zumindest so aussehen.
Verzichten Sie auf sehr auffälligen, großen Schmuck. Behalten Sie sich riesengroße Ohrringe oder Ketten lieber für den Privatbereich vor.
Beachten Sie: Wenn Sie gern Ohrschmuck tragen, entscheiden Sie sich immer dafür: pro Ohr ein Ohrring
Wenn Sie nur im rechten oder nur im linken Ohr einen Ohrring tragen, leidet Ihr professionelles Ansehen. Erst recht geht der souveräne Auftritt »flöten«, wenn Sie mehrere Ohrringe in ein Ohr stecken.

Uhr

Sie tragen gern Swatch-Uhren oder finden, daß G-Shocks der letzte Schrei sind? Bewahren Sie sich das Tragen dieser Art von Uhren für den Privatbereich auf. Wenn Sie einen perfekten Eindruck hinterlassen möchten, duldet Ihr Outfit keine Plastikuhren, und schon gar nicht solche, die zeitweilig piepsen.
Greifen Sie lieber auf klassische Modelle zurück, die zeitlos und elegant sind. Damit liegen Sie immer richtig. Auch mit klassischen Modellen beweisen Sie eigenen Stil.

Schuhe

Wußten Sie, daß kein Mann auf die Idee kommen würde, schöne, aber unbequeme Schuhe zu kaufen? Frauen hingegen schon. Mehr als die Hälfte aller Frauen trägt regelmäßig unbequeme Schuhe. Machen Sie es besser, und tragen Sie in jedem Fall bequeme Schuhe. Denn wenn Ihnen Ihre Schuhe Schmerzen bereiten, passiert es schnell, daß Sie sich in Ihrer ganzen Haut nicht wohl fühlen. Und Ihr schmerzverzerrtes Gesicht könnten Geschäftspartner und Kunden leicht mißverstehen.

Make-up und Parfum

Haben Sie eigentlich gewußt, daß Frauen, die geschminkt sind, kompetenter wirken als ungeschminkte? Machen Sie sich dieses Wissen zunutze, und tragen Sie immer, wenn Sie beruflich unterwegs sind, ein leichtes Make-up. Eine Grundierung, ein wenig Rouge, Lippenstift und Wimperntusche reichen. Setzen Sie lieber auf Understatement als auf farbenfrohe Gestaltung. Understatement gilt auch für das Parfum, das Sie tagsüber auflegen.

Was sonst noch wichtig ist

Daß Ihre Haare immer top gepflegt sein sollten, brauche ich nicht zu erwähnen, das ist eigentlich allen Damen klar. Aber was das Aussehen der Fingernägel betrifft, erhalte ich immer wieder Fragen. Sollten die Nägel lackiert sein? Wenn ja, geht auch knallrot oder rosa? Was ist mit goldenen oder farbigen Applikationen, die im Augenblick so modern sind? Blaue und grüne Nagellacke sind ebenfalls in. Und vor allem: Wie lang dürfen die Nägel sein?
Kurzgeschnittene oder gefeilte Nägel, die leicht über die Fingerkuppen hinausschauen, sind, wenn sie gepflegt sind, immer die richtige Entscheidung. Damit machen Sie nichts falsch. Ein farbloser Lack sieht sehr schön dazu aus. Bei kräftigen Farben auf den Nägeln, also Rot, Rosa oder Braun, scheiden sich die Gemüter. Konservative Kleidungsberater raten davon ab.
Mein Tip für Sie: Tragen Sie ruhig einmal farbigen Nagellack, wenn Ihnen danach ist, aber achten Sie darauf, daß der Nagellack

immer top gepflegt aussieht. Schon die kleinste Macke wirkt nachlässig. Außerdem sollte Ihr Nagellack nicht nur zur Kleidung, sondern unbedingt auch zum Lippenstift passen. Von bunten Applikationen, langen Krallen oder blauem Lack sollten Sie im Beruf die Finger lassen.

Auflösung des Dresscode-Tests

Tragen Sie im Sommer Strumpfhosen zum Rock?
Sollten Sie. Das Tragen einer Strumpfhose gehört auch an sehr warmen Tagen zum professionellen Outfit. Sollten Sie sich an einem heißen Tag in Ihrem Büro verkriechen und niemanden treffen, dann kann die Strumpfhose schon mal in der Schreibtischschublade verschwinden.
Andererseits sollte dort für Unvorhergesehenes eine Strumpfhose liegen, in die Sie schnell schlüpfen können.
Tip: Damit Ihnen das Tragen von Strumpfhosen im Sommer leichter fällt, versuchen Sie doch einmal halterlose Strümpfe. Sie lassen wesentlich mehr Luft an den Körper als Strumpfhosen.

Tragen Sie im Job immer ein leichtes Make-up?
Sollten Sie. Ein leichtes Make-up läßt frau professioneller wirken. Siehe dazu Seite 182, »Make-up und Parfum«.

Mögen Sie großzügige Ausschnitte?
Hoffentlich nicht am Arbeitsplatz! Denken Sie daran: Je mehr Fleisch Sie zeigen, desto mehr leiden Ihre Kompetenz und Autoriät.

Achten Sie darauf, daß Ihre Absätze weder abgelaufen noch abgestoßen sind?
Wichtig! Auch wenn Sie noch so gut und gepflegt gekleidet sind, ein abgelaufener Schuh ruiniert den perfekten Eindruck. Unterziehen Sie Ihre Schuhe bitte einer regelmäßigen Prüfung, daß sie weder abgelaufen, schmutzig noch ausgetreten sind.

Tragen Sie hohe Absätze?
Hoch ist relativ. Hohe Absätze machen das Bein schlanker, und natürlich gewinnen Sie einige Zentimeter an Größe. Je höher die Absätze, desto unsicherer gehen Sie, aber desto weiblicher wirken Sie.

Sehr hohe Absätze sind für den Beruf ungeeignet. Versuchen Sie, das Maß von vier bis fünf Zentimetern Absatzhöhe nicht zu überschreiten. Damit wirken Sie immer noch weiblich, Ihr Bein wird gestreckt, aber Sie staksen nicht wie ein Storch in der Gegend herum.

Mögen Sie Verspieltes?
Vorsicht: Rüschenblüschen erinnern an altmodische Mütterchen. Von Dynamik keine Spur. Selbst die ehemalige Familienministerin Claudia Nolte hat ihr Image geändert und das Verspielte an den Nagel gehängt. Denn mit jeder einzelnen Rüsche wirkte Sie einen Tick inkompetenter.
In Kombination mit einem strengen Anzug kann eine Rüschenbluse – mit lediglich einer Rüsche in der Mitte, im Augenblick sehr modern, und aus edlem Material – allerdings sehr peppig aussehen.

Tragen Sie im Sommer ärmellose Blusen oder Kleider?
Hoffentlich nur privat! Für ärmellose Kleider gilt das gleiche wie für großzügige Dekolletés – bitte nur im Privatleben, nicht im Job.

Besitzen Sie zu Ihrer Kleidung passende, hochwertige Handtaschen?
Edel und schlicht sollten sie sein. Sparen Sie nicht an der falschen Stelle. Was nutzt Ihnen ein schönes Kostüm, wenn es für eine hochwertige Handtasche nicht mehr gereicht hat? Accessoires fallen mehr ins Gewicht und stärker auf, als Sie vielleicht denken.

Haben Sie eine qualitativ hochwertige Aktentasche?
Hoffentlich! Seien Sie auch hier nicht geizig. Ihre Aktentasche muß vom Feinsten sein. Verstehen Sie sie als Ergänzung zu Ihrem sonstigen, hochwertigen Outfit.
Eine billige Aktentasche ruiniert den Gesamteindruck, genauso wie abgelaufene Schuhe oder eine minderwertige Handtasche.

Tragen Sie einen Gürtel durch die Schlaufen Ihres Rocks oder Ihrer Hose?
Hoffentlich! Betrachten Sie es als Muß, einen Gürtel durch vorhandene Schlaufen zu tragen. Alles andere wirkt nachlässig und unprofessionell.

Verwenden Sie hochwertige Accessoires?
Alles ist wichtig! Kleinigkeiten machen den guten Eindruck perfekt. Hochwertige Accessoires sind unerläßlich, wenn Sie professionell wirken möchten.

Wenn Sie diese ganzen Outfit- und Stylingtips beachten, dann sollte Ihrer Karriere von dieser Seite nichts mehr im Wege stehen, denn Sie machen von Anfang an immer einen guten Eindruck. Aber: Ihr Erfolg und Ihre Wirkung auf andere setzen sich zusammen aus Talk, Move und Look Success.

Talk, Move und Look Success

Sie haben bis hierhin erfahren, daß sich Ihre Wirkung auf andere Menschen aus verschiedenen Faktoren zusammensetzt.

Talk – Sprechen: Es ist natürlich bedeutsam, was Sie sagen und wie Sie es sagen

Move und Look: Das Äußere und die Art, wie Sie sich präsentieren und bewegen, bestimmen zu fünfundfünfzig Prozent, wie Sie wirken.

Wenn Sie herausfinden möchten, wie Sie Ihre Wirkung, Ihre Ausstrahlung noch verbessern können, dann packen Sie jetzt die Gelegenheit beim Schopf, und führen Sie eine kurze Selbstanalyse durch. Nutzen Sie dazu das folgende Formular. Bewerten Sie sich in aller Ruhe in den verschiedenen Kategorien.

	Ja	Kann ich noch verbessern
Ich mag mich	❑	❑
Ich habe keine Probleme, in einer Diskussion das Wort zu ergreifen	❑	❑
Ich habe kein Problem, offen meine Meinung zu sagen	❑	❑
Ich sage meine Meinung, bin dabei aber diplomatisch	❑	❑
Ich drücke mich klar und verständlich aus	❑	❑
Ich kann andere Meinungen respektieren	❑	❑
Ich bin in der Lage, meine Meinung zu revidieren	❑	❑
Ich habe einen festen Händedruck	❑	❑
Ich kann anderen gut in die Augen schauen	❑	❑

Ich habe eine offene und sympathische Körpersprache	❑	❑
Ich unterstreiche meine Worte durch angemessene Körpersprache	❑	❑
Ich trete selbstbewußt auf	❑	❑
Ich kleide mich professionell	❑	❑
Ich verfüge über gute Umgangsformen	❑	❑
Ich bin sehr gepflegt (Fingernägel, Haare etc.)	❑	❑

Wie sind Sie zurechtgekommen mit Ihrer Bewertung? Verfügen Sie über Qualitäten, die nicht mehr verbesserungswürdig sind? Herzlichen Glückwunsch! Damit dies so bleibt, überprüfen Sie regelmäßig, ob Sie nach wie vor das Beste geben!
Bei einigen Punkten haben Sie sich eingestanden, daß Sie daran noch arbeiten könnten? Ganz normal – nobody is perfect. Nur finden Sie sich nicht damit ab, sondern arbeiten Sie daran.
Wenn beispielsweise Ihr Selbstbewußtsein schlecht abgeschnitten hat, dann schreiben Sie einmal auf, was Sie alles an sich mögen. Sie erinnern sich, auf Seite 68 hatte ich Sie schon einmal gebeten, alles aufzuschreiben, was Sie an sich mögen. Lernen Sie, sich zu akzeptieren und zu mögen. Nehmen Sie zusätzlich die Liste zur Hand, auf der Sie Ihre Erfolge notiert haben.
Knöpfen Sie sich Ihre Schwächen vor, und freuen Sie sich über Ihre Stärken. Und wenn Sie unsicher waren, wie Sie sich bewerten sollen, dann sprechen Sie mit einem Freund oder einer Freundin darüber und lassen Sie sich beraten. Das kann für Sie sehr interessant sein, möglicherweise erfahren Sie Dinge über Ihre Wirkung auf andere, von denen Sie bisher keine Ahnung hatten. Sie können von solch einem Gespräch unter guten Freunden nur profitieren.
Talk, Move und Look Success, gute Qualifikationen, erfolgreiches Streßmanagement – was soll jetzt noch schiefgehen, denken Sie? Normalerweise dürfte nicht mehr viel passieren, wenn es da nicht noch ein paar Fallen gäbe, in die frau leicht hineintappen kann, wenn sie nicht höllisch aufpaßt. Deshalb habe ich für Sie die zehn größten Karrierefallen zusammengestellt.

Zehn Karrierefallen, vor denen Sie sich hüten sollten

»Es gibt unglaublich viele«, antwortete Britta Steilmann, erfolgreiche deutsche Modedesignerin und Managerin, auf meine Frage »Welches ist Ihrer Meinung nach die gefährlichste Karrierefalle?« Insgesamt sind es zehn, die ich Ihnen vorstellen werde, und Sie werden Ratschläge und Tips erhalten, wie Sie sie am besten vermeiden.

Karrierefalle Nr. 1 – die Angst, Entscheidungen zu treffen
Erfolgreiche Menschen treffen Entscheidungen. Und: Wer nicht wagt, der nicht gewinnt!
Wenn Sie lange zaudern, hin und her überlegen, abwägen, ob oder ob nicht, kann es Ihnen passieren, daß Ihnen jemand anderes Ihre Idee vor der Nase wegschnappt. Jemand macht sich mit Ihrer Idee selbständig oder bewirbt sich für den Job, den Sie anvisiert hatten.
Machen Sie das Zaudern nicht zu einer Ihrer Haupteigenschaften, sondern seien Sie bereit, Risiken in Kauf zu nehmen. Wenn Sie immer nur auf Nummer Sicher gehen, kommen Sie nicht voran. Jil Sander, die bekannte Modeschöpferin, hat dazu einmal gesagt: »Man muß an sich glauben, auch wenn das Herz dabei klopft.« Und dann müssen Sie die Entscheidung treffen, es zu tun.

Karrierefalle Nr. 2 – Konfliktscheu
Das Harmoniebedürfnis, über das die meisten Frauen in verstärktem Maße verfügen, ist schuld daran, daß wir Konflikte um jeden Preis vermeiden. Aber wenn Sie immer nur vor Konflikten davonlaufen, anstatt sich ihnen zu stellen, werden diese Konflikte nie gelöst, und es werden immer mehr.
Warten Sie nicht darauf, daß sich ein Konflikt oder ein Problem in Luft auflöst. Zu langes Warten kann bedeuten, daß Sie die Sache verschlimmern. Wenn Sie beispielsweise mit Ihrer Chefin oder Ihrem Chef nicht zurechtkommen, nutzt es nichts, die Sache aus-

zusitzen. Kommunizieren Sie, sprechen Sie an, was Ihnen aufgefallen ist, fragen Sie nach. Vielleicht liegt allem ja nur ein Mißverständnis zugrunde.
Sie lösen einen Konflikt oder ein Problem auch dann nicht, wenn Sie Ihre Stelle wechseln. Sie lösen einen Konflikt nicht, wenn Sie zu einem Mitarbeiter oder einem Vorgesetzten, der Sie herablassend behandelt, weiterhin freundlich sind. Sie müssen sich dem Konflikt stellen, weil Sie ansonsten immer davonlaufen werden, anstatt Ihre Ideen und Vorstellungen zu verwirklichen – anstatt sich selbst zu verwirklichen.

Karrierefalle Nr. 3 – Selbstüberschätzung und Arroganz
Sandra Maahn, »Brigitte TV«-Moderatorin, hält Arroganz für eine der Hauptkarrierefallen.
Glauben Sie bitte nicht, alles alleine meistern zu können. Tun Sie nicht so, als ob Sie alles könnten und wüßten und der neue Einstein wären. Ganz im Gegenteil – geben Sie Vorgesetzten, Mitarbeitern und Kollegen das Gefühl, daß Sie auf ihre Meinung wert legen. Arbeiten Sie zusammen und profitieren Sie voneinander. Teamfähigkeit bringt Ihnen mehr Pluspunkte als die Einzelkämpferstrategie.

Karrierefalle Nr. 4 – falsche Bescheidenheit
Auch wenn viele Frauen zu Bescheidenheit erzogen worden sind – jetzt wird es höchste Zeit zu erkennen, daß Eigenlob nicht stinkt! Nicht kleckern, sondern klotzen, lautet die Devise. Sonst wissen nur Sie selbst, wie gut Sie sind. Sagen und zeigen Sie endlich, was Sie wirklich können.
Seien Sie bereit, Ihr Können bei Präsentationen unter Beweis zu stellen. Sie sind diejenige aus dem Team, die das Ergebnis präsentiert. Lassen Sie sich solche Gelegenheiten nicht entgehen.
Bedanken Sie sich für Lob, anstatt zu sagen: »Das war doch gar nichts.«

Karrierefalle Nr. 5 – Angst, die eigene Meinung zu vertreten
Besonders in Männerrunden, und vor allen Dingen dann, wenn die Herren sich alle einig sind, kann es schon einmal besonders schwer fallen, eine andere Meinung zu vertreten. Auch dann: Sagen Sie Ihre Meinung, sonst werden Sie immer übergangen und nicht ernst genommen.

Bringen Sie Ihre Meinung aber geschickt zum Ausdruck. Formulierungen wie »Das sehe ich ganz anders« oder »Das ist doch alles Quatsch« disqualifizieren Sie. Seien Sie geschickt und sagen Sie beispielsweise:

- »Folgenden Aspekt sollten wir noch bedenken«, oder:
- »Meine Erfahrungen haben bisher gezeigt, daß ...«, oder:
- »Könnte man es auch von der Seite aus betrachten ...«

Diese Formulierungen wirken souverän und kompetent – wichtig ist nur: Trauen Sie sich, auch wenn's Überwindung kostet.

Ein sorgsames Beobachten der männlichen Rituale und ein gewisses Maß an Diplomatie sind offensichtlich nie fehl am Platz: Ursula Nelles, Direktorin am Institut für Kriminalwissenschaften der Universität Münster, sagt: »Ich habe die Rituale der Männer beobachtet und sie dann gelernt, wie man Französisch und Spanisch lernt. Man darf nicht zu temperamentvoll auftreten, nicht zu humoristisch, nicht mit zuviel Gestik, damit man auf keinen Fall zu emotional wirkt. Vor allem muß man so lange warten können, bis die wichtigsten Männer ihre Statements abgegeben haben – auch wenn sie sich alle nur noch wiederholen. Wer da als Frau zu früh dazwischengeht, erreicht nicht viel.«

So macht frau eben ihre Erfahrungen ...

Karrierefalle Nr. 6 – Resignation

Etwas hat nicht so geklappt, wie Sie es sich vorgestellt hatten? Jetzt werfen Sie nur nicht die Flinte ins Korn. Lassen Sie sich nicht einschüchtern, nicht demotivieren. Sondern lernen Sie aus Ihren Fehlern, und betrachten Sie sich selbst kritisch. Fragen Sie sich: Warum ist es schiefgelaufen? Analysieren Sie Ihre bisherige Vorgehensweise, anstatt zu resignieren.

Wenn Sie bei einer Bewerbungsaktion nicht erfolgreich waren und dreißig Bewerbungen Ihnen nicht ein Vorstellungsgespräch eingebracht haben, bedeutet dies nicht, daß Sie eine Verliererin sind. Doch genau das denken die meisten. »Mich will keiner, ich bekomme sowieso nicht den richtigen Job« usw. Mit dieser Einstellung bekommen Sie tatsächlich nie den Job, den Sie sich wünschen, weil Sie, sollte Sie doch einmal jemand zum Gespräch einladen, so resigniert oder aus lauter Verzweiflung so verkrampft sind, daß Sie vermutlich einen schlechten Eindruck hinterlassen.

Was bedeutet es, daß kein Unternehmen Sie zu einem Vorstellungsgespräch eingeladen hat? Es bedeutet, daß Sie bisher die

falsche Strategie angewendet haben. Resignieren Sie also bitte nicht, sondern ändern Sie Ihre Taktik.
Betrachten Sie Ihre Bewerbung kritisch. Lädt man Sie aufgrund Ihrer schlampigen Bewerbung nicht ein? Ist Ihr Anschreiben aussagekräftig? Müssen Sie vielleicht ausgefallenere und offensivere Formulierungen wählen? Bewerben Sie sich für den richtigen Job in der richtigen Branche? Oder bewerben Sie sich wahllos – Hauptsache, eine neue Stelle?
Sie sehen an diesem Beispiel, daß Ihr Scheitern sehr viele Gründe haben kann. Der Hauptgrund liegt in der Regel nicht in Ihrer Person, sondern in Ihrer Strategie.
Deshalb: Resignieren Sie nicht, sondern gehen Sie analytisch vor, um zu ergründen, weshalb Sie nicht erfolgreich waren, und seien Sie dann kreativ, um eine andere Taktik zu ersinnen.
Die neue Taktik muß nicht zwangsläufig erfolgreich sein. Sie müssen auch in Kauf nehmen, eine falsche Entscheidung getroffen zu haben. Sie müssen damit leben, Fehler zu machen. Denn: Wer keine Fehler macht, kann auch nicht aus ihnen lernen!
Katharina Trebitsch, Film- und TV-Produzentin, sagt zu diesem Thema: »Frauen müssen lernen, das Fehlermachen zu ertragen.«

Karrierefalle Nr. 7 – der Mutter-Theresa-Komplex
Denken Sie an Ihre Kindheit, Ihre Jugend zurück. Welchen Beruf wollten Sie früher ergreifen? Viele Mädchen wollten Krankenschwester, Arzthelferin oder Ärztin werden. Mädchen wollten und wollen helfen.
Manche Frauen suchen sich zielstrebig schwierige Partner, die zum Beispiel Alkohol- oder Drogenprobleme haben; diese Frauen wollen helfen. Die Liebe ist häufig nicht die vorrangige Motivation.
Haben Sie an sich selbst schon das eine oder andere Mal das Helfersyndrom entdeckt? Haben Sie das Gefühl, für alle dasein zu müssen, immer allen helfen zu müssen? Sind Sie mehr für andere als für sich selbst da? Falsch!
Denken Sie an sich – sosnt nutzt man Ihre Gutmütigkeit aus, und Sie kommen nur noch dazu, sich um andere zu kümmern, aber nicht mehr um sich selbst. Sie bleiben auf der Strecke – Sie finden keine Zeit mehr für sich – Sie können sich nicht mehr selbst hegen und pflegen.
Betrachten Sie es doch auch einmal so: Wenn Sie sich selbst vernachlässigen, um sich ständig um andere zu sorgen, klappen Sie

in absehbarer Zeit entweder physisch oder psychisch zusammen. Und dann können Sie niemandem mehr helfen!
Denken Sie also zuerst an sich selbst, damit Sie unter anderem auch für andere dasein können.

Karrierefalle Nr. 8 – Sie suchen die Fehler immer bei anderen
Es läuft etwas schief, und Sie denken, die anderen sind schuld? Sie sind an etwas gescheitert und machen die Umstände dafür verantwortlich? Schon möglich, daß Umstände, andere Menschen, das System oder was auch immer Ihren Erfolg behindert haben. Aber betrachten Sie sich nicht prinzipiell als Opfer irgendwelcher Umstände. Sondern hinterfragen Sie kritisch, inwiefern Sie die Schuld an Ihrer jetzigen Situation tragen. Klagen Sie sich nicht an, sondern lernen Sie aus den Fehlern, wenn Sie erkennen, daß Sie welche begangen haben.

Der Unterschied zwischen erfolgreichen und erfolglosen Menschen
Erfolgreiche Menschen nehmen Herausforderungen an und sind bereit, Fehler zu machen. Erfolgreiche Menschen rappeln sich nach Rückschlägen wieder auf, fragen sich, warum etwas nicht geklappt hat und was sie beim nächsten Mal besser machen können.
Erfolglose Menschen haben Angst vor der Herausforderung, Angst zu versagen. Sie reden sich ein, daß sie sowieso scheitern. Sollten Sie dennoch die Herausforderung annehmen, fallen sie tatsächlich auf die Nase, weil sie sich zuvor ihren Mißerfolg gehörig eingeredet haben. Sie konnten nur verlieren.
Außerdem machen erfolglose Menschen nie sich selbst für Niederlagen oder Rückschläge verantwortlich. Schuld sind die anderen, das System, die Umstände oder das Wetter. Da sie sich selbst nicht kritisch hinterfragen, werden sie nicht entdecken, welche Fehler sie begangen haben. Folglich werden sie die gleichen Fehler immer und immer wieder begehen, anstatt daraus zu lernen.
Erfolglose Menschen rappeln sich nach einem Rückschlag nicht wieder auf. Sie sind gescheitert, fühlen sich in ihrer Einschätzung bestätigt, da sie den Mißerfolg vorausgesehen hatten, und versuchen es nie wieder. Und wenn sie es nicht erneut angehen, können sie auch nicht wieder enttäuscht werden. Was für ein Teufelskreis …
Denken Sie daran: Sie sind nicht Opfer irgendwelcher Umstände. Sie sind Steuerfrau Ihres eigenen Unternehmens. Lenken Sie es selbst in die richtige Richtung!

Ein gute Bekannte wechselte zwei Jahre lang sehr häufig die Stelle und gab die Schuld immer der Firma, den Mitarbeitern oder dem Vorgesetzten. Bis ich sie einmal fragte, ob sie nicht auch dazu beigetragen hätte, daß die Atmosphäre am Arbeitsplatz jedesmal unerträglich wurde und die Kollegen sie nicht akzeptierten. Sie dachte zum erstenmal wirklich kritisch über sich und ihre Verhaltensweisen nach und kam zu dem Ergebnis, daß ihre anfängliche Arroganz und ihre Tendenz, immer alles besser wissen zu wollen, jedesmal die Akzeptanz innerhalb der Firma verhinderten. Bei ihrer neuen Stelle hat sie es besser gemacht; sie sieht sich nicht länger als Opfer, sondern als Täter, der sich aber mit einem gesunden Maß an Selbstkritik helfen konnte.

Karrierefalle Nr. 9 – den falschen Weg einschlagen und ihn nicht ändern

Sie können nur Karriere in einem Beruf machen, der Sie erfüllt, der Ihnen Spaß macht, bei dem Sie mit Leib und Seele bei der Sache sind. Schlagen Sie keinen Weg ein, nur weil Sie glauben, daß Sie damit viel Geld verdienen könnten. Irgendwann verlieren Sie die Lust, die Motivation weiterzumachen, und das war's dann mit der Karriere. Wählen Sie von Anfang an ein Ziel, von dem Sie glauben, daß es Ihren Talenten und Ihren Vorstellungen entspricht. Nur so können Sie auf Dauer erfolgreich sein.

Und seien Sie bereit, getroffene Entscheidungen zu revidieren. Wagen Sie einen Neuanfang, wenn Sie nicht glücklich sind. Nehmen Sie die Herausforderung an!

Wenn Sie sich noch nicht hundertprozentig sicher sind, ob Sie den Bereich wechseln oder die finanzielle Sicherheit Ihrer Stelle aufgeben möchten, nehmen Sie eine neue Herausforderung parallel zu Ihrem jetzigen Job an. Setzen Sie nicht von Anfang an alles auf eine Karte, sondern testen Sie erst einmal, was Ihnen wirklich Spaß macht.

Dies bedeutet natürlich eine Doppelbelastung, aber der Aufwand und die Energie, die Sie in das Projekt stecken, lohnen sich, wenn Sie so herausfinden, was Sie für sich realisieren wollen und können.

Karrierefalle Nr. 10 – Sie geben zu schnell Intimes und Privates preis

Frauen tendieren eher als Männer dazu, private Dinge zu erzählen. Dies geschieht meist aus dem Bedürfnis heraus, eine bessere Beziehung zu dem Menschen aufbauen zu wollen, dem man

etwas erzählt. Wägen Sie genau ab, was Sie Kollegen und/oder Vorgesetzten erzählen. Bestimmte private Dinge sollten Sie unbedingt für sich behalten, denn sie könnten später gegen Sie verwendet werden.
Sprechen Sie über die drei folgenden Themen nur mit Menschen, denen Sie wirklich vertrauen (sehen Sie hierzu auch Seite 130). Ansonsten sollten Sie sie lieber für sich behalten.

1. Alles, was mit dem Thema Sex oder Ihrer Intimsphäre zu tun hat. Behalten Sie es für sich, wenn Sie jemanden kennengelernt haben. Wenn es etwas Ernstes ist, können Sie es immer noch erzählen. Erzählen Sie nichts über vergangene Beziehungen, über sexuelle Vorlieben oder ähnliches.
2. Sagen Sie niemandem, wieviel Geld Sie auf der hohen Kante haben.
   In Deutschland ist Neid weit verbreitet. Wenn jemand besser, größer, schneller, schöner ist als andere, dann kann er sich des Neides seiner Mitmenschen sicher sein.
   Behalten Sie deshalb finanzielle Informationen für sich. Der Neid Ihrer Mitmenschen erwischt Sie noch früh genug, wenn Sie erfolgreich sind.
3. Ihr Chef ist ein Ekelpaket – das können Sie gern denken, aber erzählen Sie es niemandem. Sie mögen zwar Zustimmung ernten, aber im nachhinein wird diese Bemerkung vielleicht gegen Sie verwendet.

Lassen Sie sich von so vielen Karrierefallen nicht ins Boxhorn jagen. Sie wissen, daß es sie gibt. Finden Sie für sich heraus, welche Fallen bei Ihnen persönlich am schnellsten zuschnappen könnten. Und passen Sie einfach auf, daß Sie nicht hineintappen.

Sackgassen im Beruf

Gehen wir einmal davon aus, daß Sie Ihren Weg gehen werden, daß Sie Ihren Karriereweg finden oder bereits gefunden haben. Möglicherweise stellen Sie irgendwann fest, daß es nicht mehr weitergeht. Sie treten auf der Stelle, kommen nicht voran, und Sie wissen nicht warum.
Daß Sie auf der Stelle treten, merken Sie unter anderem daran, daß eine erhoffte Beförderung ausbleibt, daß die Gehaltserhö-

hung, mit der Sie fest gerechnet hatten, nicht kommt. Als noch viel negativer empfinden Sie aber möglicherweise die Routine, den tagtäglich gleichen Trott, wenn es irgendwann nicht mehr weitergeht. Alles ist so wie immer, Sie erledigen Ihren Job mit links. Es gibt keine neue Herausforderung mehr. Sie sehen keine Perspektiven, langweilen sich. Kurz: Es macht keinen Spaß mehr.
Daß so etwas sogar recht häufig passiert, belegt eine Umfrage der Fachhochschule Rheinland-Pfalz: Jeder vierte Arbeitnehmer in Deutschland geht lustlos ins Büro!
Und Sie können sich vorstellen, daß diese Lustlosigkeit weitreichende Konsequenzen haben kann. Irgendwann powern Sie nicht mehr, sondern arbeiten nur noch nach Vorschrift. Die Folge: Sie haben noch weniger Spaß bei der Arbeit. Und irgendwann ist Ihnen Ihr Job völlig gleichgültig. Sie befinden sich in einer Sackgasse. Weiter geht es an dieser Stelle, an diesem Platz nicht mehr – da hilft nur noch zurück und neu anfangen.
Erstaunlicherweise landen gerade sehr engagierte Frauen, die alles perfekt machen möchten, häufig in einer Sackgasse. Hochmotiviert und mit den besten Vorsätzen gehen viele Damen ihren Job an. Wenn dann die große Ernüchterung kommt, beispielsweise durch schlechtes Betriebsklima, träge Entscheidungswege oder stupide Aufgaben, dann laufen sie Gefahr, in die Falle zu tappen, sich in eine Sackgasse zu bewegen, aus der sie so schnell nicht wieder herauskommen. Denn um herauszufinden, müssen sie erst einmal bemerkt haben, daß sie gefangen sind.
Lassen Sie mich Ihnen die drei wichtigsten Karrieresackgassen erläutern, damit Sie nicht hineinlaufen beziehungsweise wieder herausfinden.

Sackgasse Nr. 1 – die Anpassung

Ist Ihnen schon einmal aufgefallen, daß es Frauen tendenziell leichter fällt als Männern, sich bestimmten Situationen, Menschen und Gegebenheiten anzupassen? Wir sind die besseren Zuhörerinnen, denken uns besser in andere Menschen hinein. Wir bezeichnen uns eher als kooperativ. Das mag häufig von Vorteil sein, doch diese Anpassungsgabe kann zur Sackgasse im Job werden.
Stellen Sie sich vor, Sie passen sich den Gegebenheiten in Ihrem Job an. Das kann zur Folge haben, daß Sie, obwohl Sie es nie und nimmer sagen wollten, »Mahlzeit« sagen, nur weil alle anderen es sagen.

Aber jetzt mal ganz ernsthaft:
Wenn Sie sich dem schlechten Betriebsklima oder dem rüden Umgangston anpassen oder einfach mit den gesamten Umständen zufriedengeben, obwohl sie Ihnen nicht gefallen, dann sind Sie in einer Falle.
Passen Sie sich nicht aus falsch verstandenem Harmoniebedürfnis an. Denn wenn Sie immer nur einstecken und um des lieben Friedens willen gute Miene zum bösen Spiel machen, müssen Sie zwangsläufig unglücklich werden. Und wenn Sie sich ganz weit in die Anpassungssackgasse hineinmanövriert haben, ist es sehr schwierig, wieder herauszufinden. Sie haben so lange die Angepaßte gespielt, daß Ihnen ein anderes Verhalten schwerfallen wird. Doch irgendwann kommt der große Knall, wenn Sie keine Lust mehr haben, zur Arbeit zu gehen, wenn Sie nur darauf warten, bis Sie Ihre Stunden abgesessen haben. So etwas nennt man innere Kündigung. Sie engagieren sich für kaum mehr etwas, Ihre Leistungen lassen nach. Mit Ihrer Demotivation rückt die Karriere in weite Ferne.
Wie können Sie das verhindern? Ganz einfach: Beschäftigen Sie sich mit sich und Ihrem Job. Fragen Sie sich immer wieder:
Was macht mir Spaß? Was würde ich gern intensivieren?
Was mache ich nicht so gut? Kann ich diese Arbeiten an jemanden delegieren, der dafür besser geeignet ist?
Seien Sie kreativ, was Ihren eigenen Tätigkeitsbereich anbelangt. Suchen Sie immer wieder nach neuen Herausforderungen. Bleiben Sie flexibel.
Suchen Sie das Gespräch mit Ihrer Chefin/Ihrem Chef. Sagen Sie es offen, wenn Sie gern Ihr Aufgabengebiet erweitern oder verlagern möchten.
Sagen Sie nicht zu allem ja und amen, nur weil Sie von allen gemocht werden wollen. Jasager werden auf Dauer langweilig und schnell ausgenutzt. Zeigen Sie, daß Sie eine eigene Meinung haben, und lernen Sie, nein zu sagen.
Wenn Sie sich diese Strategien zu Herzen nehmen, dürfte Ihr Job nicht langweilig werden; außerdem machen Sie so einen riesigen Bogen um die Anpassungssackgasse.

Sackgasse Nr. 2 – die Assistentenrolle
Die Assistentenfalle schnappt schneller zu, als man denkt, und ist vor allen Dingen diejenige, die am wenigsten auffällt.

Ich gehe einfach einmal davon aus, daß Sie in Ihrem Job das Beste geben. Und wenn wir mit ganzem Herzen bei der Arbeit sind, machen wir uns für Vorgesetzte schnell unentbehrlich – und schon schnappt die Falle zu, und Sie befinden sich in einer Sackgasse, in der es nicht mehr weitergeht. Denn wenn Sie unentbehrlich geworden sind, nicht durch andere ersetzbar, dann wird Ihr Chef Ihren Aufstieg, Ihren Wechsel in eine andere Position nicht unterstützen, weil er Sie für sich behalten will.
Das ist auf der einen Seite natürlich schmeichelhaft, aber in der Falle sitzen Sie trotzdem. Ihr Chef wird, obwohl oder vielleicht gerade weil das Verhältnis zwischen Ihnen beiden hervorragend ist, Ihre Karriere bremsen. Er will nicht auf Sie verzichten – schließlich wäre er schön blöd, wenn er sie gehen ließe, nach dem, was er alles »für Sie getan« hat und was er »in Sie investiert« hat, oder? Er hat eine hervorragende Mitarbeiterin, und die soll er freiwillig abgeben? Nie!
Ihre Strategie kann nur lauten: Seien Sie genauso eifrig bei der Sache wie bisher, aber geben Sie Ihrem Vorgesetzten nie das Gefühl, daß ohne Sie nichts läuft.
Machen Sie immer deutlich, daß andere Mitarbeiter Ihnen hervorragend zuarbeiten oder daß Sie sich im Urlaub oder bei sonstiger Abwesenheit durch Kollegen prima vertreten fühlen.
Das Gegenteil erreichen Sie, wenn Sie Telefonnummern von Urlaubsorten hinterlassen und zulassen, daß Sie ständig aus der Firma angerufen werden.

Sackgasse Nr. 3 – die Familie

Sie haben eine kurze Erziehungspause eingelegt und sich intensiv um Ihr Kind gekümmert? Kein Problem – allerdings passiert es Ihnen vielleicht, daß Sie sich nach der kurzen Pause nicht mehr soviel zutrauen wie zuvor. Vielleicht nehmen Sie erst einmal irgendeinen Job an, um wieder »reinzufinden«, wie man so schön sagt.
Und das ist der Fehler: Warum unterschätzen Sie sich? Glauben Sie wirklich, Sie hätten soviel verlernt? Sie werden schnell feststellen, daß Sie das nicht haben, daß Sie sich mit Ihrer Unterforderung nicht wohl fühlen und nach einer neuen Beschäftigung suchen müssen.
Allerdings sollten Sie es mit der Babypause nicht übertreiben. Bleiben Sie realistisch – für eine karrierebewußte Frau sind drei

Jahre Pause zu lang. Personalchefs unterstellen Ihnen dann möglicherweise doch, den Anschluß verpaßt zu haben. Entscheiden Sie sich, Ihr Kind besser früher in qualifizierte Obhut zu geben und mit dem Job weiterzumachen. Wichtig dabei: Lassen Sie sich von anderen Müttern, der eigenen Mutter oder der Schwiegermutter kein schlechtes Gewissen einreden. Es ist Ihr Kind, und es ist Ihre Entscheidung! Sie übernehmen die Verantwortung.
Also, trauen Sie sich von Anfang an etwas zu. Ihre Qualifikationen sind wie Fahrrad fahren, das verlernt man auch nicht!

Vermeiden Sie diese drei Sackgassen! Überprüfen Sie sich immer wieder selbst! Betrachten Sie sich genau, und schauen Sie, wo Sie sich im Augenblick befinden und wohin Sie wirklich wollen.

Geld ist nicht alles, aber ohne Geld ist alles nichts?

»Geld regiert die Welt.«
»Geld allein macht auch nicht glücklich – aber es hilft.«
Es scheint sich immer alles ums liebe Geld zu drehen. Vermutlich möchten auch Sie so viel Geld verdienen, daß Sie sich um »Kleinigkeiten« keine Gedanken mehr machen müssen: Kauf' ich mir das Kostüm jetzt, oder verschiebe ich das lieber auf den nächsten Monat? Sind drei Wochen Urlaub drin – oder sprengt das die Reisekasse?
Ja, es ist zugegebenermaßen schön, genug Geld zu haben/zu verdienen. Nur, was ist genug? Wer will das beurteilen? Es kann wahrscheinlich immer ein wenig mehr sein, oder? Es liegt in der Natur des Menschen, immer mehr erreichen zu wollen, sich immer weiter zu steigern. Doch beziehen Sie bei allem finanziellem Ehrgeiz, noch mehr Geld verdienen zu wollen, folgende Anregungen in Ihre Überlegungen mit ein.

1. Wechseln Sie Ihre Stelle nicht allein wegen des Geldes!
Die Versuchung ist groß, daß Sie Ihren Arbeitsplatz wechseln, wenn ein anderer Arbeitgeber einen höheren finanziellen Anreiz bietet. Die Versuchung wird wohl noch größer, wenn sogenannte Headhunter sich bemühen, Sie abzuwerben. Diesem Schmeicheleffekt erliegen nur allzu viele.
Doch lassen Sie sich weder von dem Aufhebens, das um Ihre Per-

son gemacht wird, noch von den finanziellen Reizen beeindrucken. Überlegen Sie statt dessen:

- Warum will ich meinen derzeitigen Job verlassen?
- Bin ich unzufrieden?
- Wenn ja, was stört mich konkret?
- Wenn ja, läßt sich das vielleicht nicht doch klären?
- Welche Möglichkeiten bietet mir die neue Stelle?
- Wie würde ich mich – abgesehen vom Geld – verbessern?
- Habe ich dort bessere Aufstiegschancen?

2. Wieviel hole ich netto tatsächlich mehr raus?

Eine Gehaltserhöhung von fünfhundert oder tausend Mark hört sich gut an und ist sicher eine Menge Geld. Doch was bleibt Ihnen netto? Wenn Sie Pech haben, geraten Sie gerade aufgrund dieser Gehaltserhöhung in eine höhere Steuerprogression und haben nur unmerklich mehr auf dem Konto.

3. Berücksichtigen Sie andere Vor- und Nachteile

Ihr potentieller Arbeitgeber bietet Ihnen tausend Mark mehr als Ihr jetziger? Ziehen Sie auch die sonstigen finanziellen Rahmenbedingungen in Ihre Überlegungen mit ein. Fragen Sie sich beispielsweise, ob Sie bei einem Arbeitsplatzwechsel höhere Fahrtkosten hätten.

Wie weit wäre Ihre neue Arbeitsstelle von Ihrer Wohnung entfernt? Müßten Sie mehr Zeit in die An- und Abfahrt investieren?

4. Eine neue Stelle und weniger Geld als zuvor?

Mit jedem Stellenwechsel sollten Sie sich finanziell verbessern, heißt es immer. Man wäre ja schließlich schön blöd, wenn man eine neue Stelle zu einem geringeren Gehalt als zuvor anträte. Wie sehen Sie das?

Wenn Sie die Stelle wechseln, gibt es einige gute Gründe, ein geringeres Gehalt in Kauf zu nehmen, wenn der Rest stimmt.

Untersuchungen zeigen beispielsweise, daß die meisten zufriedenen Mitarbeiter in Unternehmen arbeiten, die weniger als zwanzig Angestellte haben. Was nicht bedeutet, daß in kleinen Firmen nicht gemobbt würde, nur die Wahrscheinlichkeit ist geringer.

In kleinen Firmen hat jeder Mitarbeiter weit mehr Kompetenzen als die Kollegen in Großunternehmen. Ihre Möglichkeiten zur persönlichen Entfaltung sind vielleicht größer als in einem Konzern.

Bietet Ihnen die kleine Firma im Vergleich zum Großunternehmen Perspektiven? Immerhin klagen sechsundsiebzig Prozent aller Berufstätigen über Orientierungslosigkeit und fehlende Perspektiven. Und nur siebenunddreißig Prozent der Arbeitnehmer sind mit ihren Aufstiegschancen zufrieden.
Wenn Sie also Möglichkeiten für Ihre persönliche Weiterentwicklung, Aufstiegschancen und ausreichend Potential zur Entfaltung Ihrer persönlichen Stärken sehen, bietet Ihnen das kleine Unternehmen möglicherweise mehr als der Konzern.
Klammern Sie sich also nicht unbedingt an die großen Namen im Geschäft, sondern schauen Sie genau, was sich dahinter verbirgt, was konkret Sie in diesem Unternehmen erreichen können, ob die Stelle Ihren Stärken entspricht.
Mit dem, was Sie in einer überschaubar großen Firma lernen, können Sie sich später immer noch verändern, oder aber Sie machen innerhalb dieses Unternehmens Karriere.

So machen Sie im Job auf sich aufmerksam

Wenn Sie beruflich etwas erreichen möchten, ist die Masche »Mauerblümchen« nicht angesagt. Aber das haben Sie inzwischen – wenn nicht spätestens durch die Lektüre dieses Buches bis hierhin – sicherlich schon selbst gemerkt.
Bescheidenheit ist *keine* Zier! Seien Sie sich nicht zu schade, ein paar Tricks anzuwenden, damit Sie sich ins rechte Licht rücken und Ihre Vorgesetzten bei Beförderungen nicht an Ihnen vorbeikommen.

1. Denken Sie nicht nur mit, sondern auch voraus. Vollziehen Sie Vorgänge und Projekte intensiv nach. Warten Sie nicht auf die nächste Anweisung, sondern überlegen Sie, welcher Schritt als nächstes erforderlich sein wird. Dann lautet Ihre Antwort demnächst immer häufiger: »Hab' ich schon erledigt«, oder: »Ist schon angeleiert«, oder: »Hab' ich schon in Angriff genommen«.
   Das wirkt initiativ, macht einen interessierten und engagierten Eindruck. Die meisten Chefs wünschen sich Mitarbeiterinnen und Mitarbeiter, die agieren und nicht nur reagieren.
2. Bringen Sie eigene Ideen ein. Warten Sie nicht, bis man Sie um Ihre Meinung bittet, sondern machen Sie ungefragt Verbesse-

rungsvorschläge. Achtung: Ein wenig rhetorisches Geschick ist gefragt, wenn Sie nicht wie die Oberschlaumeierin vom Dienst wirken möchten. Aber dazu haben Sie ja im Kapitel »Talk Success« eine Menge gelesen.

3. Seien Sie freundlich und gelassen. Das hört sich so selbstverständlich an – ist aber, wenn wir ganz ehrlich sind, gar nicht so einfach. Wenn Sie viel leisten und engagiert sind, geraten Sie schon einmal in stressige Situationen. Wenn Sie dann ausrasten und hysterisch werden oder signalisieren, daß wieder einmal niemand Sie verstünde, wirken Sie nicht belastbar. Jeder Ausraster bedeutet Kompetenzverlust.
   Profilieren Sie sich deshalb, indem Sie auch in schwierigen Zeiten die Nerven behalten.
4. Machen Sie durch gute Umgangsformen auf sich aufmerksam. Schauen Sie sich einmal um: Wer verfügt heute über das sogenannte »gute Benehmen«? Wenn Sie wissen, was sich wann gehört, fallen Sie mit Sicherheit positiv auf.
5. Betätigen Sie sich über Ihren Job hinaus, indem Sie beispielsweise Fachartikel oder vielleicht sogar ein Buch schreiben. Das läßt Sie besonders kompetent wirken. Geben Sie Ihr Wissen nicht nur in Schriftform weiter; haben Sie schon einmal darüber nachgedacht, Ihr Know-how zum Beispiel als Referentin an andere zu vermitteln? Bieten Sie Ihre Dienste doch einfach bei der nächsten Volkshochschule, an und wagen Sie dort die ersten Schritte auf dem Seminarparkett.
   Wichtig: Informieren Sie in jedem Fall Ihren Arbeitgeber, wenn Sie solche oder ähnliche Pläne haben. Die meisten haben nichts dagegen, machen aber oft Ärger, wenn sie im nachhinein davon erfahren.
6. Schreien Sie nicht gleich nach einer Gehaltserhöhung, wenn Sie befördert werden. Profilieren Sie sich erst einmal auf dem neuen Posten – dann haben Sie auch guten Grund, mehr Geld zu verlangen.
7. Zeigen Sie sich teamfähig. Seien Sie kooperativ, ohne anderen nach dem Mund zu reden. Bringen Sie Ihre Ideen ein, ohne ständig darauf zu pochen, daß es Ihre waren. Drängen Sie sich also nicht zu sehr in den Vordergrund.
   Wichtig: Es darf natürlich nicht untergehen, daß Sie bei der Entwicklung einer Idee oder eines Projekts die treibende Kraft waren. Doch wenn Sie sich selbst nicht zu sehr hervortun und

teamorientiert arbeiten, werden Ihre Kollegen schon dafür sorgen, daß Ihnen Ihr verdienter Ruhm zuteil wird.
Sollten Sie dennoch auf Kolleginnen oder Kollegen treffen, die fälschlicherweise Ihre Lorbeeren einheimsen, stellen Sie den Sachverhalt unbedingt klar.

Block III
Erfolgreich bleiben & gewinnen

Nach all den Tips, die Sie für Ihren beruflichen Erfolg und Ihre Zufriedenheit insgesamt erhalten haben, heißt es jetzt für Sie nur noch: erfolgreich bleiben und gewinnen. Und damit sind wir im dritten großen Block dieses Programms angelangt.

Wenn Sie erfolgreich bleiben und gewinnen möchten, dann ist folgende Erkenntnis ganz wichtig: Die Zeiten der brutalen Einzelkämpfer – jeder gegen jeden – sind vorbei, das ist anstrengend und kräfteraubend.

Der Trend geht hin zu flachen Hierarchien, was man daran bemerkt, daß in einigen Unternehmen ganze Hierarchiestufen abgeschafft, wegrationalisiert werden. Die neuen Teamstrukturen, die sich überall auftun, vertragen sich nicht mit dem Rambo-Einzelkämpfer-Image.

Mobbing ist zwar in aller Ohren, und es wird tatsächlich gemobbt, was das Zeug hält, aber die Menschen, die versuchen, andere fertigzumachen, verausgaben sich und verpulvern nur ihre Energien. Außerdem werden Mobber langfristig gesehen mit ihrem unsozialen Verhalten keinen Erfolg haben.

Bemerkenswert ist, daß in der Arbeitswelt häufig der (vielleicht unbewußte) Kampf Frau gegen Frau anzutreffen ist. Frauen betrachten einander eher als Rivalinnen als Männer untereinander. Eine von der Universität Sankt Gallen durchgeführte Befragung untermauert, daß sich Frauen im Beruf mit Frauen schlechter vertragen als mit Männern.

Dies mag unter anderem daran liegen, daß Frauen Männern eine gewisse Andersartigkeit zugestehen. Von ihrer Kollegin erwartet frau allerdings, daß sie die gleichen Werte hat wie sie selbst. Ist dies nicht der Fall, halten nicht selten Intrigen Einzug in unser Arbeitsleben.

Einfühlungsvermögen und psychologisches Geschick sind weibliche Stärken, die leider allzuoft dazu eingesetzt werden, die Schwächen der potentiellen Rivalin schnell zu erkennen und auszunutzen.

Meine Erfahrungen zeigen: Fragt man Frauen, ob Sie lieber mit Männern oder Frauen zusammenarbeiten, geben die meisten den Herren den Vorrang. Der Damenwelt scheint irgendwie bewußt zu sein, daß sie zu Neid und Mißgunst tendiert.

Machen Sie es besser

Die Devise lautet: miteinander arbeiten und nicht gegeneinander. Das Gegeneinander im Job fördert nicht nur ein schlechtes Betriebsklima, es entstehen durch Machtspielchen am Arbeitsplatz auch Leistungsverluste von bis zu vierzig Prozent! Rivalinnen liegen ihren Unternehmen also ganz schön auf der Tasche.
Beachten Sie folgendes: Wenn Sie Ihre Energie darauf verwenden, anderen das Leben schwerzumachen, fehlt Ihnen genau diese Kraft für Ihre Arbeit. Kolleginnen, die sich voll und ganz auf ihre Arbeit konzentrieren, statt sich ständig darüber Gedanken zu machen, wie sie andere ausbooten können, sind allen Neidern um Längen voraus.
Je mehr Machtkämpfe frau führt, desto weniger kann sie sich auf ihren Erfolg konzentrieren. Frauen, die miteinander arbeiten, sind erfolgreicher als die, die immer einen Gegner suchen!

Wie handhaben es die Herren?

Vielen Männern haftet zwar ein Rambo-Image an, aber gleichzeitig, und das ist etwas, was Sie sich abgucken könnten, verfügen viele von ihnen über ein gutfunktionierendes Netzwerk. Viele erfolgreiche Manager hatten oder haben Mentoren, die ihnen den richtigen Weg gewiesen und sie in ihrer Laufbahn unterstützt haben.
Denken Sie doch nur an die Studentenverbindungen. Da geht es nicht nur ums viele Trinken, sondern auch um Zusammenhalt und den Kontakt zu den sogenannten Alten Herren. Ein Mentor, der Ratschläge gibt, der hilft, der auf einen umfangreichen Erfahrungsschatz zurückgreifen kann, kann für den Erfolg Gold wert sein. Jemanden zu haben, der einem zeigt, wo's langgeht, ist nicht nur in schwierigen Zeiten eine große Hilfe.

Netzwerke

Daß Mentoring oder Networking – in einem Netzwerk arbeiten, zusammenarbeiten – keine Selbstverständlichkeit ist, mußte ich am eigenen Leib erfahren. Für dieses Buch wurden etwa dreißig erfolgreiche Frauen aus verschiedenen Bereichen und Branchen ange-

schrieben. Ein vorbereiteter Fragebogen sollte ihnen die Arbeit erleichtern, auf meine Fragen zum Erfolg zu antworten. Die traurige Ausbeute: Vier Damen schickten mir ihren ausgefüllten Fragebogen zurück, davon kommen drei aus der Medienbranche.
Außer Britta Steilmann reagierte keine erfolgreiche Unternehmerin. Keine der angeschriebenen Politikerinnen war bereit, ihre Erfahrungen in Kurzform für die Leserinnen dieses Buches weiterzugeben. Nur zwei Damen machten sich die Mühe, mitzuteilen, daß ihre Zeit keine Teilnahme an der Fragebogenaktion zuließe. Schade! Es wäre schön gewesen, wenn das Miteinander unter erfolgreichen Frauen stärker ausgeprägt wäre.
Für viele Männer ist es ganz selbstverständlich, sich einen Mentor zu suchen, der ihnen wertvolle Tips für ihre Weiterentwicklung gibt und der sie fördert. Der Mentor weist auf mögliche Gefahren hin und gibt seine Erfahrungen an seinen Schützling weiter.
Antje Reimers, Referentin für Frauen- und Familienpolitik des Chemiekonzerns Hoechst, sagt dazu: »Frauen tun dergleichen als Vetternwirtschaft ab oder stufen es in die Kategorie des verpönten Vitamin B ein. Anstatt es Kollegen nachzumachen, versuchen sie sich als Einzelkämpferin. Dabei vergibt frau sich nichts, wenn sie einfach einmal bei einer erfahreneren Kollegin mit der Bitte anklopft: ›Verraten Sie mir bei einer Tasse Kaffee, wie Sie ...‹«
Die Kollegin muß natürlich dazu bereit sein – was keine Selbstverständlichkeit ist.
Der von mir gewonnene Eindruck, daß das Networking unter Frauen nicht selbstverständlich ist, wird durch Antje Reimers bestätigt: »Männer knüpfen gezielter ein Info- und Kontaktnetz innerhalb ihres Unternehmens.«
Ziehen Sie Ihre Konsequenzen daraus! Tauschen Sie sich mit anderen Frauen aus – lassen Sie andere von Ihren Erfahrungen profitieren. Betrachten Sie andere nicht sofort als Konkurrentinnen. Betrachten Sie andere Frauen vielmehr unter dem Aspekt, daß Sie voneinander lernen können.
Es geht dabei nicht darum, sich durch Vitamin B, also Beziehungen, Jobs zu erschleichen. Vielmehr geht es darum, wie beim Mentoring, von den Erfahrungen der anderen zu profitieren. Ein angenehmer Nebeneffekt eines funktionierenden Netzwerks ist natürlich, daß Sie es zum Beispiel als eine der ersten erfahren, wenn ein interessanter Job zu vergeben ist.
In einem Frauennetzwerk finden sich die Frauen zusammen, die

bereit sind, ihre Erfahrungen weiterzugeben. Geben und nehmen lautet die Devise.
Netzwerke für Frauen, von denen es mittlerweile sehr viele gibt, sind das optimale Forum für Sie, um Erfahrungen auszutauschen, Hilfe und wertvolle Tips zu erhalten. Auch während einer Berufspause sind die Netzwerke eine prima Sache, um den Anschluß nicht zu verpassen.
Zur Zeit gibt es etwa dreißig verschiedene »weibliche« Netzwerke. Hinzu kommen die Berufsverbände speziell für Frauen.

Was passiert in den Netzwerken?
Die Netzwerkveranstaltungen und -treffen sind keine Kegelabende oder Kaffeekränzchen. Ziel ist es, ein Forum für Frauen mit gleichen Interessen und ähnlichen Problemen zu schaffen. Die Frauen treffen sich regelmäßig, tauschen sich aus und versuchen, einander beruflich zu helfen und zu unterstützen. Natürlich gibt's auch schon mal Kaffee. Die Damen organisieren Weiterbildungsveranstaltungen, verpflichten hochkarätige Redner, und einige engagieren sich auch sozial.
Das, was für Männer seit Jahrhunderten schon selbstverständlich ist, wird – hoffentlich – auch für Frauen immer mehr zur Selbstverständlichkeit – vor allem wird es immer wichtiger.

Seien Sie Realistin

Um Ihren Erfolg andauern zu lassen, um Ihre Zufriedenheit zu erhalten, ist der Erfahrungsaustausch zwar sehr wichtig, eine gesunde Selbstbetrachtung ist dennoch unerläßlich.
Dauerhafter Erfolg funktioniert nur, wenn Sie realistisch sind und bleiben. Denken Sie daran: Ihr Leben und Ihre Karriere sind wie ein Aktienkurs, es geht rauf und runter. Damit müssen Sie rechnen. Selbst den ganz Erfolgreichen passiert es immer wieder, daß sie Durststrecken überwinden müssen – genauso kann es Ihnen gehen.
Manchmal läuft nicht alles so, wie Sie es sich gewünscht haben. Lassen Sie sich davon nicht frustrieren. Seien Sie auf Rückschläge vorbereitet. Das bedeutet nicht, daß Sie ständig damit rechnen sollten, daß irgend etwas passiert, denn das schränkt Sie in Ihrer Produktivität ein. Nein, vielmehr sollten Sie sich klarmachen, daß

Rückschläge normal und keine Schande sind. Akzeptieren Sie das, so wie Sie akzeptieren müssen, daß Ihnen Fehler unterlaufen. Fehler sind dazu da, daß sie gemacht werden, denn: Nobody is perfect – denken Sie daran. Wichtig ist nur: Lernen Sie aus Ihren Fehlern.
Erhalten Sie sich Ihre Motivation, auch wenn's manchmal sicherlich schwerfällt, indem Sie sich selbst kontrollieren, indem Sie verfolgen, was Sie erreicht haben. Dies ist ein ganz wichtiger Punkt. Denn Ihr persönliches Erfolgs-Controlling »keeps you going«, trägt also dazu bei, daß Sie durchhalten.
Haben Sie sich schon einmal dabei erwischt, daß Sie die Flinte ins Korn geworfen haben, daß Ihnen die Motivation für was auch immer fehlte? Haben Sie zugelassen, daß, nur weil es gerade mal nicht so lief, wie Sie es sich vorgestellt haben, das positive Bild, das Sie von sich haben, umkippte? Daß Sie sich im großen und ganzen für eine Versagerin hielten? Mit solchen Gefühlen fällt das Durchhalten ganz schön schwer.

Meine Tips für Ihr Erfolgscontrolling

Werfen Sie immer wieder einmal einen Blick auf Ihre Ziele und Zwischenziele, die Sie sich zu Beginn gesetzt haben.
Verfolgen Sie sie wirklich? Nehmen Sie Ihre Ziele ernst? Und sollten Sie Ihre Ziele aus den Augen verloren haben, dann fragen Sie sich, warum. Woran liegt es? Haben sich Ihre Ziele geändert? Wenn ja, dann sollten Sie keine Hemmungen haben, sie zu modifizieren, zu überdenken und zu ändern.
Sie empfinden Ihre Ziele als zu hoch gesteckt? Fügen Sie kleine Zwischenziele ein, und erreichen Sie erst einmal diese. Das verschafft Ihnen Motivation.
Wenn Sie ein gesetztes Ziel erreichen, nehmen Sie es nicht als Selbstverständlichkeit hin. Sondern feiern Sie Ihren Erfolg. Belohnen Sie sich. Oder teilen Sie Ihre Freude mit anderen – laden Sie Ihren Partner oder Ihre Freundin zum Essen ein und stoßen Sie auf Ihren Erfolg an. Unternehmen Sie anläßlich Ihres Erfolges irgend etwas, woran Sie Spaß haben.
Damit Ihr positives Gesamtbild bei kleinen Rückschlägen nicht gleich zerrinnt, legen Sie sich ein Selbstbeweihräucherungsbuch an. Dahinter verbirgt sich die Idee, daß Sie alles aufschreiben, was

Sie an sich mögen, daß Sie alles notieren, was Sie an Lob und Komplimenten erhalten. Und wenn es Ihnen mal nicht so gut geht, wenn Sie unzufrieden mit sich sind, dann steigern Sie sich nicht hinein und flüchten sich nicht mit der Chipstüte vor den Fernseher, um nachher frustriert ins Bett zu fallen. Schauen Sie statt dessen in Ihr kleines Büchlein, und glauben Sie ruhig, was darin steht. Denn darin steht, daß Sie besser sind, als Sie gerade in diesem Augenblick denken. Dann geht es Ihnen hoffentlich gleich viel besser.

Lebenslange Weiterbildung

Hören Sie nie auf, Ziele zu haben! Betrachten Sie Ihr Leben niemals als vollendet. Denken Sie nie: Ich habe alles erreicht!
Warum? Weil es dann langweilig wird. Vergleichen Sie den Zustand, alles erreicht zu haben, mit: »Ich kann mir alles kaufen, was ich will.« Was sich auf den ersten Blick sehr verlockend anhört, ist auf den zweiten frustrierend. Wenn Sie alles haben können, was Sie wollen, wird Ihnen nichts mehr gut genug sein. Über kleine Geschenke werden Sie sich kaum noch freuen können – alles wird zur Selbstverständlichkeit und uninteressant.
Betrachten Sie Ihr Leben als ständigen Weiterbildungs- und Veränderungsprozeß. Setzen Sie sich immer neue Ziele, die Sie erreichen möchten. Und genießen Sie das Gefühl des Erfolgs, wenn Sie wieder einmal da angelangt sind, wo Sie hin wollten – wenn Sie Ihr Ziel erreicht haben.
Versuchen Sie, soviel Weiterbildung wie nur möglich zu erhalten. Wie das funktioniert?

1. Besuchen Sie Seminare
Gute Seminare können, müssen aber nicht teuer sein. Lassen Sie sich also nicht von den horrenden Seminarpreisen abschrecken, die Sie in manchen Prospekten sehen.
Überlegen Sie sorgfältig, welche Themen für Ihren Erfolg wichtig sind. Fachwissen spielt dabei ebenso eine Rolle wie Ihre Persönlichkeit.
Neben Fachseminaren sind möglicherweise Veranstaltungen mit diesen Themen für Sie interessant:
- Dialektik
- Gelassenheit

- Kommunikation
- Körpersprache
- Moderieren und präsentieren
- Rhetorik
- Selbstsicherheit
- Verhandlungstechniken
- Verkaufsrhetorik

Wenn Sie einmal ein Seminar beispielsweise zum Thema Rhetorik besucht haben, geben Sie sich damit nicht bis an das Ende Ihres Lebens zufrieden. Frischen Sie Ihre Kenntnisse immer mal wieder auf. Vieles vergißt man, und der eine oder andere Trainer bringt Ihnen möglicherweise doch noch neue Erkenntnisse.

2. Lesen Sie!

Es sind natürlich keine Romane oder Krimis gemeint, sondern Fachbücher – Literatur, mit der Sie Ihre Persönlichkeit weiterentwickeln können.

Jedes Jahr erscheinen etwa hunderttausend deutschsprachige Titel – bestimmt ist etwas Interessantes für Sie dabei.

Regelmäßiges Lesen verschafft Ihnen einen Vorsprung vor Kolleginnen, Kollegen und Mitbewerbern. Stellen Sie sich vor, Sie würden es schaffen, jeden Monat zwei Bücher zu lesen, was relativ leicht zu bewältigen ist. 2 Bücher im Monat = 24 Bücher im Jahr = 240 Bücher in zehn Jahren!

Wenn Sie es gar auf ein Buch pro Woche bringen, macht das schon 52 Bücher im Jahr und 520 Bücher in zehn Jahren.

Glauben Sie nicht auch, daß Sie damit einen enormen Wissensvorsprung gewönnen?

Fragen Sie sich jetzt, wann Sie das alles machen sollen? Sie arbeiten an Ihrer Karriere, machen möglicherweise Überstunden, und da sollen Sie noch Zeit fürs Lesen finden. Unmöglich? Nein! Sie haben mehr Zeit, als Sie denken.

So gewinnen Sie Zeit fürs Lesen

- Stehen Sie morgens eine Viertelstunde früher auf als sonst.
- Lesen Sie in der Straßenbahn, im Zug oder im Bus auf dem Weg zur Arbeit.
- Nutzen Sie eine Viertelstunde der Mittagspause.
- Sehen Sie täglich nur eine Viertelstunde weniger fern.

3. Hören Sie Kassetten

Das Buch ist für die private Weiterbildung schon lange nicht mehr das einzige Medium. Nutzen Sie das immer größer werdende Programm an Audiokassetten.

Die Vorteile von Kassetten gegenüber dem Buch und wann Sie Zeit dazu finden:

- Sie lernen quasi ganz nebenbei.
- Sie können ein Audioprogramm während der Autofahrt hören.
- Wenn Sie mit Straßenbahn, U-Bahn oder Bus unterwegs sind, sollten Sie Ihren Walkman dabeihaben, um sich die Fahrzeit mit einem Kassettenprogramm zu vertreiben.
- Hören Sie ein Programm beim Bügeln, Kochen oder in der Badewanne. Immer dann, wenn Sie keine geistige Arbeit verrichten, ist der richtige Augenblick, sich per Audioprogramm ganz nebenbei etwas Gutes zu tun.

Sie suchen Entspannung? Dann entscheiden Sie sich mal für eine Entspannungskassette – sie kann Wunder wirken.

Und: Hören Sie eine Kassette mehrmals. Je häufiger Sie eine Information hören, desto besser bleibt sie Ihnen im Gedächtnis.

Vorurteilen souverän begegnen

Es ist trotz Emanzipation und vieler engagierter, intelligenter und durchsetzungskräftiger Frauen noch keine Selbstverständlichkeit, daß frau beruflich erfolgreich ist. Wenn Frauen arbeiten, wird das zwar akzeptiert, doch berufstätigen Müttern wird ständig ein schlechtes Gewissen eingeredet, weil sie angeblich Mann und vor allem Kind vernachlässigen. Das klassische Rollendenken, daß eine Frau an den Herd gehört, ist noch in vielen Köpfen verankert.

Hat frau zusätzlich Erfolg und macht Karriere, dann hat sie mit vielen Vorurteilen zu kämpfen, weil die Menschen ihre kleine, bescheidene, von Klischees geprägte Welt beschützen möchten. Leider lassen wir Frauen uns nur allzuoft davon ködern und rechtfertigen uns unsinnigerweise vor anderen.

Um Sie auf die haarsträubenden Vorurteile, denen Sie begegnen werden, vorzubereiten, habe ich die sechs häufigsten, inklusive der entsprechenden Verhaltensstrategie, für Sie zusammengestellt.

Vorurteil Nr. 1 – Frauen, die erfolgreich sind und gut aussehen, haben sich nach oben geschlafen
Ja, in schlechten Filmen, die am späten Abend laufen, und in schlechten Fernsehshows, die bevorzugt am frühen Nachmittag Bestandteil des TV-Programms sind, gibt es sie: Frauen, die sich nach oben geschlafen haben. Frauen, die mit dem Produzenten ins Bett gingen, um eine Rolle zu erhalten. Im wirklichen Leben ist dies eher die Ausnahme. Trotzdem kommen andere immer wieder auf merkwürdige Gedanken und unterstellen erfolgreichen Frauen die Karriere durchs Bett.

Ihre Strategie:
a) Ignorieren Sie die Gerüchte. Denn je mehr Sie sich rechtfertigen, desto mehr Munition liefern Sie den anderen.
b) Wenn Sie wissen, wer die Märchen über Sie erzählt, fragen Sie ihn oder sie doch einmal bei Gelegenheit: »Sagen Sie, was ich Sie schon lange einmal fragen wollte: Mit wem mußten Sie eigentlich schlafen, um den Posten zu bekommen?«

Vorurteil Nr. 2 – Die hat die Stelle doch nur durch Vitamin B bekommen
Frauen traut man einfach nicht zu, daß sie aus eigener Kraft etwas erreichen. Nicht erfolgreiche Frauen (Neidfaktor) oder Männer (Angst vor selbstbewußten Frauen?) reden sich deshalb gern ein, daß »sie« die Stelle nur durch Beziehungen bekommen hat. »Deren Mann spielt mit unserem Vorstandsvorsitzenden Golf – Sie wissen ja, wie so etwas läuft ...« Solche und ähnliche Bemerkungen könnten hinter Ihrem Rücken über Sie gemacht werden.

Ihre Strategie:
Lassen Sie sie doch reden. Kümmern Sie sich nicht darum, und ärgern Sie sich vor allen Dingen nicht über diese Kleingeister. Es steht nicht dafür. Auch hier gilt: Je mehr Sie sich rechtfertigen, desto mehr glauben andere, daß Sie tatsächlich nur durch Beziehungen auf den Posten gekommen sind.
Lassen Sie sich also nicht ablenken, konzentrieren Sie sich lieber auf Ihre Arbeit, und zeigen Sie den Neidern, was Sie »draufhaben«, damit die sich noch mehr ärgern können.

Vorurteil Nr. 3 – Die hat die Stelle doch nur, weil sie eine Frau ist – die brauchten noch eine Vorzeigefrau für die Quote
Da sehen Sie mal, was die Frauenquote anrichtet. Sie liefert Neidern Stoff für bösartige Unterstellungen.

Ihre Strategie:
Lassen Sie den Neidern doch die Illusion, daß Sie nur deshalb so erfolgreich sind, weil Sie eine Frau sind. Konzentrieren Sie sich einfach auf Ihre Arbeit. Denn nur dann machen Sie sie gut – und nur so beweisen Sie den anderen, daß Sie nicht die Quotenfrau sind, sondern die Stelle aufgrund Ihrer Qualifikationen bekommen haben.

Vorurteil Nr. 4 – Erfolg im Beruf und Kinder lassen sich nicht unter einen Hut bringen. Rabenmutter!
Dies ist sicherlich das am meisten verbreitete Vorurteil. Alle Welt fragt sich, was wohl die armen Kinder machen, wenn die Mutter arbeitet. Kein Mensch macht sich Sorgen, daß die Kids ihre Väter kaum zu Gesicht bekommen. Niemand käme auf den Gedanken, einen Vater, der durch Abwesenheit glänzt, als Rabenvater zu bezeichnen. Dabei verbringen Väter durchschnittlich nicht einmal eine Stunde pro Woche mit ihren Kindern. Nicht sehr viel! Dafür bringen sie es aber auf mehrere Stunden Fernsehen pro Tag.
Das Vorurteil, daß arbeitende Mütter Rabenmütter sind, nehmen sich sehr viele berufstätige Frauen zu Herzen; es ist eben doch schwer, jegliches Rollendenken abzulegen. Doch genau das müssen Sie tun, wenn Sie »überleben« möchten. Lassen Sie sich nichts einreden, denn sonst fangen Sie an, sich selbst zu zerfleischen, weil Sie alle Rollen perfekt spielen wollen.

Ihre Strategie:
Vergessen Sie es: Als berufstätige Frau können Sie nicht die Bilderbuch-Mutti und -Hausfrau sein (Wäsche gestärkt, Kinder gestriegelt usw.). Und das brauchen Sie auch nicht. Wenn es Ihnen schwerfällt, sich davon freizumachen, dann schlagen Sie noch einmal Seite 50 auf. Dort habe ich für Sie mit den wichtigsten Vorurteilen aufgeräumt, die berufstätigen Müttern begegnen.

Vorurteil Nr. 5 – Der arme Mann!
Das klassische Rollendenken sieht vor, daß der Mann das Geld verdient und die Frau daheim für sein Wohlergehen sorgt. Und

wehe der Frau, die dieses Denken auf den Kopf stellt. Wenn sie arbeitet, möglicherweise noch häufig beruflich unterwegs ist, wer kocht dem armen Mann dann etwas zu essen?
Daß Männer kochen können (man denke nur an die vielen Chefköche!), Tütensuppen öffnen oder mal zu McDonald's gehen, daran hat noch keiner der Nörgler gedacht. Auch wurde bisher kein Fall bekannt, daß ein Mann aufgrund der Berufstätigkeit seiner Partnerin verhungert aufgefunden worden wäre.
Was die Kritiker nicht bedacht haben: Es soll sogar Männer geben, die ihre Frauen in ihrem Erfolg unterstützen – wahrscheinlich Masochisten? Wohl kaum.

Ihre Strategie:
Lassen Sie sich nicht beirren. Anstatt sich bei dummen Bemerkungen zu rechtfertigen, sagen Sie ganz einfach: »Wenn Sie das so sehen«, und lassen den anderen einfach stehen. Alternativ, wenn Ihnen die ironische Schiene mehr liegt: »Ja, mein Mann ist wirklich ein armer Kerl, da haben Sie absolut recht.«

Vorurteil Nr. 6 – Erfolgreiche Frauen sind egoistischer und »abgebrühter« als ihre männlichen Kollegen
Erfolgreiche Frauen müssen mehr leisten als Männer, um die gleiche Stelle zu bekommen oder die gleiche Anerkennung. Dem werden wohl die meisten Leserinnen zustimmen. Zumindest war das die einhellige Meinung aller erfolgreichen Frauen, die ich befragt habe.
Mehr Leistung zu zeigen hat nicht auch zwangsläufig mit größerem Egoismus oder Eiseskälte zu tun. Powerfrauen zeigen den Kollegen und Vorgesetzten lediglich, über welche Eigenschaften – außer Harmoniebedürfnis und Zuverlässigkeit – frau sonst noch verfügt. Selbstbewußtsein, Durchsetzungsvermögen und Willenskraft bei einer Frau lehren einige Männer das Fürchten – das ist nicht ihre Vorstellung von Weiblichkeit. Da diese Verhaltensweisen für eine Frau ungewöhnlich sind, kommen die Kollegen nicht damit klar. Und schon heißt es: »Die ist zehnmal abgebrühter als jeder Kerl.«
Quatsch! Frauen sind tendenziell nicht halb so abgebrüht wie die männlichen Kollegen, die meisten sind – trotz ihres Erfolgs – immer noch sehr emotional gesteuert. Aber das bißchen Abgebrühtheit, das wir uns im Laufe der Jahre angeeignet haben, um zu

»überleben«, wird durch ein Mikroskop betrachtet – und aus einer Mücke wird ein Elefant gemacht.

Ihre Strategie:
Bleiben Sie dabei: Treffen Sie auch unpopuläre Entscheidungen, wenn nötig. Versuchen Sie nicht, Männer zu imitieren, sondern erhalten Sie sich Ihre Weiblichkeit. Ihr Charme, gepaart mit Durchsetzungsvermögen, wird die unqualifizierten Bemerkungen bald verstummen lassen.

Leben und genießen Sie Ihren Erfolg

Der letzte Ratschlag, den ich Ihnen mit auf den Weg geben möchte, damit Sie Ihr persönliches Erfolgspotential nicht nur entdecken, sondern auch Spaß daran haben: Genießen Sie Ihren Erfolg – was immer Sie für sich als Erfolg definiert haben.
Lernen Sie, stolz auf das zu sein, was Sie erreichen. Es gibt keinen Grund, sich zu verstecken. Die von mir befragten erfolgreichen Frauen stimmen mir zu und sagen: Ja, frau kann ihren Erfolg ruhig zeigen. Sie muß sich nicht länger in Bescheidenheit üben. Und Bärbel Schäfer, TV-Moderatorin, meint sogar: »Es wird endlich Zeit, daß Frauen ihren Erfolg zeigen.«
Also: Sei es, daß Sie sich schon lange einen Porsche oder einen lupenreinen mehrkarätigen Diamanten wünschen. Wenn Sie es sich leisten können, gönnen Sie ihn sich. Genießen Sie den Luxus, für den Sie viel haben leisten müssen.
Allerdings werden Sie feststellen, daß Sie, je erfolgreicher Sie sind, von anderen Menschen um so kritischer beobachtet werden. Lernen Sie zu unterscheiden, wer Ihnen wichtig ist – ob es die Neider sind, die Ihnen Ihren Erfolg mißgönnen, oder Ihre Freunde, die sich mit Ihnen freuen können.
Und noch etwas ist von großer Bedeutung: Setzen Sie Ihre Prioritäten so, daß Ihnen die Zeit bleibt, Ihren Erfolg zu genießen: In einem Seminar sagte mir einmal eine Teilnehmerin, daß Sie morgens um sieben aus dem Haus ginge und abends um einundzwanzig Uhr wieder zu Hause sei. Nach dem Kochen für sich und ihren Mann sei der Tag vorbei.
Sie habe zwar einen tollen Job, aber das könne es nicht sein – obwohl sie dieses Leben in der Form schon länger führe. Sie habe keine Zeit mehr für sich, erzählte sie, und war fest entschlossen,

ihre Prioritäten zu überprüfen, ihr Zeitmanagement zu überdenken. Sie wollte herausfinden, ob sie einiges nicht anders arrangieren könnte. Schon während des kurzen Gesprächs im Seminar haben wir Dinge herausgepickt, die sie tatsächlich anders organisieren könnte, um ein wenig Zeit für sich zu haben.
Ich bin sicher, daß bei richtiger Organisation auch in Ihrem Leben ausreichend Zeit für Genießerstunden vorhanden ist.

Übung
Wie möchten Sie Ihren Erfolg genießen? Wie werden Sie sich für Ihr berufliches Engagement belohnen?
Visualisieren Sie – stellen Sie sich bildlich vor, was Sie sich Gutes tun werden. Schreiben Sie jetzt auf, was genau Sie für sich tun werden, was Sie sich gönnen werden, um Ihren Erfolg auszukosten.

Ihre Erfolgs-Checkliste auf einen Blick

1. Was will ich?
Machen Sie sich klar, was Sie wollen! Was möchten Sie erreichen? Was ist Ihnen wichtig? Karriere, Kinder, Partnerschaft? Wenn Sie alles wollen, müssen Sie sich perfekt organisieren.

2. Wie sehen meine Ziele aus?
Versuchen Sie, Ihre Ziele möglichst konkret zu formulieren. Seien Sie realistisch – übernehmen Sie sich nicht. Üben Sie sich aber auch bitte nicht in falscher Bescheidenheit – dann wäre das Erreichen eines Ziels kein besonderer Erfolg. Außerdem kommen Sie nicht voran.

3. Seien Sie selbstkritisch, ohne zu viele Selbstzweifel zu haben.
Überprüfen Sie sich selbst immer wieder. Verfolge ich noch meine Ziele? Wie verhalte ich mich anderen gegenüber? Hebe ich aufgrund meines Erfolgs ab? Stimmen meine Prioritäten noch?

4. Seien Sie Frau, nicht Mädchen!
Mädchen überträgt man keine Verantwortung! Orientieren Sie sich an den Tips, die Sie in diesem Buch erhalten haben, dann passiert es Ihnen sicher nicht, daß man Sie für ein niedliches Mädchen statt für eine erfolgreiche, zufriedene und gestandene Frau hält.

5. Spielen Sie nicht Mutter Theresa!
Tendieren Sie immer noch dazu, mehr an andere zu denken und Ihre eigenen Interessen zu vernachlässigen? Bemuttern Sie Ihre Mitmenschen gern? Können Sie nur schlecht nein sagen? Falsch! Lernen Sie, endlich mehr an sich zu denken. Sehen Sie es doch mal so: Sie können anderen nur helfen, solange es Ihnen selbst gutgeht!

6. Seien Sie nicht so perfektionistisch!
Wie heißt es so schön: »Irren ist menschlich.« Denken Sie immer

daran, daß es normal ist, Fehler zu machen. Und sollte Ihnen einmal einer passiert sein, lernen Sie daraus, statt an Ihrer Kompetenz zu zweifeln. Lernen Sie, damit zu leben, daß, wo gehobelt wird, auch Späne fallen.

7. Beachten Sie die Spielregeln!
Ja, wir Frauen sind schwer im Kommen. Tatsache ist aber immer noch, daß Sie es in der Geschäftswelt weitestgehend mit Männern zu tun haben, die ihre eigenen Spielregeln haben und unbewußt erwarten, daß die Frauen sie befolgen. Tut frau das nicht, sind die Herren eingeschnappt, und wir kommen nicht weiter. Beachten Sie dazu die Tips im Kapitel »Talk Success«, vor allem: »Wie Sie in Besprechungen souverän Ihre Frau stehen«, damit Sie sich in der Männerwelt gelassen und kompetent Gehör verschaffen.

8. Machen Sie sich folgendes Motto zu eigen:
Es gibt zwei Ziele im Leben, die wichtig sind:
1. Erreichen Sie das, was Sie wollen.
2. Nehmen Sie sich die Zeit, Ihre Erfolge zu genießen.

Ich bin mir sicher, daß Sie Ihren persönlichen Karriereweg finden werden – ich drücke Ihnen die Daumen und wünsche Ihnen viel Erfolg.

Ihre Claudia Havermann

Seminare mit der Autorin Claudia Hovermann

Wenn Sie über dieses Buch hinaus aktiv an Ihrer Karriere arbeiten, Ihre Persönlichkeit trainieren, Ihr Auftreten und Ihre Kommunikation verbessern möchten, dann besuchen Sie ein Seminar von und mit Claudia Hovermann. Ihre Seminare zeichnen sich durch Lebendigkeit und hohen Praxisnutzen aus.

Begeisterte Teilnehmerstimmen:
»Lebendig und dynamisch.«
»Ich bin noch nie von einem Seminar so zufrieden nach Hause gefahren.«
»Es war großartig.«
»Ich habe viel gelernt.«

Wenn auch Sie an einem Claudia-Hovermann-Seminar teilnehmen möchten, dann fordern Sie unter der folgenden Adresse unverbindlich und kostenlos Informationsmaterial an.

Akademie für Sekretariat und Büromanagement GmbH
Wiedenbrücker Straße 12
59555 Lippstadt
Tel.: (0 29 41) 96 61-0
Fax: (0 29 41) 96 61-09

Oder »besuchen« Sie die Autorin im Internet:
www.Hovermann.de

Bitte beachten Sie die folgenden Seiten